Wolfgang Schmidbauer
Das kalte Herz

Wolfgang Schmidbauer

Das kalte Herz

Von der Macht des Geldes und dem Verlust der Gefühle

MURMANN

Dieses Buch wurde klimaneutral produziert.

Bibliografische Information der Deutschen Nationalbibliothek

Die Deutsche Nationalbibliothek verzeichnet diese Publikation in der Deutschen Nationalbibliografie; detaillierte bibliografische Daten sind im Internet über http://dnb.d-nb.de abrufbar.

ISBN 978-3-86774-124-8

Das Werk einschließlich aller seiner Teile ist urheberrechtlich geschützt. Jede Verwertung ist ohne Zustimmung des Verlages unzulässig. Das gilt insbesondere für Vervielfältigungen, Übersetzungen, Mikroverfilmungen und die Einspeicherung und Verarbeitung in elektronischen Systemen.

Copyright © 2011 by Murmann Verlag GmbH, Hamburg

Lektorat: Evelin Schultheiß, Ahrensburg
Umschlaggestaltung: Rothfos & Gabler, Hamburg
Herstellung: Das Herstellungsbüro, Hamburg
Gesetzt aus der Minion und der Dederon sans
Druck und Bindung: Freiburger Graphische Betriebe, Freiburg
Printed in Germany

Besuchen Sie uns im Internet: www.murmann-verlag.de

Ihre Meinung zu diesem Buch interessiert uns!
Zuschriften bitte an info@murmann-verlag.de.

Den Newsletter des Murmann Verlages können Sie anfordern unter
newsletter@murmann-verlag.de.

Inhalt

Einleitung 7

1. Das kalte Herz 14
2. Depression als Volkskrankheit 21
3. Gefühlskälte, Geld und Größenwahn 31
4. Das Erkalten der Liebe 40
5. Geld oder Leben 48
6. Szenen des Empathieverlusts: Mobbing und Stalking 61
7. Evolution und Empathie 83
8. Die empathische Versagung 97
9. Vom Narzissmus zur Empathie 131
10. Empathie und Migration 146
11. Empathie und Macht 163
12. *Wehret den Anfängen* – Empathie und Justiz 175
13. Ausblick 187

Anhang
Anmerkungen 196
Literatur 208

Einleitung

In dem Märchen *Das kalte Herz* schildert Wilhelm Hauff den heimlichen Raub am Zentrum der Emotionen. Die Zerstörungen des Kapitalismus machen nicht nur gerodete Wälder und tote Flüsse aus, »autogerechte« Städte und das von Müll und Erdöl verschmutzte Meer. Sie treffen auch unsere Innenwelt. Das geschieht auf dem Weg über die Familien, über die Art, wie Eltern ihre Kinder erziehen und Kinder ihre Eltern nicht mehr als Vorbilder brauchen können, sondern sich Surrogaten aus Ware und medial vermitteltem Bild zuwenden. Es geschieht in den erotischen Beziehungen, wenn Liebende beginnen, Empathie in ihr Gegenüber durch trendige Normierung zu ersetzen. Nicht weniger gefährlich sind die Veränderungen in den Betrieben, in denen Rücksichtslosigkeit gegen fremde und eigene Gefühle als Zeichen von Einsatz und Flexibilität gelten.

Im Turbo-Dating ist so wenig Platz für Empathie wie in den mechanischen Ritualen der Pornographie, die Internetnutzern in tausendundeiner Variante zugänglich sind. Weniger sichtbar sind die Depressionen, wenn die Illusion einer Liebesbeziehung zerbrochen ist und die Kraft fehlt, sich zu trennen und neu zu orientieren.

Der Mensch ist hier Täter und Opfer zugleich. Unter dem Einfluss der Geldwirtschaft entstehen seelische Filter, welche jene Aspekte unserer Emotionen begünstigen, die zu den Kapitalinteressen passen. »Wer zahlt, schafft an« – Geld kappt die Wurzeln des Geistes in den Emotionen. Indem es potenziell jedes Ding, jede Handlung und Eigenschaft eines Menschen mit einer Zahl verbindet, unterwirft eine an Macht und Gier orientierte Zweckmäßigkeit die Vielfalt unserer Träume und Leidenschaften. Oscar Wilde hat von Menschen gesprochen, »die von allem den Preis und von nichts den Wert kennen«.[1]

Je mehr uns die Unübersichtlichkeiten der Globalisierung verwirren und bedrücken, desto bedeutungsvoller wird die große Vereinfachung, die das Geld ermöglicht, desto attraktiver die falsche Sicherheit, die ein schneller Gewinn mit sich bringt. Solche Hintergrundmotive machen es schwer, Reformen durchzusetzen, die auf langfristige Stabilität zielen.

In der von Spekulation und Wette beschleunigten Wirtschaft spitzt sich gegenwärtig ein Prozess zu, den bereits Marx beschrieben hat: eine wachsende Rastlosigkeit, bedingt durch Zwänge des Kapitals, sich selbst immer wieder neu zu erfinden. Die Guten besiegen nicht mehr die Schlechten, sondern die Schnellen die Langsamen.

Die psychologische Folge ist eine Rückentwicklung. Die primitiven, »schnellen« Affekte von Angst und Wut sowie deren manische Abwehr überwältigen die differenzierten Leistungen der Psyche, den Reichtum an zweckfreien Träumen, an emotionaler Nähe und der Bereitschaft, langfristige Folgen zu bedenken. »Was hilft mir Einfühlung, was nützt mir Weisheit, was habe ich von der Sorge um die Zukunft, wenn sie mir Entscheidungen nahelegen, die mich Geld kosten oder Macht?«

So scheinen sich die (Kapital-)Mächtigen der Gegenwart zu fragen. In den Zentren des Kapitalismus werden Politiker vor allem aufgrund ihrer Fähigkeiten gewählt, eine manische Abwehr zu festigen. So ist es nur logisch, dass ihre Beliebtheit nach triumphalen Wahlsiegen schnell abnimmt. Das ist so in der Tat *allen* amerikanischen Präsidenten in den letzten Jahrzehnten ergangen, sobald sie die Macht in Händen hielten. Wer Barack Obamas emotionalen Ausdruck in seinen öffentlichen Auftritten verfolgt hat, erkennt den Verschleiß an Freude und Zuversicht: So erfolgreich wie ein Kandidat wird ein Präsident niemals sein.

Wie jede Sucht macht auch die Sucht nach Geld den Menschen

zunächst auf lügnerische Weise stärker. Psychologisch handelt es sich dabei um die Abwehr einer untergründigen Trauer. Jeder Süchtige meint, ein Mittel in Händen zu haben, mit dessen Hilfe er sich von Unsicherheit befreien kann. Als hätten sie Hauff gelesen, wurde *cool* in den USA zum Signum eines fortschrittstauglichen Charakters nicht nur unter den Junkies, aber von ihnen ausgehend.

Abhängigkeit von der Droge des Kapitalismus schwächt die Kraft, anders als panisch auf drohende Einschränkungen zu reagieren. So sind die Industriegesellschaften Produzenten wachsender Ängste geworden. In Umfragen wird das Jahr 2000 zum Wendepunkt, von dem an mehr als einer Hälfte der Bevölkerung mulmig wird. 2010 fürchten sich bereits zwei Drittel der Bürger vor einer ungewissen Zukunft.[2] Die manische Abwehr wird von der Einsicht gekippt. Eine Wirtschaft, die für ihre ökologische Stabilität vier und mehr Planeten von der Größe der Erde bräuchte, kann uns kein sicheres Leben bieten.

Ein Zeichen für den wachsenden Bedarf nach Stützen der manischen Abwehr ist ein penetranter Eventhunger. Er durchdringt alle Zweige des öffentlichen, aber auch privaten Lebens, vom Tod des Papstes bis zur Olympiade, vom Selbstmord eines Prominenten bis zur Rettung von verschütteten Grubenarbeitern.[3]

Je weiter Spezialistenwissen unsere Welt in immer kleinere Teile auflöst, desto stärker wächst das Bedürfnis nach Vereinfachung. Der Wunsch nach Synthese lässt uns nach psychologischen Begriffen suchen, die eine neue und gute Einheit unter den Menschen versprechen. Nach der »emotionalen Intelligenz« und dem »positiven Denken« – beides Widersprüche in sich – gerät gegenwärtig die Empathie in Mode.

Jeremy Rifkin behauptet in seinem jüngsten Buch *Die empathische Zivilisation*, es gebe etwas wie eine *zwangsläufige* Entwicklung zu einem globalen, von Einfühlung beherrschten Bewusstsein. Unser Einfühlungsvermögen habe sich über die Jahrhunderte hinweg entfaltet. Es wachse parallel zur kulturellen Entwicklung, werde vielfältiger, beziehe sich genauer auf die Individuen.

Rifkin scheint mir hier den Glauben an den Slogan *science is power* zu übertreiben.[4] Wenn wir mehr wissenschaftliche Texte über die sozialen Seiten des Menschen, sein Bedürfnis nach Empathie, seine Freude am Austausch mit seinesgleichen haben, ist das zunächst einmal nicht viel folgenreicher als Schillers *Ode an die Freude*[5], die ja durchaus Ähnliches sagt. Rifkin unterschätzt die Macht der Gegenkräfte und die Tatsache, dass Einfühlung nur unter günstigen Bedingungen funktioniert. Und er erinnert sich zu wenig an die Möglichkeiten des *Missbrauchs* der Empathie, auf die Ernst Bloch hingewiesen hat: *Nazis sprechen betrügend, aber zu Menschen, die Kommunisten völlig wahr, aber nur von Sachen.*[6]

In ihrer Rhetorik scheinen sich inzwischen alle Politiker einig darüber zu sein, dass es wichtig ist, sich in ihre Wähler einzufühlen. Freilich führt das eher dazu, ihnen gefährlich lange unangenehme Wahrheiten zu ersparen. Eine Rede, die Mühe, Schweiß und Tränen verspricht, wie sie Churchill 1940 gehalten hat, würde heute am Einspruch der Medienberater scheitern. Ist das die Anwendung der Empathie, die wir uns wünschen?

Einfühlung setzt ein entspanntes Erlebnisfeld voraus. Wo Angst oder Wut dominieren, hat die Empathie keinen Platz mehr, so wünschenswert und hilfreich sie wäre. Konflikte in Familien oder am Arbeitsplatz entstehen immer dann, wenn die Gegner sich nicht mehr »verstehen«, das heißt sich nicht in den jeweils anderen versetzen können. Angesichts der krassen Einfühlungsmängel, welche die jugendlichen Amoktäter in Erfurt und Winnenden auszeichneten, rufen manche im Kontext des Empathiebooms nach Unterricht in dieser Kunst. Tun das die gleichen Bildungspolitiker, die seit Jahren die musischen Fächer zugunsten der mathematisch-technischen zurückfahren? Kindliche Empathie muss nicht aktiv gefördert werden; sie entfaltet sich, wenn angstfreie Räume zur Verfügung stehen. Wo Leistungsforderungen dominieren, schwindet Einfühlung. Alles, was mit Spiel, mit Kreativität zu tun hat, stimuliert die Einfühlung. Solche Einsichten der psychologischen Forschung stecken schon in wohlbekannten Sprichwörtern wie dem, das dem deutschen Dichter Johann Gottfried Seume zugeordnet wird:

>»Wo man singt, da laß dich ruhig nieder,
> böse Menschen haben keine Lieder.«

Ein Chor, eine aus unterschiedlichen Nationalitäten zusammengesetzte Fußballmannschaft oder einer der interkulturellen Gärten, welche von Stiftungen gefördert werden, sind Beispiele für soziale Orte, in denen Empathie wachsen kann. Wenn Schulen sich der Aufgabe stellen wollen, Einfühlung zu vermehren, wäre ein fachübergreifendes Projekt mit Künstlern oder Handwerkern sicher sehr viel angebrachter als eine Unterrichtseinheit mit diesem Titel, in der ein Biologielehrer über Spiegelneurone doziert.

Heinrich von Kleist hat schon früh die Frage beantwortet, wie wir empathiefähige Kinder erziehen können; in seiner charakteristischen Art tat er es ironisch:

> »Die unverhoffte Wirkung
> Wenn du die Kinder ermahnst, so meinst du,
> dein Amt sei erfüllet.
> Weißt du, was sie dadurch lernen? –
> Ermahnen, mein Freund!«[7]

Einfühlung ist ein spontanes Geschehen; wer sie erlernen will, muss nichts tun, sondern etwas geschehen lassen. Er muss starre Vorstellungen von richtig und falsch aufgeben und versuchen, in den Schuhen eines anderen zu gehen. Das ist nicht immer leicht, vor allem dann nicht, wenn dieser andere ein Feind ist.

Je mühsamer es ist, sich eine soziale Rolle anzueignen und sie zu bewahren, desto weniger Kraft bleibt übrig, um sich in andere zu versetzen und der eigenen emotionalen Schwingungsfähigkeit ihren Platz zu lassen. Wer sehr verängstigt, traumatisiert, durch Fanatismus eingeengt ist, hat wenig von dem inneren Raum, in dem die Probe-Identifizierungen der Empathie stattfinden können. Es ist leicht, von Eltern zu verlangen, sie sollten sich doch bitte daran erinnern, wie es sich anfühlt, Kind zu sein. Es ist billig festzustellen, dass Eltern, die das können, ihre Kinder müheloser erziehen. Aber wenn sich Eltern unter heftigem Konkurrenzdruck fühlen, wird ihnen das Ergebnis (etwa die Schulnote) immer wichtiger, und der Raum für die Einfühlung schwindet.

Wie wahr Brechts brutal klingender Spruch *Erst kommt das Fressen, dann die Moral* ist, hat der amerikanische Anthropologe Colin Turnbull 1972 an einem ganzen Volk demonstriert. Er schildert den Untergang der Ik, einer marginalisierten, vertriebenen, durch Hungersnöte geschwächten Ethnie in Tansania. Er hat mit den Ik gelebt und beschreibt seine Erschütterungen angesichts der seelischen Verwüstungen, welche ein extremer kultureller Niedergang anrichtet.[8] Der einzige positive Affekt, den Turnbull unter diesen gebrochenen Menschen beobachtete, war die Schadenfreude – Ik-Mütter lachten, wenn sich ihr Kind am Lagerfeuer verbrannte.

Seine Beschreibung erinnert an Primo Levis Notizen zum psychischen Notprogramm der Auschwitz-Häftlinge. *Ich glaube nicht an den so augenfälligen und einfachen Schluss, dass der Mensch von Natur aus so brutal, egoistisch und töricht sei, wie er sich zeigt, wenn ihm jeder zivilisatorische Überbau entzogen wird, und dass der Häftling demzufolge nichts anderes sei als der Mensch ohne Hemmungen. Ich glaube lediglich, man kann hier schlussfolgern, dass Entbehrung und größtes körperliches Leiden viele Gewohnheiten und viele soziale Regungen zum Verstummen bringen.*[9]

In Hauffs Kunstmärchen geht es vor allem um den Gegensatz zwischen Gefühl und Geld. Wer sich Anerkennung, hilfreiche Dienste, vielleicht sogar Freundschaft und Liebe kaufen kann, gefährdet die emotionalen Bindungen zwischen den Menschen. Er reduziert sie auf ein Machtkalkül. Geld gleicht dem abgrundtiefen Zauber des Bösen in Tolkiens Geschichte vom *Herrn der Ringe*.

Was Tolkiens Heldensage über seine Vorgänger und Epigonen in der Welt der Fantasy-Literatur erhebt, ist das postmoderne Grundthema. Es geht nicht um ein Mehr, sondern um ein Weniger, es geht nicht darum, Reichtum anzusammeln, sondern die Verführung der Macht loszuwerden. Das wirkt auf den ersten Blick angesichts der Übermacht des Feindes (welche nichts anderes ist als die eigene Gier) hoffnungslos. Es gelingt aber doch, bezeichnenderweise durch die Fähigkeit, Grenzen der eigenen Voraussicht anzunehmen und in unsicherem Gelände den Mut nicht zu verlieren.

Wer sich aus der Zwangsjacke befreien will, in die uns die Angst vor Armut und die Gier nach Teilhabe an den verrückten Ansprüchen der Konsumgesellschaft fesseln, muss nichts aufregend Neues erwerben. Das wäre eine ähnliche Illusion wie die des Kohlenmunk-Peters, dem doch auch ein Herz versprochen wird, das besser funktioniert.

Es geht eher darum, sich unerschrocken der Banalität zu stellen, dass wir alle Menschenkinder sind, angewiesen auf einen einzigen geschundenen Planeten. Und herauszufinden, welchen Reichtum an Mitgefühl, Phantasie, Intuition und Sinnlichkeit jeder von uns in sich trägt, sobald er lernt, jene leise innere Stimme wieder zu hören, die Angst und Gier widersteht.

1. Das kalte Herz

Aber ein Köhler hat viel Zeit zum Nachdenken über sich und andere, und wenn Peter Munk an seinem Meiler saß, stimmten die dunklen Bäume umher und die tiefe Waldesstille sein Herz zu Tränen und unbewußter Sehnsucht. Es betrübte ihn etwas, es ärgerte ihn etwas, er wußte nicht recht was.

Von den früh vollendeten Dichtern, deren Tod Phantasien weckt, was alles aus ihnen hätte werden können, ist Wilhelm Hauff einer der weniger bekannten. Er starb 25 Jahre alt, frisch promoviert, jung verheiratet, wenige Tage nach der Geburt einer Tochter. Die Erkältung, welche sich zu einem Nervenfieber verschlechterte, hatte Hauff sich auf dem Begräbnis von Wilhelm Müller (1794–1827), dem Dichter der von Schubert vertonten *Winterreise*, zugezogen.

Hauffs bekanntestes Werk, der Roman *Liechtenstein*, schildert bereits den Zusammenprall der Bauernaufstände mit einer noch idealisierten feudalen Tradition. Das Buch bewog einen schwäbischen Fürsten, die geschilderte mittelalterliche Feste detailgetreu nachzubauen, noch lange bevor Ludwig II. von Bayern durch solche Inszenierungen von sich reden machte.

Das kalte Herz wird kunstvoll in die Rahmenerzählung *Das Wirtshaus im Spessart* eingeschachtelt. Oberflächlich gesehen ist es eines der zahlreichen Märchen über den Pakt mit dem Bösen, gefärbt vom romantischen Optimismus: Rettung aus dem Abgrund, weil der nach Geld und Erfolg bei den Frauen gierende Kohlenpeter eine treue Ehefrau und einen hilfreichen Gegenzauber findet.

Hauff war ein Getriebener, er arbeitete rastlos. Er gönnte sich während seiner Infektion keine Ruhe, das mag seinen Tod beschleunigt haben. Auf jeden Fall spricht es dafür, dass er die Ängste, welche die Geschichte durchziehen, aus eigenem Erleben kannte: narzisstische Ängste, die er seinen Helden aussprechen lässt: *Und wenn Peter Munk, rein gewaschen und geputzt, in des Vaters Ehrenwams mit silbernen Knöpfen und mit nagelneuen roten Strümpfen erscheint, und wenn dann einer hinter mir hergeht und denkt, wer ist wohl der schlanke Bursche? und lobt bei sich die Strümpfe und meinen stattlichen Gang – sieh, wenn er vorübergeht und schaut sich um, sagt er gewiß: »Ach, es ist nur der Kohlenmunk-Peter.«*

Peter Munk will nicht nur *mehr* sein, als er ist; er will auch etwas *anderes* sein. Wir können ihn uns als ödipalen Sieger vorstellen: früh verwaist, einziger Sohn einer Mutter, die ihn verehrt und ihm die Wünsche von den Augen abliest, ihn in seinen Größenwünschen unterstützt, ohne ihm den Halt zu bieten, den der Vater geben könnte. Wunder freilich kann sie nicht tun. Sie kann ihrem Liebling kein neues, anderes, besseres Leben schenken.

Das können die beiden Waldgeister, die zugleich für das natürliche Kapital des Waldes stehen: das Glasmännlein für die Glashütten, die im Schwarzwald wie im Bayerischen und Böhmerwald entstanden und dort frühe Formen der Industrialisierung schufen, der Holländer-Michel aber für die Flößerei. Wem es gelang, hohe Tannenstämme rheinabwärts bis nach Holland zu flößen, der kehrte mit hohem Gewinn zurück und konnte diesen über die Jahre hin verdoppeln, ganz anders als der Holzhändler vor Ort.

Hauffs Geschichte ist nicht naiv, obwohl sie den tragischen Niedergang der traditionellen Wirtschaft märchenhaft auflöst. Der Dichter zeigt die Verführung der Menschen durch die neuen Verdienstmöglichkeiten. Während das Glasmännlein darauf besteht, dass Peter mit den geschenkten Möglichkeiten vernünftig umgeht, nutzt sie der böse Holländer-Michel, um dem gescheiterten Glasmacher sein fühlendes Herz abzuluchsen.

Was Peter Munk ins Verderben stürzt, ist sein Neid auf den reichen Ezechiel, einen erfolgreichen Floßherrn, der im Wirtshaus mit Goldstücken um sich wirft, ansonsten aber hartherzig und geizig ist, und sein Neid auf den Tanzbodenkönig, der von allen Frauen nicht nur als Tänzer begehrt wird. Wie der Leser nach und nach erfährt, sind die beiden längst dem Teufel verschrieben, in ihrer Brust sitzt ein Herz aus Stein. Indem er ihnen nacheifert, versäumt Peter, die schöne Glashütte recht zu versorgen, die ihm das Glasmännlein geschenkt hat.

Dieser gute Waldgeist hat Peter ermahnt, er müsse sich auch den rechten Verstand wünschen, nicht nur das eindrucksvolle Gewerbe. *Ihr seid ein sonderbar Geschlecht, ihr Menschen! Selten ist einer mit dem Stand ganz zufrieden, in dem er geboren und erzogen ist, und was gilt's, wenn du ein Glasmann wärest, möchtest du gern ein Holzherr sein, und wärest du Holzherr, so stünde dir des Försters Dienst oder des Amtmanns Wohnung an. Aber es sei: Wenn du versprichst, brav zu arbeiten, so will ich dir zu etwas Besserem verhelfen, Peter. Ich pflege jedem Sonntagskind, das sich zu mir zu finden weiß, drei Wünsche zu gewähren. Die ersten zwei sind frei; den dritten kann ich verweigern, wenn er töricht ist.*

Aber statt Verstand wünscht sich Peter, stets so viel Geld zum Würfelspiel in den Taschen zu haben wie Ezechiel und besser tanzen zu können als der Tanzbodenkönig. So wird er der Spielpeter und der Tanzbodenkaiser genannt und ist jeden Tag im Wirtshaus, bis er dem Ezechiel in größter Gier alles Geld im Spiel abgewinnt – und mit einem Schlag selbst nichts mehr in der Tasche trägt.

Die Glasbläser in Peters Hütte haben gearbeitet, ohne dass jemand darauf achtete, ob ihre Werke auch verkäuflich seien. Am Ende erdrückt die Schuldenlast das Gewerbe, Peter wird mit Schande davongejagt. Jetzt liefert er sich dem Bösen aus. Der Holländer-Michel geht geschickt vor; er lädt Peter in sein Haus ein und erzählt ihm in leuchtenden Farben von seinen Reisen. Dann redet er ihm zu, doch einmal recht zu bedenken, dass es sein Mitgefühl, Mitleiden, seine Ängste und Rücksichtnahmen gewesen seien, die ihn ins Unglück gestürzt hätten.

Du hast, nimm es mir nicht übel, hundert Gulden an schlechte

Bettler und anderes Gesindel weggeworfen; was hat es dir genützt? Sie haben dir dafür Segen und einen gesunden Leib gewünscht; ja, bist du deswegen gesünder geworden? Um die Hälfte des verschleuderten Geldes hättest du einen Arzt gehalten. Segen, ja ein schöner Segen, wenn man ausgepfändet und ausgestoßen wird! Und was war es, das dich getrieben, in die Tasche zu fahren, so oft ein Bettelmann seinen zerlumpten Hut hinstreckte? – Dein Herz, auch wieder dein Herz, und weder deine Augen noch deine Zunge, deine Arme noch deine Beine, sondern dein Herz; du hast dir es, wie man richtig sagt, zu sehr zu Herzen genommen.

So wird Peter neugierig und möchte wissen, was er denn tun kann gegen seine lästigen Gefühle. *Aber wie kann man sich denn angewöhnen, daß es nicht mehr so ist? Ich gebe mir jetzt alle Mühe, es zu unterdrücken, und dennoch pocht mein Herz und tut mir wehe.*

So kommt Peter in die Kammer, wo der Böse die Herzen aufbewahrt, die er ihren Trägern abgeluchst hat. *Auf mehreren Gesimsen von Holz standen Gläser, mit durchsichtiger Flüssigkeit gefüllt, und in jedem dieser Gläser lag ein Herz; auch waren an den Gläsern Zettel angeklebt und Namen darauf geschrieben, die Peter neugierig las; da war das Herz des Amtmanns in E, das Herz des dicken Ezechiel, das Herz des Tanzbodenkönigs, das Herz des Oberförsters; da waren sechs Herzen von Kornwucherern, acht von Werbeoffizieren, drei von Geldmaklern – kurz, es war eine Sammlung der angesehensten Herzen in der Umgebung von zwanzig Stunden.*

»Aber was tragen sie denn jetzt dafür in der Brust?« fragte Peter, den dies alles, was er gesehen, beinahe schwindeln machte.

»Dies«, antwortete jener und reichte ihm aus einem Schubfach – ein steinernes Herz.

»So?« erwiderte er und konnte sich eines Schauers, der ihm über die Haut ging, nicht erwehren. »Ein Herz von Marmelstein? Aber, horch einmal, Herr Holländer-Michel, das muß doch gar kalt sein in der Brust.«

»Freilich, aber ganz angenehm kühl. Warum soll denn ein Herz

warm sein? Im Winter nützt dir die Wärme nichts, da hilft ein guter Kirschgeist mehr als ein warmes Herz, und im Sommer, wenn alles schwül und heiß ist – du glaubst nicht, wie dann ein solches Herz abkühlt. Und wie gesagt, weder Angst noch Schrecken, weder törichtes Mitleiden noch anderer Jammer pocht an solch ein Herz.«

Peter Munk lässt sich das kalte Herz einsetzen, geht auf Reisen, freut sich über nichts, fürchtet sich vor nichts. Um sich abzulenken, wird er ein erfolgreicher Wucherer, bei dem der halbe Schwarzwald Schulden hat. Er kümmert sich nicht um seine alte Mutter, die ein Bettelweib geworden ist, und heiratet Lisbeth, eine liebliche, arme Häuslerstochter, die auf seinen Befehl hin alle Bettler abweisen soll, aber dennoch dem als Bettler verkleideten Glasmännchen hilft. Das erzürnt den Kohlenmunk-Peter so sehr, dass er sie mit dem Griff seiner Peitsche erschlägt.

Logisch ist diese Wendung der Geschichte nicht. Wie kann denn ein kaltes Herz derart in Wut geraten? Psychologisch macht sie Sinn: Indem er sich mit Lisbeth verbindet, die ein warmes Herz hat, muss Peter entweder um jeden Preis durchsetzen, dass ihr Herz genauso kalt wird wie das seine, oder aber er muss dafür sorgen, dass sein Herz wieder warm wird. *Es quälte ihn auch nachts im Traume, und alle Augenblicke wachte er auf an einer süßen Stimme, die ihm zurief: »Peter, schaff dir ein wärmeres Herz!«*

So gerät Peter in ein unerklärliches Zwischenreich, in dem er an dem Mangel an Warmherzigkeit zu leiden beginnt, ohne recht zu verstehen, wie das möglich sein soll. Er sucht die Hilfe des Waldgeistes, der ihm einen Trick verrät, den Bösen zu übertölpeln. Am Ende gelingt es ihm, sein fühlendes Herz zurückzugewinnen und dem wütenden Holländer-Michel dank eines Amuletts zu entrinnen. Ein Blitz zerstört allen angehäuften Reichtum, aber Peter Munk ist jetzt mit seiner Kohlenmacherei zufrieden und freut sich des Lebens mit der vom Waldgeist wiederbelebten Lisbeth und seiner Mutter. *So lebten sie still und unverdrossen fort, und noch oft nachher, als Peter Munk schon graue Haare hatte, sagte er: »Es ist doch besser, zufrieden zu sein mit wenigem, als Gold und Güter haben und ein kaltes Herz.«*

Hauffs Märchen verarbeitet den Zusammenprall der traditionellen bäuerlich-handwerklichen Kultur, in der des Köhlers Sohn wieder Köhler werden muss, mit den Möglichkeiten des Kapitalismus. Das Glasmännlein steht für dessen gute Seiten, für die redliche Erweiterung der Verdienstmöglichkeiten und bedachtes Wirtschaften; der Holländer-Michel aber für Rücksichtslosigkeit, für offenen und verdeckten Betrug, für grenzenlosen Wohlstand, reine Macht.

Die Glashütte produziert im Land und schafft dort Arbeitsmöglichkeiten; Holzhandel und Geldverleih aber leiten einen Verfall der guten Sitten ein, den der nationale Narzissmus schon immer als Import beschreiben wollte: Hier haben die Flößer Trinken, Rauchen, Kartenspiel und Hurerei aus Holland mitgebracht.

Der wichtigste Gedanke Hauffs ist aber, dass die Faszination durch den Reichtum die Menschen mehr kostet, als sie wahrhaben wollen. Gefühle, Beziehungen, Empathie werden bedeutungslos. Es geht allein um den Kick des zum Suchtmittel gewordenen Geldes, um die manische Abwehr der inneren Leere und Erstarrung eines steinernen Herzens, das Elend und Macht kapitalistischer Grandiosität symbolisiert.

Wie sehr die Autoren in den ersten Dekaden des 19. Jahrhunderts von der wachsenden Macht des Kapitals und der Industrie fasziniert wurden, hat Hans Christoph Binswanger in seiner Analyse von Goethes *Faust* gezeigt. Faust scheitert daran, den Weltgeist zu beschwören und zu verstehen. Er sucht Zuflucht in der Magie. Von Mephistopheles unterstützt, entdeckt Faust das Papiergeld und die Ausbeutung der Natur. »Durch die Reduktion der Welt auf die Quintessenz des Geldes wird die Welt vermehrbar: Sie wächst mit dem wirtschaftlichen Wachstum.«[10]

In Versen wie »Daß sich das größte Werk vollende – genügt ein Geist und tausend Hände« oder aber auch »Es kann die Spur von meinen Erdentagen – Nicht in Äonen untergehn« wird gegen Ende von *Faust II* deutlich, dass der Stein der Weisen in der Wirtschaft, das Geldkapital, nichts anderes ist als Fausts grandioses Selbst. »So vollendet sich das große Werk der Alchemie der Wirtschaft, das größer ist als dasjenige der Wissenschaft, als dasjenige der Kunst, und daher auch von Faust als das ›größte Werk‹ bezeichnet wird, in der Verewigung des eigenen ›Ich‹.«[11]

2. Depression als Volkskrankheit

Er fuhr zwei Jahre in der Welt umher und schaute aus seinem Wagen links und rechts an den Häusern hinauf, schaute, wenn er anhielt, nichts als das Schild seines Wirtshauses an, lief dann in der Stadt umher und ließ sich die schönsten Merkwürdigkeiten zeigen. Aber es freute ihn nichts, kein Bild, kein Haus, keine Musik, kein Tanz; sein Herz von Stein nahm an nichts Anteil, und seine Augen, seine Ohren waren abgestumpft für alles Schöne. Nichts war ihm mehr geblieben als die Freude an Essen und Trinken und der Schlaf, und so lebte er, indem er ohne Zweck durch die Welt reiste, zu seiner Unterhaltung speiste und aus Langeweile schlief.

In welche Begriffe würden wir heute die Geschichte vom kalten Herzen kleiden? Es liegt auf der Hand: Die Gefühle oder genauer: die Gefühllosigkeit des Kohlenmunk-Peter entsprechen dem, was wir heute Depression nennen.

Die Depression wird mehr und mehr zur Volkskrankheit. Sie nimmt in allen Altersgruppen zu; es gibt depressive Kinder so gut wie depressive Greise. Ihr zentrales Symptom ist die Unfähigkeit, sich über etwas zu freuen. Kohlenmunk-Peter leidet nach unserem heutigen Modell an einer mittelschweren Depression; Schönes bewegt ihn so wenig wie Grauenvolles. Er kann sich nicht in seine Mitmenschen einfühlen, aber immerhin kann er noch arbeiten, seine Reisen organisieren, sein Geschäft führen. Das Essen schmeckt ihm, er nimmt, innerlich teilnahmslos, äußerlich am Leben teil. Er fürchtet den Tod und ersehnt ihn nicht, wie das schwer Depressive tun.

Der in seinem Selbstgefühl stabile Mensch kann Kränkungen verarbeiten, indem er sie realistisch einschätzt: Hier habe ich einen

...ler gemacht, dort nicht, in vielen Bereichen bin ich in Ordnung.

Die narzisstische Störung hingegen führt dazu, dass ein einzelner Fehler nicht in seinem realen Umfang wahrgenommen wird, sondern als Symbol für die Mangelhaftigkeit der ganzen Person.

Das hängt mit Störungen der Aggressionsverarbeitung zusammen, mit dem Teufelskreis des Perfektionismus. Wer als Kind so massiv gekränkt wurde, dass er seine eigene Wut als mörderisch erlebte (und dadurch auch seine Bezugspersonen als mordlustig imaginieren musste), sucht später den perfekten Frieden, die perfekte Harmonie. Dann gibt es aber keine kleinen, harmlosen, gut lösbaren Streitigkeiten mehr, sondern nur noch Katastrophen.

Ich arbeitete einmal mit einem Ärztehepaar. Die Frau litt darunter, dass sich ihr Mann oft tagelang in ein Schweigen zurückzog, das er ihr nicht erklären konnte. Als er mehr Vertrauen geschöpft hatte und bemerkte, dass ich mich auch für Kleinigkeiten interessierte, gestand er einen – so seine Worte – völlig lächerlichen und ganz bestimmt bedeutungslosen Anlass für einen dieser Rückzüge. Seine Ehefrau hatte ihn beim Frühstück zur Rede gestellt, weil er die Butter im Papier ließ und nicht auf ein Tellerchen legte.

Er korrigierte den Fehler und verstummte, ohne zu erkennen, weshalb, es war schließlich eine Kleinigkeit – aber eben ein Symbol dafür, dass seine Frau ihn nicht »verstand«, nicht würdigte und nicht liebte und er sie deshalb hasste, sie ihn auch hassen musste. Von einer Minute zur nächsten, für viele Tage anhaltend, hatte er ein kaltes Herz bekommen, unter dem er mindestens ebenso litt wie seine Partnerin – »ich kann dann nicht anders«, sagte er.

Die Depression wurzelt oft in perfektionistischen Ansprüchen an das eigene Ich. Der Arzt in unserem Beispiel kann sich den kleinsten Fehler nicht verzeihen – und er kann seine Frau nicht als liebevoll erleben, wenn sie ihm sagt, wie er den Tisch schöner decken könnte. Sie erscheint ihm wie eine strafende Gouvernante, eine Hexe, der es niemand recht machen kann.

Die genaue Untersuchung erkennt in solchen Versteinerungen

den lebensfeindlichen Wunsch, *keinen Fehler zu machen*. Leistung und Erfolg werden absolut gesetzt und sollen das ganze Leben prägen. Typisch ist, dass die zyklischen Formen des Erlebens durch lineare Spaltungen ersetzt werden. Der Depressive ist nicht in der Lage, um Menschen, aber auch um eigene Qualitäten oder Aufgaben gewissermaßen herumzugehen und alle ihre Seiten wahrzunehmen. Er spaltet sie auf; daher kippt auch seine Stimmung von dem manischen Überschwang, er könne alles schaffen und richten, in die depressive Verzweiflung, ihm gelinge das Einfachste nicht und er sei ein ganz hoffnungsloser Fall.

Diese primitive Spaltung hängt mit unbewussten Ängsten zusammen. Angst ist ein Affekt, der uns zwingt, möglichst schnell und möglichst nachdrücklich aus einer gefährlichen, kränkenden Situation herauszukommen und eine gute, sichere Situation zu erreichen. Das ist unter einfachen Lebensumständen in der Savanne, wo unsere Ahnen als Jäger und Sammler lebten, angesichts der meisten Gefahren zu bewältigen. In einer Zivilisation wird es viel schwieriger. Wir können vor dem Partner, der uns unter Leistungsdruck setzt, so wenig fliehen wie vor dem Prüfer im Examen oder dem Chef im Büro. Wir können die Angst auch nicht durch wütenden Angriff auf ihre Quelle beseitigen. Wir müssen lernen, sie zu ertragen, und uns anstrengen, alles so gut, so richtig zu machen, dass wir die Prüfung bestehen, der Chef zufrieden ist, der Lebenspartner nie Kritik äußert. Das ist mühsam genug und erzeugt oft, wie auch bei dem Arzt in unserem Beispiel, eine innere Anspannung, die sich dann angesichts von Kleinigkeiten entlädt.

Das Selbstgefühl des Menschen, der narzisstische Kränkungen durch Perfektionismus ausgleicht und sich nur sicher fühlt, solange er gar keinen Fehler macht, gleicht einer gespannten Blase, die durch einen Nadelstich zerreißt. Die innere Welt der Depression gibt Personen mit stabiler Kränkungsverarbeitung viele Rätsel auf. Sie sind überzeugt, dass – um im Bild zu bleiben – ein Dolchstoß bei jedem Menschen viel mehr Schaden anrichtet als ein Nadelstich. Aber eben diese Verhältnismäßigkeit geht in der narzisstischen Störung verloren.

Depression, Angst, Freudlosigkeit und Empathiemangel hängen zusammen. Wenn Bert Brecht sagt: *Erst kommt das Fressen, dann kommt die Moral*, drückt er eine Einsicht derber aus als das römische Sprichwort von der Liebe, die ohne Brot und Wein erfrieren muss.[12] Die Forschung lehrt, dass Einfühlung ebenso wie die differenzierte Freude an schönen Dingen nur dann gedeihen kann, wenn sich Menschen sicher fühlen, wenn sie keine Angst vor Not und Hunger haben.

Starke Angst raubt uns die Empathie und macht rücksichtslos. Das zeigen zu Tode getrampelte Kinder, wenn eine von panischer Angst bewegte Menge sich durch enge Gänge quetscht. Wenn Männer Frauen oder Eltern Kinder misshandeln, tun sie das aus einer brisanten Mischung von Angst und Wut heraus, jenem Stoff, aus dem Einfühlungsmangel und Depression gemischt sind. Sie gehorchen dem Impuls, um jeden Preis eine verlorene Sicherheit zurückzugewinnen, innere Unruhe und Unsicherheit, koste es, was es wolle, zu überwinden.

Um diese Destabilisierung zu verstehen, müssen wir ein wenig ausholen. Wenn wir uns den Urmenschen vorstellen, Jäger und Sammlerin auf der Suche nach Nahrung und Wasser in der Steppe, dann wird uns deutlich, dass unser Nervensystem in der Evolution zwei zentrale »schnelle« Funktionen ausbilden musste: Kampf und Flucht, Beute machen und verhindern, Beute zu werden. Die erste Funktion zentriert sich um Wut und Aggression, die zweite um Angst und Flucht. Diese schnellen Funktionen entsprechen den Notstandsgesetzen in einem geordneten Gemeinwesen: Sie setzen außer Kraft, was »normalerweise« gilt. Dabei ist die Angst allgemeingültiger als die Aggression. Sie gleicht in ihrer universell lebenserhaltenden Funktion dem Schmerz. Wie wir für ihn immer empfänglich sind, für Lust aber nur unter günstigen Umständen, so empfinden wir alle Angst und müssen lernen, sie zu beherrschen, ehe wir Kämpfer und Krieger werden.

Die Dynamik der Angst verlangt nach einer Lösung; ehe diese Lösung nicht erreicht ist, schwindet die Vielfalt der Emotionen. Der von empathischer Aufmerksamkeit erfasste Bereich schrumpft und engt sich ein. Alle Wahrnehmungen, Emotionen und Pläne richten sich nur noch darauf, wie aus der Angst wieder Sicherheit werden kann, wie eine Beute, die zu entkommen scheint, doch noch gewonnen, oder eine Drohung, die überwältigen könnte, doch noch besiegt werden kann.

Normal ist, dass Atmung und Kreislauf der gerade ausgeübten Tätigkeit entsprechen und wir bedacht, mit Einsicht und Einfühlung, unsere Aufgaben erledigen. Diese Normalität ist lebendig, zyklisch, das heißt ermüdbar – sie verlangt dann nach Ruhe und Schlaf, um wieder in sich zurückzufinden. In diesem Normalzustand können wir uns einfühlen, einander zuhören, Zärtlichkeiten und erotische Gefühle austauschen.

Wer die Kulturgeschichte unter diesem Aspekt liest, findet bald heraus, dass diese zyklische Normalität mehr und mehr durch eine lineare Normierung ersetzt wird, deren Symbol die Maschine ist.

In einfachen Gesellschaften sind Krieger ein bunter Haufen; die Männer betonen ihre Stärke durch Federschmuck, Tattoos, Körperbemalung. Es gibt unter ihnen keine Anführer, die Sanktionen verhängen können. Wenn der Weg zu weit war oder Beute lockte, verließen indianische Kämpfer auf einem Feldzug ihre Gruppe, ohne dass dies weitere Folgen für sie hatte als den Verlust ihres Anteils an der Beute.

Welche Überraschungen das für die disziplinierten und uniformierten Militärs der Moderne birgt, zeigt eine Szene aus den Befreiungskriegen in Äthiopien: Ein britischer Offizier kämpfte mit einer größeren Gruppe Einheimischer gegen einen unterlegenen Trupp italienischer Soldaten. Sie rückten vor und hatten den Feind fast geschlagen, als es zu regnen begann und der britische Offizier plötzlich zu seinem Entsetzen feststellte, dass er dem Feind allein gegenüberstand.

Seine Verbündeten hatten sich, wie es in ihren Auseinandersetzungen Brauch war, angesichts des schlechten Wetters unter Bäume und Felsen zurückgezogen. Sie wollten erst weiterkämpfen, wenn sie dabei nicht nass wurden. Die Italiener rückten vor und hätten den Briten fast gefangen genommen, als es zu regnen aufhörte und seine amharischen Kämpfer den Feind schlugen.

Armeen zeigen, wie die moderne Normalität entsteht. Sie beginnt mit dem Gleichschritt, der möglichst ausgeprägten Mechanisierung der Bewegungen. Die Krieger traditioneller Kulturen kämpfen aus persönlichen Motiven, wie Rache, Raublust, selbst Zeitvertreib. Moderne Soldaten tragen eine Uniform und kämpfen diszipliniert. Sie handeln möglichst rational, so dass der von einem Vorgesetzten bestimmte Gegner mit möglichst wenig eigenen Verlusten maximal geschädigt wird.

Waffen sind nicht nur die kulturellen Werkzeuge, die Menschen seit jeher am meisten zu einem Teil ihres Selbstgefühls gemacht haben. Das Schwert macht den Ritter; das Gewehr ist die Braut des Soldaten. Ebenso prägen die militärischen Einrichtungen eine Gesellschaft mehr als alle anderen; bis heute unterscheiden Organisationsforscher soziale Gebilde danach, wie stark oder schwach sie in militärischen Traditionen wurzeln.

Hauff war zu jung und als Theologe zu weit entfernt von der Militarisierung, die im postnapoleonischen Deutschland eine zentrale Rolle spielte, um das kalte Herz auf seine militärischen Wurzeln hin zu prüfen. Er sah sie im Kapitalismus: Der Holländer-Michel steht für den Fernhandel, dem der Naturerhalt gleichgültig ist, für eine Geldwirtschaft, in der am besten fährt, wer sich den Wegen des Kapitals am wenigsten in den Weg stellt. Aber schon früher und radikaler hatte die Militarisierung den Menschen ein kaltes Herz in die Brust gesetzt.

Das psychologische Dilemma liegt darin, dass die wachsenden

Zwänge zur Selbstkontrolle und Selbstdisziplin im *Prozess der Zivilisation*[13] dazu führen, dass die Emotionen insgesamt gehemmt, neutralisiert, verdrängt und auf andere Weise abgewehrt werden. Auf diese Weise werden die Menschen zwar als Krieger und Arbeiter verlässlicher, aber sie erleiden auch Einbußen an Empathie und Kreativität.

Diese Entwicklung läuft über einen Umbau der Ängste: Sie warnen mehr und mehr nicht vor äußeren, sondern vor inneren Gefahren. Die Angst alarmiert angesichts drohender Beschämungen, richtet sich auf den Verlust der Selbstachtung, auf die vorweggenommene und verinnerlichte Ächtung durch die Gruppe. Ein erster mächtiger Schub dieser Verinnerlichung von Ängsten erfolgte in grauer Vorzeit, während der sogenannten neolithischen Revolution, in der die Menschheit vom schweifenden Jäger, der an Besitz nur behalten konnte, was er bereit war zu tragen, zum sesshaften Ackerbauern wurde.

Die Zwänge der altsteinzeitlichen Lebensform liegen außen. Wer nichts erbeutet oder sammelt, muss hungern. Bauern und Viehzüchter hingegen brauchen Triebverzicht und langfristige Planungen. Sie dürfen ihr Saatgetreide nicht aufessen und ihre Herden nicht schlachten – sie müssen von Überschüssen leben. In den Jägerkulturen ist die Natur selbst der Speicher; sie muss nicht bewacht werden; der Bauer hingegen braucht Mauern, bald auch Waffen und Soldaten, um seine Kornspeicher zu schützen und womöglich anderen ihren Speicher zu rauben, ehe sie das mit dem seinigen tun.

So entstehen im geschützten Raum der Stadt neue Möglichkeiten der Empathie. Dichtungen werden aufgezeichnet, Künstler und Priester können, vom Zwang täglichen Nahrungserwerbs befreit, Werke schaffen, Gesetze erlassen. Familien können in Sicherheit ihre Kinder aufziehen. Aber es gibt auch neue Zwänge, Standesunterschiede, Sklaverei und organisierte Kriege.

Die heute von manchen Nervenärzten vertretene These, Depression sei nichts anderes als gestörter Hirnstoffwechsel, ist ein wissenschaftlicher Rückschritt. Sie bringt uns im Verständnis nicht weiter als etwa die Behauptung, Tuberkulose sei nichts anderes als gestörter Lungenstoffwechsel. Eine solche These mag sinnvoll sein, wenn sie sich gegen magische Vorstellungen wendet, wonach Tuberkulose auf sexuellen Exzessen oder Unmoral beruhe. Aber sie ersetzt nicht die genaue Ursachenforschung, welche Robert Koch geleistet hat, indem er den bakteriellen Erreger nachwies und demonstrierte, wie ihn jeder kundige Forscher im Mikroskop sichtbar machen kann.

Demgegenüber ist hinsichtlich der körperlichen Ursachen der Depression der Erbgang dieser Erkrankung, deren Auftreten extremen kulturellen Unterschieden unterworfen ist[14], noch völlig unklar wie auch die Frage, ob Veränderungen im Gehirn Ursache oder Folge der erlebten Symptome sind. Die genetische Bedingung einer Depression scheint die erhöhte Verwundbarkeit des Gehirns gegenüber emotionalen Verletzungen. Depressive sind unter günstigen Entwicklungsbedingungen besonders feinfühlig und kreativ, können sich aber eben wegen dieser Fähigkeiten auch besonders schaden, sobald sie diese gegen sich selbst richten. Im Märchen ist der Kohlenmunk-Peter ein »Sonntagskind«, und nur diesem zeigen sich die guten wie die bösen Geister.

Die biologisch-genetische und die psychodynamische Sicht auf die Depression stehen gegenwärtig an der Schwelle einer Integration: Es gibt keinen einfachen Erbgang; die Angst eines Depressiven, seine Kinder könnten eine böse Anlage erben, ist unsinnig. Wesentlich sind frühe Traumatisierungen – Kinder, die sich zu wenig in ihren emotionalen Problemen wahrgenommen fühlen, die zu wenig Empathie bekommen, können sich schlecht in sich selbst einfühlen und angemessen für sich sorgen. Es gelingt ihnen nicht, etwas zu entwickeln, was wir die empathische Balance nennen könnten: einen Grundzustand, in dem eigene und fremde Bedürfnisse gleichzeitig wahrgenommen und in ein Gleichgewicht gebracht werden können.

Einfühlung ist eine Qualität, die wir für uns selbst entwickeln, ehe wir sie anderen geben. Der normale emphatische Mensch kann sich sozusagen in sich selbst orientieren und darauf achten, dass er keine ungesunden, ihn auf Dauer überfordernden Ansprüche an sich richtet. Der in seinem Selbstgefühl geschwächte Mensch sucht sich dadurch zu stabilisieren und seine Traumatisierungen auszugleichen, dass er sich an den höchsten Idealen orientiert und sich in ihrem Dienst aufreibt, bis er – wie in der Depression – nichts mehr fühlen und nichts mehr leisten kann.

Nachdem in den reformoptimistischen Dekaden seit 1968 »die Gesellschaft« pauschal für psychische Erkrankungen verantwortlich gemacht wurde, regiert im 21. Jahrhundert eine neue Mode, die zur allgemeinen Faszination durch die Gehirnforschung passt. Aus einer Verwundbarkeit, die genetisch überliefert ist und positive wie negative Folgen hat, wird in populären Darstellungen eine »neurobiologische Ursache« der Depressionen gezimmert.

Gegenwärtig wird bei 3 bis 6 Prozent der Kinder und Jugendlichen und bei bis zu 15 Prozent der Erwachsenen eine Depression diagnostiziert. Die in den verbreiteten Konstruktionen der »neurobiologischen Ursache« enthaltene Irreführung täuscht angesichts dieser Lawine von Leid über die gesellschaftliche Misere hinweg. Es ist eben eine Krankheit, vertrauen wir der Pharmaindustrie und den Ärzten!

Da Depressionen mit einer erhöhten Anfälligkeit für Schuldgefühle, Ängste und Skrupel zusammenhängen, ist die Entlastung durch eine Organmythologie enorm hilfreich. Das erklärt auch die Wirkung der antidepressiven Medikamente, die nach den Doppelblindstudien den Placeboeffekt kaum übertreffen.[15] Ob sie im Gehirn spezifisch wirken, ist zweifelhaft; unstrittig ist aber ihr sozialer Effekt. Wer ein Medikament nimmt, ist *wirklich* krank und daher von Schuldgefühlen befreit, er habe nicht genug getan.

Beim Kohlenmunk-Peter deutet Hauff diese Orientierung am Ideal in der Sehnsucht des Köhlersohns an, jemand ganz anderer zu sein als der, der er ist. Er wählt die kaltherzigen »besseren Väter«, denen er nachstrebt, aufgrund eines primitiven narzisstischen Gewinns. Der dicke Ezechiel ist reich, und Peter will stets so viel Geld in der Tasche haben wie dieser; der Tanzbodenkönig beeindruckt das Publikum, und Peter will noch geschickter sein als dieser. Er wird der *Tanzbodenkaiser*.

Wenn junge Menschen auf einen Wettbewerb wie »Deutschland sucht den Superstar« abfahren, zeigt sich ihr Begehren danach, ebenso reich und berühmt zu sein wie die Tanzbodenkönige der Gegenwart. Was auf dem Weg zu diesem Glück an Kaltherzigkeit aufgebaut und ertragen werden muss, steht auf einem anderen Blatt. Es bleibt so unsichtbar wie die Sammlung des Holländer-Michel, in der die Herzen Ezechiels und des Tanzbodenkönigs längst ihren Platz haben.

Der immense Ehrgeiz, der in der Mediengesellschaft in die Familien transportiert wird, überfordert die Eltern, ihre Kinder vor solchen Ansprüchen zu schützen. Er zwingt die Kinder, hohe Ansprüche an sich selbst zu stellen. Die Depressionen in Kindheit und Jugend hängen damit zusammen, dass es in der Konsumgesellschaft fast durchweg für Kinder und Jugendliche unmöglich ist, einen greifbaren Beitrag zum wirtschaftlichen Leben der Familie zu leisten, wie ihn etwa in einem afrikanischen Dorf jedes Kind leistet, das Wasser von der Quelle ins Haus schleppt oder Ziegen hütet.

Unsere Kinder und Jugendlichen müssen es ertragen, in fast allem nutzlos zu sein. Ausgenommen sind Schulnoten und andere Symbole, welche den Eltern verheißen, dass aus dem Kind einmal etwas werden wird. Das bedeutet auch, dass Kinder und Eltern einen Pakt der manischen Abwehr schließen. Solange das Kind in der Schule »gut« ist und auch sonst den Eltern eine »gute« Zukunft verspricht, fühlen sich alle entlastet. Sobald diese symbolische Dienstleistung versagt, wächst die Gefahr eines depressiven Zusammenbruchs.

3. Gefühlskälte, Geld und Größenwahn

Er legte seine Hand auf die Brust, und es war ganz ruhig dort und rührte sich nichts. »Wenn er mit den Hunderttausenden so gut Wort hielt wie mit dem Herz, so soll es mich freuen«, sprach er und fing an, seinen Wagen zu untersuchen. Er fand Kleidungsstücke von aller Art, wie er sie nur wünschen konnte, aber kein Geld. Endlich stieß er auf eine Tasche und fand viele tausend Taler in Gold und Scheinen auf Handlungshäuser in allen großen Städten. »Jetzt hab' ich's, wie ich's wollte«, dachte er, setzte sich bequem in die Ecke des Wagens und fuhr in die weite Welt.

Das Streben nach Glück ist vielleicht das wichtigste Motiv der Moderne; *life, liberty, and the pursuit of happiness* stehen als Grundsatz in der Unabhängigkeitserklärung der Vereinigten Staaten. Der Kohlenmunk-Peter liegt voll im Trend. Wie viel Disposition zum Unglück in einem sich übersteigernden und überschätzenden Glücksstreben liegt, wird den Menschen erst später deutlich: Es ist ja die Sehnsucht nach einem absolut sicheren, absolut dauerhaften, möglichst viele andere übertreffenden Glück, welche den Sohn des Köhlers in die Werkstatt des Bösen treibt.

Der Prozess der Zivilisation normiert Menschen. Die sichtbaren Uniformen sind psychologisch vergleichsweise harmlos, wenn wir sie mit den unsichtbaren Glückskostümen vergleichen, welche *the pursuit of happiness* aushändigt oder gar aufzwingt. Der Gedanke, wir könnten (und *müssten*) durch Selbstverwirklichung – also durch Leistung – glücklich werden, führt auf dem Umweg ihrer manischen Abwehr in die Depression.

Die Teufelspaktgeschichten stehen für die Einsicht der Dichter in die Gefahren der Selbstverwirklichung. Wenn wir alles ablegen und überwinden, was unserem Streben nach Ansehen und Erfolg im Wege steht, werden wir kalt und vergessen über dem Unwichtigen das Wichtige.

Hauffs Märchen ist eine Geschichte über die manische Abwehr. Die Manie ist ebenso das Gegenteil der Depression wie ihr unterschwelliger Verbündeter.[16] Die beste deutsche Übersetzung des griechischen Ausdrucks *maneia* ist der Größenwahn, das übersteigerte, grenzen- und humorlose Selbstvertrauen von Menschen, die felsenfest überzeugt sind, ihre Sicht der Dinge sei die einzig richtige, ihre Persönlichkeit vorbildhaft. Das steinerne Herz ist manische und depressive Abwehr in einem: Indem es dem Träger verspricht, über allen Gefühlen zu stehen, gänzlich cool zu sein, liefert es ihn auch dem Elend der Freudlosigkeit aus.

Die manische Abwehr der Depression hat viele Gestalten. Eine sehr häufige ist der süchtige Gebrauch von Drogen – chemischen Stoffen, welche unsere Gehirnfunktionen verändern. Wenn wir nach Kaltherzigen suchen, die bedenkenlos ihre Liebsten ausplündern, verraten und bestehlen, dann werden wir unter Alkohol- oder Drogenabhängigen rasch fündig.

Wer Gefühle wie Angst, Trauer, Schuld und Schmerz nicht als unvermeidliches Beiwerk von Freude und Erfüllung annehmen kann, gerät in einen Teufelskreis: Indem er sich betäubt, schwindet auch seine Kraft, Kränkungen zu verarbeiten. Die Mittel, welche anfänglich seine Innenwelt entspannt und sein Lebensgefühl gesteigert haben, werden unentbehrlich, um das Elend ihres Entzugs abzuwehren.

Eine andere Form der manischen Abwehr ist die Identifizierung mit einer mächtigen Gestalt, welche das eigene Ich überhöht. Solche Verschmelzungen kanalisieren die Empathie: Sie gilt nur noch dem Vorbild und denen, die sich gleichfalls mit diesem vereint haben. In Hauffs Märchen sind der dicke Ezechiel, der Tanzbodenkönig, der Amtmann und andere angesehene Männer durch ihre steinernen Herzen ein verschworener Bund, mitleidlos gegen alle, die nicht so sind wie sie.

Jahre nach Hauffs Tod hat der Holländer-Michel neue Gestalt angenommen und große Menschengruppen dazu gebracht, den Massenmord an Unschuldigen zu planen und durchzuführen. Die manische Abwehr im Zusammenhang mit solchen Identifizierungen zeigt sich darin, dass die Kaltherzigkeit nach dem Zusammenbruch der Verschmelzung mit dem Führer kaum mehr erinnert wird; es ist, als sei ein Spuk verflogen.

Hauff stellt nicht die Droge und auch nicht die Verschmelzung mit einem Mächtigen in den Mittelpunkt seiner Untersuchung der Gefühlskälte, sondern das Geld. »Das Geld ist die menschliche Glückseligkeit in abstracto; daher wer nicht mehr fähig ist, sie in concreto zu genießen, sein ganzes Herz an dasselbe hängt« (Arthur Schopenhauer). Geld ist ein Versprechen, vor allem von Sicherheit. Wer Geld hat, kann sich alle möglichen Dinge verschaffen und ist auf keines von ihnen festgelegt.

Die abstrakte Qualität des Geldes[17] fördert einen Prozess, den wir als Riss in der innigen Verbindung des menschlichen Geistes mit dem Gefühlsleben beschreiben können. Indem Geld den bisherigen Tauschhandel ablöst und universell verwendbar ist, wird es zu einem Ding, das gleichzeitig kein Ding ist, sondern zumindest der Möglichkeit nach den Wert von allen Dingen erfassen kann. Es tritt an ihre Stelle; dadurch wird ein Ersatz von Qualität durch Quantität möglich.

Menschen können ihren Wert auf eine völlig neue Weise bestimmen. Sie können messen, was ihre Zeit wert ist, ihre Habe, der Ertrag ihrer Felder. Das bringt Elemente der Mathematik in Bereiche, in denen Zahlen bisher nicht vorkamen.

Geld ist gleichzeitig abstrakt und äußerst praktisch. Es erlaubt, die flüchtigen und widersprüchlichen Urteile, welche Gefühle über den Wert der Dinge und Menschen um uns herum tastend formulieren, durch eine schnelle, allgemein verständliche Zahl zu ersetzen, den *dollar value*. So heißt das Zauberwort in dem Land, in dem diese Operation ganz unbefangen auch auf Gebieten vorgenommen wird, auf denen die Europäer noch zögern, etwa angesichts einer Schönheitsoperation oder der Bereitschaft, für eine andere Frau ein Kind auszutragen.

Je komplexer unsere Umwelt, desto wichtiger wird es auch, einfache Werte zu finden und diese festzuhalten. Die Geldwirtschaft erlaubt eine simple Orientierung: Je mehr Geld ich verdiene und sicher anlege, desto besser bin ich vor den Unsicherheiten der globalisierten Welt geschützt. Geld ersetzt in dieser Phantasie emotionale Bindungen. Wenn ich genug Geld habe, falle ich niemandem zur Last und kann mir alle Hilfe kaufen.

Die Hoffnung, auf diesem Weg die ersehnte Sicherheit zu gewinnen, ist in den meisten Fällen trügerisch. Denn eben die Gier, die aus der Angst, zu wenig Geld zu haben, in den Menschen erwächst, vermehrt auch ihre Unsicherheit, ob sie mit ihrem Geld geschickt genug umgehen und es gut genug bewachen. In Dagobert Duck und in dem Drachen Smaug ist diese Qualität des Reichtums scharfsinnig erfasst. Onkel Dagobert ist hinter jedem Taler her, als wäre er sein einziger; er unterscheidet sich hier radikal von seinem Neffen Donald, der großzügig Geld ausgeben würde, wenn er welches hätte.

In Tolkiens Buch *Der kleine Hobbit* hat sich der Drache Smaug einen immensen Haufen von Gold, Kunstwerken und Edelsteinen zusammengerafft, den er nun ständig bewachen muss. Dank eines Ringes, der ihn unsichtbar macht, gelingt es Bilbo, einen goldenen Becher aus dem Haufen zu stehlen. Bilbos Einfühlung in Smaug sagt ihm, wie es die großzügige Natur des Hobbits gebietet, dass der Drache den Diebstahl so wenig bemerken wird wie ein Bauer den Vogel, der ein Weizenkorn aus einer Garbe pickt.

Weit gefehlt. Wer Smaugs Zorn verstehen will, sagt Tolkien, der muss nur einmal erlebt haben, wie sehr reiche Menschen reagieren, wenn ihnen eine winzige Kleinigkeit weggenommen wird, von der sie schon lange Zeit gar nicht mehr wussten, dass sie diese besaßen. In der Tat legt der erzürnte Drache eine Stadt in Schutt und Asche – und findet dabei durch einen Bogenschuss den Tod.

An Menschen, die sehr viel Geld haben, lassen sich zwei Ängste beobachten: die Angst *um* ihr Geld und die Angst *vor* ihrem Geld. Je mehr Geld da ist, desto ängstlicher wird die Grenze zwischen Haben und Nichthaben bewacht. Wer gewöhnlich nur kleine Summen bei sich hat und plötzlich sehr viel Geld transportieren muss, ist oft durch seine Körpersprache zu erkennen. Das machen sich Fahnder zunutze, welche Steuersünder beispielsweise an der Schweizer Grenze herauspicken sollen. Auch wer noch nie seine Brieftasche eingebüßt hat und sonst nicht um sie fürchtet, blickt in der Regel misstrauisch um sich und geht weniger entspannt, wenn sie viel Geld enthält. Die Angst vor dem Verlust wächst mit der Summe, die verloren gehen könnte.

Es wäre unsinnig zu behaupten, dass Armut vor Neurosen schützt, im Gegenteil. Aber ein mittleres, sicheres Einkommen, dessen Erwerb, Umfang und Grenzen ein Kind einigermaßen verstehen kann, scheint für die seelische Gesundheit sehr viel günstiger als großer Reichtum. Es erfordert eine hohe seelische Stabilität der Eltern, um ihre mit ihrem Vermögen angewachsenen Ängste nicht an ihre Kinder weiterzugeben.

Ich habe einige Male Kinder aus schwerreichen Familien behandelt. In einem Fall leugnete meine Patientin komplett, dass sie ein Erbe von vielen Millionen zu erwarten hatte. Sie machte sich und ihre wenigen Bekannten glauben, sie habe nur das Geld, das sie als Angestellte verdiene. Ihr Vermögen legte der Vater für sie an, dessen Misstrauen in seine Tochter sich auch darin ausdrückte, dass er sie immer kurzhielt und veranlasst hatte, dass sie und die anderen Erben erst im Alter von 35 Jahren ihre Anteile selbst verwalten konnten. Die Patientin litt an vielen Phobien und hatte seit zehn Jahren keine sexuelle Beziehung mehr. Sie lebte in einer kleinen Wohnung mit ausgemusterten Möbeln der Eltern.

In einem anderen Fall zwang der Besitzer einer großen Fabrik seinen einzigen Sohn, alle Schulferien am Fließband zu arbeiten, um das Unternehmen kennenzulernen. »Meine Schulfreunde fuhren während dieser Zeit mit ihren Vätern zum Zelten«, sagte der Klient traurig, »Väter, die selbst am Band standen, aber für ihre Kinder Zeit hatten.« Die erzwungene Armut, der die Kinder ausgesetzt werden, steht für die Ängste der Eltern, ihre Erben zu schwächen und zu verwöhnen.

Oft erreicht ein solches Übermaß an Erziehungsmühe das Gegenteil. Die Kinder hassen das Familienunternehmen, wollen nichts von ihm wissen, suchen nach Abstand, fürchten sich vor einem Erbe, mit dem sie nichts anfangen können.

Wer nicht mehr hat, als er braucht, fühlt sich durch seine Kinder nicht bedroht oder in der Pflicht, ihnen besonders viele Ängste einzuflößen, um das Erbe zu bewahren. Ein Kind, das im Sonnenschein nicht daran denkt, dass es auch wieder kalt werden kann, und deshalb die Jacke auf der Parkbank liegen lässt, ängstigt reiche Eltern mehr als arme. Ihre Sorgen lähmen ihre Empathie und erzwingen Kontrolle, jene *schwarze Pädagogik*[18], welche in dem Kind die Überzeugung wachsen lässt, seine Gefühle, seine Phantasien, seine Bedürfnisse seien allesamt nicht in Ordnung.

Die Statistik scheint zu zeigen, dass wohlsituierte Familien weniger psychische Störungen unter ihrem Nachwuchs erzeugen als arme. Aber jede Statistik lügt über den einzelnen Fall, wie umgekehrt der einzelne Fall lügt, wenn wir ihn verallgemeinern. Ich denke, ein etwas differenzierteres Modell trägt weiter: Am günstigsten für die Kinder ist eine gut versorgte Familie, in der die Eltern einander und ihren Mitmenschen zugewandt sind, sich über ihre Kinder freuen und diese auf dem Weg in die Welt unterstützen. Etwas weniger günstig mag eine arme Familie sein, die nach Kräften dasselbe versucht, aber die Kinder nicht vor Hunger und Not schützen kann. Wenn nun die arme Familie zerfällt, die Eltern einander nicht mehr unterstützen, der Vater – das typische Modell in allen Slums dieses Planeten – die Mutter mit den Kindern im Stich lässt, belastet das die Kinder erheblich, raubt ihnen aber auch nicht die Tatkraft, dieses Elend hinter sich zu lassen. Die von Ängsten und Entwertungen der Kinder geprägte reiche Familie nimmt ihren Söhnen und Töchtern aber oft auch noch die Freiheit, sich davonzumachen und ihr eigenes Glück zu suchen.

Wichtiger als die finanzielle Situation und auch die Zeit, welche die Eltern für die Erziehung des Kindes aufwenden, scheint die *Zufriedenheit* der Eltern. Nach einem vielfach bestätigten Modell ist für die Kinder eine zufriedene Hausfrau das günstigste Milieu; eine unzufriedene aber das ungünstigste. Zufriedene berufstätige Mütter sind nicht ganz so gut wie zufriedene Hausfrauen, aber unzufriedene berufstätige Mütter immer noch besser als unzufriedene Hausfrauen.

Die reichen Mütter meiner Analysandinnen waren unzufrieden mit sich und ihren Ehemännern. Sie lebten in einem goldenen Käfig und überhäuften den heimkehrenden Vater mit lauten oder leisen Vorwürfen, worauf dieser baldmöglichst wieder das Weite suchte. Sie beanspruchten die Kinder als Zuflucht, als Trost, als Ablenkung und waren den ganzen Tag damit beschäftigt, diese zu »erziehen«, indem sie jedes Verhalten, jede spontane Regung bewerteten. Die Schulfreundinnen, noch später die Freunde wurden leutselig empfangen und später gnadenlos kritisiert.

Die Ablösung von solchen Elternhäusern fällt schwer. Das Kind armer Eltern kann sich wie die Bremer Stadtmusikanten sagen, etwas Besseres als Not und Tod finden wir überall. Das Kind reicher Eltern ist den goldenen Käfig gewohnt. Selbst wenn die Tür offen steht, kehrt es oft aus Angst vor den Gefahren draußen wieder in ihn zurück, von Selbstzweifeln verfolgt, nicht genug aus sich und seinen Fähigkeiten zu machen.

Denn während das Kind namenloser Eltern jederzeit die Möglichkeit hat, sich sozusagen neue Väter, neue Mütter zu suchen und diese zu idealisieren, ist das Kind reicher Eltern von ehrfurchtgebietenden Vorfahren umzingelt, die – wenn schon die eigenen Eltern wenig aus sich gemacht haben – eigenes Bemühen um Selbstverwirklichung verzwergen.

Wie die meisten wichtigen Erfindungen des Menschen ist das Geld ambivalent: Es eröffnet Möglichkeiten und setzt Grenzen. Es ist ein mächtiges Instrument mit entsprechendem Effekt auf unsere Phantasie und ein Motor jener Prozesse, die wir Individualisierung nennen und die den Menschen aus seinen traditionellen Bindungen ebenso befreien, wie sie ihn des Schutzes solcher Bindungen berauben. In einer Subsistenzwirtschaft, wie sie in den Jäger- und Sammlerkulturen ebenso die menschliche Evolution getragen hat wie bei den alten Pflanzern, ist niemand sehr reich, aber auch niemand so extrem arm, wie es für jene Personen charakteristisch ist, die in einer Stadt leben, wo man mit Geld fast alles kaufen kann, aber ohne Geld auch keine Möglichkeiten hat, Wurzeln auszugraben, Wild zu erbeuten oder ein Stück Urwald zu roden und dort Bananen anzubauen.

Geld macht Druck. Es generiert in den von der Geldwirtschaft beherrschten Marktzentren große Gruppen junger Menschen, die ein Glück suchen, das mit schnellem Gelderwerb identisch ist. In langen Jahren der Evolution ist der Mensch zum Jäger geworden und hat sich eine Beutelust angeeignet, die ihn von anderen Primaten so unterscheidet. Ein großes Tier zu bezwingen ist der Traum des jungen Mannes, seine Initiation in den Stamm bis heute in den vielen Drachentöter-Mythen lebendig.

Pygmäen jagen Elefanten, indem sie sich von hinten anschleichen und die Tiere durch einen geschickten Speerstich so verwunden, dass diese nach einigen Tagen an einer Bauchfellentzündung sterben. Danach feiert der ganze Stamm den erfolgreichen Jäger, für den es völlig selbstverständlich ist, die Beute zu verschenken. Alle essen, so schnell und so viel sie können, gegen die Verwesung der Beute an.

Steinzeitliche Jäger in den Tropen, in der Wiege der Menschheit, haben noch keine Techniken, Fleisch zu konservieren. Keiner von ihnen kann das gewonnene Ansehen speichern, horten, mit ihm entfliehen. Ein erfolgreicher Jagdzug ist immer auch ein Ritual, das soziale Bindungen stärkt. Der affektive Schritt von diesem Jäger zu dem jungen Mann, der im Dschungel der Großstadt durch einen Raubzug oder einen erfolgreichen Drogendeal große Beute machen möchte, ist eher klein. Aber weil er seine Beute leicht transportieren, konservieren, verbergen kann, hat er die Möglichkeit, den sozialen Rahmen, in den ihn seine Tat führt, selbst zu bestimmen beziehungsweise den Rahmen der Gesetze, welche die Gemeinschaft sich gegeben hat, zu ignorieren.

Angesichts solcher Verluste an äußeren Grenzen ist es im höchsten Grade naiv zu behaupten, Geld sei eine moralisch neutrale Erfindung und wesentlich sei doch, was man daraus mache. Innere Regelungen sind anfällig, unzuverlässig, hängen von Stimmungen, von günstigen psychischen Voraussetzungen ab. Äußere Grenzen sind verlässlicher. Wenn ein Weg rechtwinklig um eine Grünfläche führt und Fußgänger einen Weg durch die Wiese treten, kann der Bauer ein Schild malen: *Betreten verboten*. Oder er kann einen Zaun bauen. Was schützt wohl sein Gras besser?

Die moralische Schranke kann jederzeit durch einen vom Individuum definierten Ausnahmezustand aufgehoben werden. Not kennt kein Gebot. Nur das reale Hindernis hält seelische Regressionen auf und widersteht dem Versuch, es durch Willkür außer Kraft zu setzen.

4. Das Erkalten der Liebe

Der Familientherapeut erkennt solche Paare an dem steifen Gang, dem abwesenden und ausweichenden Blick, der gewählten Redeweise. Sie verhalten sich in Anwesenheit des Liebsten wie in Feindesland. Es soll eben jenem Partner keine Angriffsfläche geboten werden, mit dem einst die verschworene Gemeinschaft der Verliebten bestand, welche die Augen zum Leuchten brachte.

Wer herausfinden will, was mit zwei von Liebesverlust gequälten Menschen geschehen ist, steht vor einer ähnlichen Aufgabe wie die Helfer im Katastrophengebiet nach einem Erdbeben. Sie sollen aus einem wüsten Haufen Schutt das Bauwerk rekonstruieren und die Opfer bergen. Oft erinnern sich die Partner zu zweit an nichts Gutes mehr, das zwischen ihnen gewesen sein könnte. Sobald sie dem Therapeuten einzeln gegenübersitzen, lässt sich ein Teil dieser Anfänge rekonstruieren wie ein Plan aus nackten Strichen: Warum war es gerade diese Person, die jetzt so grausam enttäuscht hat, mit der ein gemeinsamer Lebensweg, gemeinsame Kinder gewünscht wurden?

Die Situation des Erkaltens der Liebe ist ein Modell für die Störungen der Einfühlung, nicht nur, weil sie in mehr oder weniger ausgeprägter Form gegenwärtig etwa die Hälfte aller Paare heimsucht, sondern auch, weil sie zeigt, wie ausgeprägt Einfühlung keine einseitige Leistung, sondern das Ergebnis eines Austauschs ist[19] – und wie sehr sie durch jene abstrakte Rechthaberei beschädigt werden kann, die Menschen im Wirtschaftsleben durchaus erfolgreich macht.

Wir können mehrere Bedingungen für die Verwandlung von Verliebtheit in Gleichgültigkeit oder Hass auffinden:

1. Vorangehende Verletzungen, welche in der Verliebtheit kompensiert werden sollen.
2. Überschätzung des Liebesobjekts, Verleugnung seiner Schwächen.
3. Selbstüberschätzung, was die Möglichkeiten angeht, sich oder einen anderen im Namen der Liebe neu zu erschaffen und das so Geschaffene zu kontrollieren.
4. Neigung zu primitiven Spaltungen. Der Partner ist entweder gut oder böse; er kann nicht als Ganzheit mit unterschiedlichen Eigenschaften erlebt werden. Es gibt dann nur die Wahl zwischen Liebe und Hass, zwischen Parteigänger und Feind.

Diese Spaltung des Liebesobjekts ist verhängnisvoll, weil sie die »schnellen« Affektsysteme von Flucht oder Kampf aktiviert. Wer von Angst oder von Wut beherrscht wird, verliert die Empathie zugunsten einer primitiven Reaktion, die darauf abzielt, den »bösen« Partner endlich zum Verschwinden zu bringen, um den »guten« zurückzugewinnen.

Denn sobald sich die Partner mehr an ihrer (Verlust-)Angst orientieren als an ihrer Empathie, beginnen sie auch, Liebesbeweise zu erzwingen, den Partner mit dem zu bedrohen, was sie von ihm fürchten: »Wenn du dies oder jenes nicht tust oder lässt, dann verlasse ich dich, dann bist du nicht die/der Richtige für mich.«

Die Absicht, den »Richtigen« zu gewinnen, signalisiert den narzisstischen Anspruch: Das kann gar kein Mensch von Fleisch und Blut sein, der doch immer vielfältiger ist, als ich es mir vorstelle. Das kann nur eine Stütze für mein eigenes Selbstgefühl sein, ein von mir gezimmertes Kunstding, das ich brauche und auf das ich mir ein Anrecht konstruiere, meist nach dem Motto: Wenn ich dich auf meine Weise liebe, musst du mich auch auf meine Weise lieben – sonst liebst du mich nicht!

Empathie kann sich nur in einem von akuten Ängsten befreiten

Feld entfalten. Überall dort, wo ich die Gefühle und Reaktionen eines Gegenübers beherrschen will, kann ich dieses Gegenüber nicht mehr ohne diese Brille wahrnehmen und verliere nicht nur die Empathie, sondern auch die Orientierung. Wer Zwang ausübt, hat bald subjektiv keine andere Wahl, als angesichts seiner Misserfolge den Zwang zu steigern und so neue Misserfolge zu ernten.

Ein trinkendes Baby erlebt, dass die Mutter die Brust zurückzieht. Die Mutter ist überzeugt, das Baby müsse satt sein. Das Baby ist aber noch nicht satt. Es versucht die Brust festzuhalten, indem es in die Warze beißt. Die Mutter kann jetzt ihren Empathiemangel erkennen und stillen, bis das Baby von sich aus loslässt. Oder sie kann das Verhalten des Babys undankbar finden und die Brust schneller zurückziehen, worauf das Baby heftiger beißt.

Wenn Partner eine Forderung nach mehr Zuwendung als aggressiv einordnen, bekämpfen sie diese Aggression und verstärken sie dadurch. »Du musst dich nicht wundern, wenn ich ohne zärtliche Stimmung nicht mit dir schlafen kann!« – »Du musst dich nicht wundern, wenn es keine zärtliche Stimmung zwischen uns gibt, wenn du nie mit mir schläfst!« Die Lösung ist einfach und kompliziert zugleich: Jeder weiß, er müsste einlenken. Aber wer fängt damit an? Die Empathie in die Grenzen und Bedürfnisse des Partners wird als Gefahr für das eigene Selbstgefühl erlebt. »Ich kann mich doch nicht erniedrigen und einem Mann sexuell zur Verfügung stellen, der mich unter Druck setzt!« – »Ich kann doch nicht einer Frau gegenüber zu Kreuze kriechen, die mich abweist, obwohl ich doch alles für die Familie tue!«

Wer sich als Therapeut, Coach oder Mediator mit der Auflösung solcher Pattsituationen beschäftigt, entwickelt im Lauf der Zeit tiefen Respekt vor der Macht narzisstischer Ängste über den Eigennutz, der doch im Mythos von der kapitalistischen Ökonomie als Grundlage menschlichen Handelns dargestellt wird. Es ist leider keine absurde Hollywood-Idee, dass voneinander gekränkte und dennoch aneinander festhaltende Paare einen Rosenkrieg entfachen können, in dem sich beide ruinieren, weil keine Seite nachgeben kann.

In solchen Situationen werden die Schattenseiten der an Leistungs- und Konkurrenzidealen orientierten Erziehung in den individualisierten Gesellschaften deutlicher. Nicht das Streben nach Sieg, sondern die Angst vor der Niederlage, verbunden mit dem Neid auf einen Sieg des Feindes, führen dazu, dass Selbstschädigung in Kauf genommen wird, um dem Gegner das Leben zur Hölle zu machen.

Ein Ehemann streitet sich mit seiner Partnerin. Sie geht auf ihn los; er verteidigt sich und stößt sie so hart, dass sie zu Boden fällt. Sie weint, er sagt: »Ich komme wieder, wenn du dich beruhigt hast« und geht in sein Büro einige Straßen weiter. Als er abends zurückkommt, sperrt sein Schlüssel nicht mehr. Er klingelt und tobt, was das solle. Die Frau hat die Schlösser auswechseln lassen und über ihre Anwältin eine einstweilige Verfügung erwirkt, welche dem von ihr als Gewalttäter geschilderten Mann verbietet, sich der Familie zu nähern.

In dem folgenden Rechtsstreit verzichtet der Mann auf einen Anwalt, so überzeugt ist er von seiner gerechten Sache, so sicher, dass jeder vernünftige Mensch ihm glauben wird und nicht dieser Hexe. Er schildert die Tätlichkeiten als harmlose Notwehr. Seine Frau habe versucht, ihm das Gesicht zu zerkratzen, ihn in den Unterleib zu treten. Er habe sie nur gehindert, ihm das anzutun. Sie lüge wie gedruckt.

Das Gericht glaubt der Frau. Er darf die Kinder nicht mehr sehen, muss aber Unterhalt zahlen. Er kündigt seine Stelle als Direktor einer Sparkasse und verschenkt seine Habe an seine Eltern und seine Freunde. Die Verräterin soll leer ausgehen. Sie soll sehen, wie sie die Kinder durchfüttert!

Solche Szenen lehren, dass es für einen Menschen manchmal unmöglich ist, »gut« zu bleiben, wenn die Beziehung zu jenem Partner in eine Krise gerät, auf den er bisher sein Selbstgefühl gestützt hat. Die narzisstische Kränkung reißt alle Aufmerksamkeit an sich und blockiert jede Empathie. Es geht nur um die erlittene Ungerechtigkeit und den Kampf gegen ein System, das sie zugelassen hat.

An derartigen Extremen wird deutlich, dass es keine bösen Geister braucht, um das kalte Herz in die Brust zu pflanzen. Eine Störung der Kränkungsverarbeitung reicht dafür aus. Sie kann wie ein bösartiger Tumor die Empathiefähigkeit zerstören und aus bisher anderen zugewandten Menschen Sonderlinge, Querulanten und gnadenlose Rächer einer Ehre machen, die sie verloren glauben.

Der Querulant hat ein ganz einfaches Bedürfnis: Andere sollen einsehen, dass er im Recht ist. Allerdings ist die persönliche Unfähigkeit, mit einer Enttäuschung solcher Größenphantasien umzugehen, noch harmlos gegenüber ihrem kollektiven Spiegelbild. Im 19. und 20. Jahrhundert wurden verheerende Kriege um Provinzen geführt, die von mehreren Nationen als angestammtes Eigentum angesehen wurden; in Jerusalem ist dieser Konflikt nach wie vor virulent. Noch viel bedenklicher ist die Neigung der Menschen ganz allgemein, den Planeten Erde als ihren Besitz zu betrachten, den sie mit niemandem teilen müssen und gnadenlos ausbeuten dürfen.

Die Europäische Union hat den historischen Streit um Lothringen oder das Elsass als deutschen oder französischen Besitz gegenstandslos gemacht. Auf globaler Ebene sind wir von solchen Befriedungen unter einem gemeinsamen Dach von Regelwerken noch weit entfernt. Die Menschheit steht an einem Scheideweg: Sie muss entweder lernen, ihre Verlustängste zu beherrschen, oder in einem Krieg aller gegen alle untergehen.

Menschen werden durch Ängste sehr viel grundlegender motiviert als durch Aggressionen. Das mag anders aussehen, wenn ein riesiges Publikum dem nationalsozialistischen Redner zujubelt, der die Alternative »Butter oder Kanonen« zum Zeichen für die Entschlossenheit zum totalen Krieg macht. Aber es sollte doch zu denken geben, dass weder der Redner noch seine Zuhörer über das aggressive Pathos hinaus Kopf und Kragen riskieren, wie die Soldaten, die im Feld stehen. Sie alle werden nach der Rede in ihre sicheren Wohnungen zurückkehren. Indem sich diese Zuhörer über »Kanonen« so heiser schreien wie der Redner, wollen sie doch die Butter einer Gemeinschaft. Es geht weniger um Kampfbereitschaft als um Furcht, die Geborgenheit in der Masse zu verlieren.

Empathie, Sprache und Erwartung

Es gibt Anekdoten, in denen auf dem Sterbebett das Geheimnis einer Zunft verraten wird – etwa von jenem Fleischer, der seinem Arzt als Dank für dessen aufmerksame Betreuung das große Metzgergeheimnis ins Ohr flüstert: »Essen Sie niemals Wurst!« Wenn es ein solches Geheimnis in der Paartherapie gäbe, würde der Satz lauten: »Glauben Sie niemals, dass es nur eine Liebe gibt!«

In einer modernen Ehe tun sich zwei Menschen aus freien Stücken zusammen. In seinem klassischen Gleichnis aus den *Wahlverwandtschaften* hat Goethe von chemischen Elementen gesprochen, die eine Verbindung eingehen und so zu einem neuen Stoff werden – aus Natrium, einem Metall, und Chlor, einem Gas, wird beispielsweise Kochsalz.

Dieser Prozess der Verbindung des (vermeintlich) Seelenverwandten führt zu der Überzeugung, *meine* Form der Liebe gelte jetzt für *zwei* Personen. So wird Empathie überflüssig; schließlich gibt es Gesetze der gemeinsamen Liebe, die ein im Wir verborgenes Ich erlassen hat. Wenn ich meinem Partner zuliebe das Rauchen aufgebe, ist es doch selbstverständlich, dass er auch das Trinken sein lässt! Wenn ich nicht vergesse, den Müll zu entsorgen, ist es lieblos von meinem Partner, seinen Dreck mir aufzuzwingen! Wenn ich keine Lust auf Sex habe, muss ein Mensch das verstehen, der mich liebt!

Es gibt einen Halbsatz, der oft zwischen Paaren fällt, die sich mit dem Gesetz der zwei Lieben nicht abfinden können, und der heißt: Du weißt doch genau. Er klagt Vorfahrt für die eigene Form der Liebe ein. Du weißt doch genau, dass ich dies nicht ertragen kann, jenes haben möchte – und wenn du gedankenlos nach deinen eigenen Grundsätzen handelst, musst du dir sagen lassen, dass du mich nicht liebst!

Solche Sätze sind wie Sägen, mit denen die Liebenden den Ast gefährden, auf dem sie sitzen. Der angeklagte Partner wird sich entwertet fühlen. Wenn er sich wehrt und streitet, ist das noch sehr viel positiver für die Beziehung als Rückzug und Verlagerung der Interessen aus ihr heraus.

Der Satz »Du weißt doch genau« steht für den Versuch, eine Art Zwilling zu basteln, einen Liebesroboter, der Erwartungen erfüllt, die eigene Form der Liebe exakt spiegelt und so niemals Anlass zu Enttäuschung und Streit gibt. Er ersetzt Empathie durch symbiotischen Druck, der gesteigert wird, sobald sich sein Ziel auflöst. Man könnte den Satz vervollständigen: »Ich habe keine Ahnung von dir, aber du weißt doch genau, was mir gefällt!«

Da zu Beginn einer Beziehung die Bedürfnisse ausgeprägt sind, dem Partner zu beweisen, dass ich »gut« bin, siedeln verliebte Paare in einer narzisstischen Blase, in der sie sich wechselseitig maximal bestätigen. Die Forderungen an den jeweils anderen stellen niemals dessen Opferbereitschaft auf eine harte Probe, weil ihm Wünsche und Belastbarkeiten von den Augen abgelesen werden.

Wenn nun ein Kind geboren wird, zieht es die symbiotischen Bindungen der Eltern an sich. Es nimmt wenig wunder, wenn überforderte Mütter einige Monate nach der Geburt sagen: »Du weißt doch genau, ich brauche jetzt einen Vater als Partner und kein zweites Kind.«

Sprache ermöglicht, genau zu sagen, was Einfühlung nur ahnt. Das wirkt auf den ersten Blick wie eine Schwäche der Empathie. Die Problematik des »Du weißt doch genau« zeigt aber die Schwäche der sprachlichen Kommunikation in emotionalen Beziehungen.

Empathie entsteht in jeder Situation aufs Neue und orientiert sich an der emotionalen Realität des Gegenübers. Worte hingegen sind mit starren Bewertungen verknüpft und werden oft so verstanden, als könnten wir mit ihrer Hilfe einen anderen Menschen auf Schienen stellen. In dem Märchen berauben Peters Verbote, Geld an Bettler wegzugeben, seine Frau ihres Mitgefühls.

So oft sie aber jetzt unter der Türe saß, und es ging ein Bettelmann vorüber und zog den Hut und hub an seinen Spruch, so drückte sie die Augen zu, das Elend nicht zu schauen, sie ballte die Hand fester, damit sie nicht unwillkürlich in die Tasche fahre, ein Kreuzerlein herauszulangen. So kam es, daß die schöne Lisbeth im ganzen Wald verschrien wurde und es hieß, sie sei noch geiziger als Peter Munk.

Wort und Schrift regulieren; sie schaffen Gesetze, Normen, Regeln, die über Gefühle hinweggehen, wenn sie nicht sensibel angewandt werden, um überflüssige Konflikte zu vermeiden und gefährliche Eskalationen zu verhindern.

5. Geld oder Leben

So waren sie in der Hälfte der Zeit, die man sonst brauchte, nach Köln am Rhein gekommen, wo sie sonst ihre Ladung verkauft hatten; aber hier sprach Michel: »Ihr seid mir rechte Kaufleute und versteht euren Nutzen! Meinet ihr denn, die Kölner brauchen all dies Holz, das aus dem Schwarzwald kommt, für sich? Nein, um den halben Wert kaufen sie es euch ab und verhandeln es teuer nach Holland. Lasset uns die kleinen Balken hier verkaufen und mit den großen nach Holland gehen; was wir über den gewöhnlichen Preis lösen, ist unser eigener Profit.«

In der Figur des Holländer-Michel legiert Hauff Handelskunst, Betrug und dämonisches Verbrechen. Dieser Michel taucht als riesiger, körperlich allen überlegener Holzfäller und Flößer unter den anderen Knechten auf. Dann wird er zum Verführer, der den Flößern erklärt, dass sie ihr Holz weiter flussabwärts – also in Holland – viel teurer verkaufen können; den Profit aber sollen sie selbst behalten und den Floßherrn zu Hause nur das abliefern, was diese bei dem gewohnten Verkauf im Rheinland erworben hätten.

Das leicht erworbene Geld führt dazu, dass die Bauern und Holzarbeiter im Schwarzwald beginnen, sich in ihrer fest gefügten kleinen Welt unwohl zu fühlen. Sie glauben, sie könnten den eindrucksvollen Reichtum haben ohne einen Preis. Hauff reagiert hier auf die emotionalen Tragödien der modernen Mobilität: Die Aussicht auf bisher nicht denkbare Verdienstmöglichkeiten wird von den betroffenen Familien zuerst nur als Chance erlebt. Was soll schon daran stören, wenn der Vater mehrmals im Jahr monatelang nicht da ist, weil er das heimische Holz nach Holland flößt?

Aber der Vater tröstet sich unterwegs in den Wirtshäusern über die Trennung von Frau und Kind hinweg, die zurückgebliebene Familie sucht ohne ihn zurechtzukommen und empfängt ihn mit einer ambivalenten Mischung aus Erwartungen und Frustrationen. Kluge und narzisstisch stabile Menschen können solche Brüche der Kontinuität verarbeiten. Aber viele Familien gehen an ihnen zugrunde und geraten in einen Teufelskreis enttäuschter Erwartungen.

Den heimkehrenden Vater treffen Vorwürfe, wo er sich Freude und Anerkennung erwartet. Er reist deshalb früher ab und kommt später zurück. Die Empathiefähigkeit der Beteiligten ist überlastet; sie entwerten sich gegenseitig, ziehen sich emotional voneinander zurück. Die Folgen illustriert Hauff in den Figuren, die der junge Kohlenmunk-Peter bewundert: Wirtshausgänger, Spieler, Tänzer, die keine festen Bindungen haben, mit Geld um sich werfen und so ihr emotionales Defizit wie Überlegenheit aussehen lassen.

Schnell gewonnenes Geld, das zum zentralen Mittel sozialer Anerkennung wird, führt zu neuen und sehr riskanten Strukturveränderungen im menschlichen Selbstgefühl. Die »Versteinerungen« lassen sich als Versuch verstehen, diese Gefährdungen zu bekämpfen und eine manische Abwehr um jeden Preis zu verteidigen. Um die Veränderungen in unserem Selbstgefühl durch den Kapitalismus zu verstehen, skizziere ich Struktur und Entwicklung des Narzissmus.

Wir können zwei grundlegende Formen der Stabilisierung des Selbstgefühls unterscheiden: die symbiotische und die empathische. In der symbiotischen Form festigt sich das Selbstgefühl durch die Verschmelzung mit einer äußeren Macht, die als Teil des Selbst erlebt wird. Die Urgestalt dieser Stabilisierung ist die Beziehung des Kindes zur Mutter.[20]

Indem sich das Kind nicht als von der Mutter getrennt erlebt, hat es teil an ihrer Macht und kann Ängste durch Verschmelzung mit der Mutter lindern. Diese symbiotische Stabilisierung lässt sich in einer Abfolge von Vereinzelung und Verschmelzung beobachten, die das Spiel kleiner Kinder charakterisiert. Hänschen klein spielt den Erwachsenen, trennt sich von der Mutter, beginnt zu weinen und beruhigt sich in ihren Armen wieder.[21]

Die frühe Verschmelzung mit dem mütterlichen Objekt wandelt sich mit dem Erlernen von Laufen und Sprechen schrittweise in empathische Bindungen, die auch einen kognitiven Aspekt haben. Dieser lässt sich in den sogenannten *false belief*-Experimenten zeigen.

Ein einfaches Modell sieht so aus: Einem Dreijährigen wird eine Smarties-Schachtel gezeigt. Er soll die Frage beantworten, was in dieser Schachtel ist. »Smarties«, wird er sagen. Dann soll er die Schachtel aufmachen und herausfinden, dass Buntstifte drinnen sind. Mit diesem Wissen ausgerüstet, geht der Dreijährige in die nächste Phase des Versuchs. Die Schachtel wird wieder verschlossen. Eine neue Person kommt in den Versuchsraum. Das Kind soll nun vorab sagen, was diese Person, nach dem Inhalt der Schachtel gefragt, wohl antworten wird.

Hier scheiden sich die Geister: Manche Dreijährige sagen »Smarties«, andere aber sagen »Buntstifte«. Die erste Gruppe hat erkannt, dass Menschen von falschen Eindrücken ausgehen können und dass sie selbst einem Irrtum unterlegen sind, den auch andere Personen machen. Die zweite Gruppe kann diese empathische Differenz nicht herstellen: Sie ist überzeugt, dass der eigene Schritt zur Erkenntnis des Schachtelinhalts gewissermaßen ein Schritt der ganzen Menschheit ist, klebt an den Fakten und kann unterschiedliche Ausgangspositionen nicht nachvollziehen.[22]

Das menschliche Selbstgefühl beginnt als Größenphantasie. Wer kleine Kinder beobachtet, kann das täglich bestätigen. Die Überzeugung, dass dem kleinen Ego oder dem herbeigerufenen symbiotischen Helfer nichts unmöglich ist, weicht nur notgedrungen der Realität. Kinder sind im Spiel Papst, nicht Priester, Superheld, nicht Held. Wo es die Phantasie erlaubt, an dieser Grandiosität festzuhalten, können wir sie auch bei den Erwachsenen finden.

In Umfragen halten sich 80 und mehr Prozent der Bevölkerung für überdurchschnittlich intelligent. Autofahrer siedeln sich regelmäßig unter den »Top Ten« der *wirklich guten* Autofahrer an.

Wegen dieser primären Grandiosität, die nach der Trennung von dem symbiotischen Objekt quasi in der Luft hängt, vergleiche ich das menschliche Selbstgefühl gerne mit einem jener tropischen Bäume, die Luftwurzeln treiben. Wenn diese den Boden erreichen, verankern sie sich, wachsen in die Breite, werden zu einem Nebenstamm, der beträchtlichen Umfang erreicht und den ausladenden Ast stützt. Eine solche wachsende Stütze für unser Selbstgefühl sind empathische Beziehungen.

Interesse für andere Menschen und Empathie differenzieren die Stützen des Selbstgefühls vielfältig. Die nur von mir kontrollierte Stütze des Geldes lässt sich schneller einsetzen als die zwischenmenschlich wachsende. Sie wirkt auf den ersten Blick überlegen, weil sie die Angst vor einem Zusammenbruch des Selbstgefühls sofort reduziert. Geld, Leistung, eine Droge bekämpfen die Angst vor einer narzisstischen Krise.

Ihnen gegenüber wirkt eine von Einfühlung und Austausch mit anderen geformte Stütze zunächst unsicher, ist aber auf lange Sicht erheblich stabiler, genau wie ein wachsender Baum fester wurzelt als ein in die Erde geschlagener Pfosten. An dieser Stelle ahnen wir, dass der Ruf des Räubers »Geld oder Leben« nicht nur eine dramatische Szene der Außenwelt umschreibt, sondern ebenso und nicht weniger dramatische Veränderungen in der Innenwelt.

Auch Ruhm und Geld können das Selbstgefühl stabilisieren. Sie betäuben soziale Ängste ähnlich wie die Drogen. Die innere Gefahr in diesen Stützen liegt darin, dass Ruhm und Geld meist mit dem Erfolg in einer Konkurrenz zusammenhängen. Wer mehr Aufmerksamkeit auf sich ziehen kann als andere, fühlt sich geschützt vor Ängsten, verlassen zu werden, auf Desinteresse zu stoßen.

Wer sich in gleichberechtigten, nicht durch eine finanzielle (wer zahlt, schafft an) oder professionelle Machtdifferenz (Chef –

Mitarbeiter, Arzt – Patient) kontrollierbaren Beziehungen engagiert, setzt sich jedes Mal damit auseinander, dass er nur die Hälfte des Geschehens »im Griff« hat. Das ist ebenso heilsam wie bereichernd. Er erlebt, dass er im Geben auch etwas bekommt. Er lernt, Ängste zu ertragen und Verwöhnungen zu widerstehen, die darin wurzeln, dass er der Mächtigere ist. Er übt, Brücken zu bauen, bei denen er nur die Hälfte fundamentiert.

Ruhm oder Geld hingegen versprechen, eine Beziehung *ganz* prägen zu können: Der Prominente macht andere zu Publikum, der Reiche macht sie zu Dienstboten. Wenn ich die Brücke zu einem anderen Menschen bauen will, lassen mich Ruhm und Geld hoffen, dass ich auch auf der anderen Seite bestimmen kann, was mich erwartet. Ich bringe mehr mit als nur mich selbst.

Geld abstrahiert Beziehungen; Ruhm tut es in der modernen Medienwelt nicht minder. Er ist messbar. Die Einschaltquote, die Auflage eines Buches und sein Platz auf der Bestsellerliste, die verkauften Eintrittskarten und Tonträger, die Zahl der Funde bei Google – die meisten Prominenten können sich vergewissern, wie berühmt sie sind.

Ruhm, Arbeit und Geld sind soziale Werte, die Ansehen sichern und die Angst, ausgeschlossen zu sein, minimieren. Freilich unterscheidet die Rede von der Ruhmsucht oder der Arbeitssucht zu wenig zwischen aktivierenden und betäubenden Formen der Sucht. Der Alkohol- oder Heroinsüchtige stumpft sich gegen die Angst ab, missachtet zu werden, während der Arbeitssüchtige diese Angst auch dann noch fühlt und seine Gegenmaßnahmen trifft, wenn er längst sein Ansehen gesichert hat.

Viele haben schon einmal die Geschichte vom neapolitanischen Fischer gelesen, der in der Sonne liegt und dem Touristen auf die Frage, weshalb er nicht arbeite, die Antwort der Jäger und Sammler gibt: »Ich habe heute schon gegessen.« Worauf ihm der Tourist den Segen der Vorratswirtschaft und des Unternehmertums erklärt: ein zweites Boot kaufen, einen Angestellten beschäftigen, Geld zurücklegen, nicht mehr von der Hand in den Mund leben. Worauf der Fischer fragt, was er denn tun solle, wenn er das alles erreicht habe? In der Sonne liegen könne er dann! – Warum so lange warten?

Die Anekdote leugnet, dass in der Realität die Argumente des Touristen stärker sind als die Gelassenheit des Fischers. Sie setzen sich global durch; nur an den Rändern der bewirtschafteten Welt gibt es noch einige wenige Jäger und Sammler. Sie werden zuerst ausgerottet und nachher idealisiert. Im Brockhaus-Lexikon von 1907 ist unter »Australien« zu lesen, dass sich die Siedler des »*lästigen Raubgesindels*« (gemeint sind die Ureinwohner) durch die Verteilung von vergiftetem Mehl zu entledigen pflegen. In Bruce Chatwins *Traumpfaden,* 80 Jahre später, sind dieselben Ureinwohner verkannte Genies.[23]

Angst macht rücksichtslos; Gier hindert Menschen wahrzunehmen, dass andere anders sind als sie selbst und anders denken. Wer Angst hat, sein Eigentum einzubüßen, der wird die Ureinwohner eher töten als verstehen. Ein Siedler, dessen Rinder den steinzeitlichen Jägern als willkommene Zielscheibe für ihre Pfeile dienen, wird zum Symbol der interkulturellen Empathiedefizite: Für ihn ist der Jäger, der ebenso für seine Familie sorgen will wie er selbst, ein Dieb. Er versteht nicht, dass der Wilde seine Kuh für eine große, dumme Beute hält, die stehen bleibt, wenn er den Pfeil abschießt.

Die meisten Menschen würden betonen, dass emotionale Beziehungen wichtiger sind als Geld. Aber sie handeln nicht nach dieser Einsicht. Das hat damit zu tun, dass die kontrollierbare, symbiotische Stütze des Selbstgefühls schneller verfügbar ist als die wachsende, empathische. So erfüllen Geld und Ruhm für den zivilisierten Erwachsenen symbiotische Aufgaben; er kann sich ihrer so schnell und gefahrlos vergewissern, wie sich das kleine Kind an der Mutterbrust tröstet.

Die schnelle, dem eigenen Vorteil dienende Empathie scheint bereits bei Schimpansen zu Vorstellungen über das Erleben eines Konkurrenten zu führen. In einem Experiment sah ein Schimpanse auf einem freien Feld zwei Früchte, während sein Rivale, durch eine Barriere gehindert, nur eine Frucht wahrnehmen konnte. Der Versuch zeigte, dass Menschenaffen über kognitive Empathie verfügen: Meist holte sich der Affe, der im Vorteil war, zuerst die Frucht, welche auch sein Konkurrent sehen konnte; erst dann wandte er sich der zweiten zu, die allein er vor Augen hatte. Die Tiere konnten also unterscheiden, welche Frucht ihnen sicher war, welche unsicher, und griffen zuerst nach der gefährdeten Beute.[24]

Unser Selbstgefühl wächst an der Verlässlichkeit, mit der sich Erwartungen erfüllen. Es kostet mehr Kraft, angesichts des Zusammenbruchs einer Erwartung den Größenanspruch zurückzunehmen, als ihn beizubehalten oder gar noch zu steigern.

Frau A. stammte aus einer reichen, angesehenen Familie. Allerdings waren sowohl ihre Mutter wie ihr Vater über ihr eigenes Leben enttäuscht, weil sie ihr Erbe nicht vermehrt, sondern nur erhalten hatten. Frau A. war die jüngste Tochter und hatte zwei Brüder und eine Schwester. Die Leistungsansprüche in der Familie waren immens und wurden nicht aktiv durch Strafen oder Drohungen vermittelt, sondern indirekt durch ständige Ängste und Klagen der Mutter, ob aus den Kindern auch das Rechte werde.

In ihren ersten Berichten über ihre Familie nannte Frau A. ihre Brüder, die studiert hatten, Totalversager. Beide hatten Universitätsprofessoren werden wollen und waren gescheitert. Dass der eine Bruder als Bauingenieur arbeitete, der andere als Lehrer, zählte nicht. Für Frau A. schien es selbstverständlich, dass ein gescheitertes Genie kein gewöhnlicher Mensch werden kann. Sie selbst wollte eigentlich Übersetzerin oder Dolmetscherin werden, studierte an der Sorbonne in Paris und in London, entschloss sich dann aber, Stewardess zu werden.

In der heimischen Kleinstadt waren alle davon überzeugt, dass sie, die schon immer als verführerische Schönheit gegolten hatte, heute als hübsche Flugbegleiterin ein reiches erotisches Leben führe. Frau A. tat nichts, um sie von diesem Glauben abzubringen, war aber tatsächlich mit dreißig noch Jungfrau. Erst hatte sie gewartet, weil sie nicht leichtsinnig erscheinen wollte, später dann hatte sie sich nicht schön genug gefühlt.

Im Alter von 35 Jahren – sie hatte zwischenzeitlich eine kurzfristige Behandlung bei einem Sexualtherapeuten von zweifelhafter Kompetenz und noch zweifelhafterer Seriosität hinter sich gebracht – durchlebte Frau A. eine Phase, in der sie vielleicht jede Woche ein erotisches Angebot bekam. Doch die meisten Männer schieden bereits wegen ihres Aussehens aus. Ein Mann musste haargenau ihrem Schauspieleridol aus Jugendzeiten gleichen, dazu noch einen interessanten Beruf haben und durfte über nicht mehr sexuelle Erfahrungen verfügen als sie, denn sonst hätte sie sich unterlegen gefühlt. Wenn es keinen Bewerber gab, klagte sie über ihre Einsamkeit; wenn es einen gab, über dessen Mängel.

Wenn ein Mann sich für sie interessierte, genügten winzige Enttäuschungen, um ihn als wertlosen Bewerber fallen zu lassen. Wenn die Angst vor der Einsamkeit der einzige Grund sein solle, sich mit einem Mann zusammenzutun – dann lieber Single.

Näheangst[25] wird durch Empathiedefizite ausgelöst, die es den Betroffenen schwermachen, sich in das Chaos der Liebe zu stürzen. Wer sich wertlos fühlen musste, wenn er nicht alle Regeln befolgte, die besorgte Eltern ihm aufzwangen, dem mangelt in seinen emotionalen Beziehungen das, was den Schwimmer vom Nichtschwimmer unterscheidet: Der eine stürzt sich hinein, weil er sicher ist, auch dann zu überleben, wenn er den festen Grund verliert; der andere wird sich umso ängstlicher nach dem Ufer zurücksehnen, je tiefer er ins Wasser gerät. In der Sicherheit am Ufer aber bleibt er allein.

In einem Gefühlsgemisch aus Neid, Empörung und Verleugnung sehen Personen wie Frau A., wie Menschen sich in Kontakte wagen, die sich nach ihren Kriterien erst dann wieder öffentlich zeigen dürften, wenn sie 20 Kilo abgenommen, 2000 Euro für Klamotten ausgegeben hätten, wenn sie zehn Jahre jünger wären und einigen Aufwand für Friseur, Kosmetikerin oder »ästhetische« Chirurgie getrieben hätten, um die ärgsten Mängel zu beheben.

Sie selbst, die sich so bemühen, alles richtig zu machen, die sich um ein Pfund zu viel an einer fast perfekten Figur quälen und nicht unter Menschen gehen, wenn sich eine Plombe in einem Schneidezahn verfärbt hat, erleben so viel weniger Erotik und Freundschaft als andere, die sich längst nicht so viel Mühe geben.

Narzisstische Ängste, wie sie Frau A. beherrschen, wurzeln in einem Erleben, nur dann existenzberechtigt zu sein, wenn »alles stimmt« – die Figur, die Kleidung, das Auftreten. Dieser Zwang wird durch die Angst der Eltern geprägt, ihre Kinder könnten das reiche Erbe nicht »zusammenhalten«, das auf sie wartet. Daher werden die Kinder früh und ausdauernd darauf aufmerksam gemacht, wie gefährlich es ist, sich eine Entscheidung leichtzumachen und sich gehenzulassen. Gut versorgt, können es sich die Kinder auch leisten, wählerisch zu sein. Die Kinder verstehen die Angst der Eltern nicht. Aber sie leiden unter ihr, werden unsicher über ihre eigenen Wünsche und Gefühle. Sie lernen vor allem, sich *nicht* auf ihre Gefühle zu verlassen.

Eine Analysandin, deren Mutter Erbin eines bekannten Unternehmens war, erzählte mir eine Episode aus ihrer Kindheit, welche das Leiden dieser in ihren Gefühlsorientierungen verunsicherten Kinder zeigt. Ihre Mutter, die bisher immer alles für sie ausgesucht hatte, wollte die Selbständigkeit der Elfjährigen fördern. Sie drückte ihr einen Hundertmarkschein in die Hand und schickte sie, Schuhe zu kaufen; den Rest des Geldes könne sie behalten.

Die meisten Kinder würden sich über eine solche Unternehmung freuen. In die Stadt gehen, mehr als genug Geld dabei, in die Schaufenster sehen, eine Wahl treffen, etwas übrig zu haben für andere Gelüste! Die Tochter der Multimillionärin kaufte nach langem Überlegen ein Paar blaue Schuhe, die sie später nie wieder anzog, obwohl die Mutter keine Kritik äußerte.

Eine solche Szene verdeutlicht, wie wenig sich in einer stark von mütterlichen Ängsten und Perfektionswünschen geprägten Kindheit die normale Größenphantasie entwickeln kann, dass *meine* Schuhe schön sind, weil *ich* sie mir von *meinem* Geld gekauft habe. An ihre Stelle tritt die Fähigkeit, Regeln zu befolgen und andere scharf zu beobachten, ob diese dasselbe leisten. Eine weit über jedes vernünftige Ziel hinausgehende Angst, Geld zu vergeuden, wird im Gefühlsleben mächtiger als die Freude am sinnlichen Reiz.

Es ist wie ein Fluch des großen Erbes, dass sich die Erlebnisgrenzen auflösen und es kein eindeutiges *Mein* gibt. Die Tochter kann die mütterliche Erlaubnis nicht als Aufhebung der prägenden mütterlichen Angst wahrnehmen. Sie erlebt vielmehr diese Angst verschärft und fasst sie in das Gefühl, dass es *grundsätzlich* falsch ist, Geld auszugeben.

Ein Patient, der immer wieder an heftigen Depressionen litt und bis zu seiner Analyse, damals knapp 40-jährig, keines seiner ehrgeizigen beruflichen Projekte verwirklichen konnte, ist von seinem Vater, einem erfolgreichen Unternehmer, als Kind ständig kritisiert worden; seine Mutter erlebte er als schwach, fromm und engherzig.

Sein Schulfreund hatte ihm einmal erzählt, wie seine Mutter – eine dicke, energische Person, die als Putzfrau arbeitete – dazwischenging, wenn der Vater, ein Polizist, eines der Kinder schlagen wollte. Eine solche Mutter wünschte sich der Patient mehr als alles andere, seit er sich erinnern konnte.

Sie steht für den von Einfühlung in die kindlichen Ängste beschützten Raum, den sich die in einem Klima von ständiger Bewertung aufwachsenden Kinder wünschen. Jedes Baby ist ein Bote der Regression, ein Affektbündel, das sich nichts dabei denkt, die schönsten, sorgfältig gestalteten Räume der Erwachsenen zu beschmutzen und zu zerschreien. Mit solchen Boten können Eltern umso unbekümmerter umgehen, je weniger sie sich vor eigenen Regressionen fürchten.

In den archaischen Kulturen ist das Kind eine Kostbarkeit, eine Investition in die Zukunft, denn es wird die Eltern unterstützen, wenn diese hinfällig werden. Im Gegensatz zu den agrarischen Kulturen schlagen Jäger und Sammler die Kinder nicht, »weil sie sonst schlechte Jäger werden«.[26] Es ist auch nicht nötig, eigene Regressionsneigungen in ihrem Symbol – dem Kind – zu bekämpfen, denn die Regressionswünsche *aller* Personen in diesen Kulturen werden weniger durch Moral als durch Not geregelt. Jäger und Sammler arbeiten nicht, weil es richtig ist, fleißig zu sein, und falsch, sich faul in den Schatten zu legen. Sie arbeiten, wenn sie Hunger haben, und liegen im Schatten, wenn sie satt sind.

Die Angst vor dem Verlust des sozialen oder materiellen Erfolgs führt dazu, dass der empathische Raum eingeengt wird, in dem die Kinder erfolgreicher Eltern aufwachsen. Jede Familie ist da individuell. Es wäre falsch, alle durch Erbe oder eigene Leistung zu hohem materiellen Niveau aufgestiegenen Eltern zu verdächtigen. Dennoch ergeben sich aus der analytischen Praxis typische Muster:

1. Eltern, die durch eigene Arbeit ein Vermögen aufbauen, sind unbekümmerter als Eltern, die ihr Vermögen geerbt haben.
2. Wenn ein Elternteil dem anderen sozial unterlegen ist, versucht er oft, diesen Mangel durch ein Übermaß an »standesgemäßer« Erziehung der Kinder wettzumachen.

Sich verlieben heißt Fehler machen. Je ausgeprägter nun die Angst vor Fehlern die emotionalen Fähigkeiten lähmt, desto schwerer wird es, sich zu verlieben. Der kleinste Schritt in eine erotische Beziehung erzwingt Bedenken, was daraus werden soll, ob etwas werden darf, ob die Gefahr, ausgenutzt zu werden, genügend bedacht ist. Hat er/sie es auf mein Vermögen abgesehen? Es ist nicht leicht, unter dem Druck solcher Fragen unbekümmert auf Menschen zuzugehen, Nähe, den Austausch von Zärtlichkeit, von Erotik zu genießen.

Frau B., die Erbin, deren Analyse die Geschichte mit den blauen Schuhen verdankt ist, hatte (bis zur Analyse) ihre einzige erotische Beziehung, als sie noch zu Hause bei ihren Eltern lebte und sich auf das Abitur vorbereitete. Der Freund war einige Jahre älter als sie. Es gab Streit, weil er nicht treu war; sie trennte sich von ihm.

Ein halbes Jahr danach zog sie in eine andere Stadt und nahm ihr Studium auf. Sie sah gut aus, war sehr klug, aber sie fand in keine neue Beziehung und schob, wenn ihre Freunde oder ihre Eltern sie darauf ansprachen, Gründe vor, die in der Familie unanfechtbar waren: Sie müsse arbeiten, sie habe keine Zeit. Erst in der Analyse kam ein zweites Motiv zum Vorschein: Sie lebte in einer erotischen Phantasiewelt mit Phantasiepartnern – meist Vorgesetzten, die auf keinen Fall erfahren durften, was sie sich ausmalte.

Nur diese Phantasiepartner festigten ihr Selbstgefühl so, dass sie von Erotik träumen konnte. Die Suche nach einem realen Partner hätte sie extrem beschämt. Es war ohne Würde, jemanden zu brauchen, es war unmöglich zu zeigen, dass sie sich eine Beziehung wünschte.

Das in einer individualisierten Gesellschaft »normale« Selbstgefühl muss so gut mit Stützen versorgt sein, dass es sexuelle Begegnungen sowohl anbieten wie annehmen kann. Unter dem Druck der Ängste, welche einer Kindheit folgen, in der es zu wenig empathischen Schutz für die Entwicklung der eigenen Spontaneität gab, sind autonome erotische Erlebnisse nicht mehr möglich. Ein potenzieller Partner wird erst dann mit sexuellen Gefühlen besetzt, wenn er vorher das Selbstgefühl so stützen und aufbauen konnte, dass solche Erlebnisse ohne Scham und Schuld zugelassen werden können.

So wird verständlich, dass reale Männer, die mit ihr flirteten, von dieser Analysandin verachtet wurden, als seien es Vergewaltiger. In ihren Phantasien hingegen konnte sie die Szenen so ausmalen, dass der Mann genau das Richtige sagte und tat – dieses »Richtige« war aber kein Teil des Mannes, sondern ein Teil von ihr, ein Ersatz für die einfühlende Mutter, die sie nie gehabt hatte. Die Mutter hatte es gut gemeint; sie hatte ihr Kind gegen die Gefahren des Reichtums gewappnet und darüber versäumt, ihm nach dem körperlichen auch ein seelisches Leben zu schenken.

So wird das Märchen von der Prinzessin, welche den Bewerbern Rätsel aufgibt und sie köpfen lässt, wenn sie diese nicht lösen, zu einer Metapher für die Not der Frauen (und Männer), die zu wenig Empathie erfahren haben und sich daher nicht darauf verlassen können, dass ein Mensch, in den wir uns verlieben, uns schon helfen wird, die entstandene Verwirrung in uns und zwischen uns zu klären. Es müsste für sie schon vorher klar sein, sonst können sie sich gar nicht einlassen. Sie gleichen dem Kind, das gerne schwimmen möchte, sich aber weigert, ins Wasser zu gehen, solange es nicht sicher ist, tatsächlich schwimmen zu können.

6. Szenen des Empathieverlusts: Mobbing und Stalking

Eines Abends ging er auch wieder vom Wirtshaus heim und dachte trotz des vielen Weines, den er getrunken, um sich fröhlich zu machen, mit Schrecken und Gram an den Verfall seines Vermögens. Da bemerkte er auf einmal, daß jemand neben ihm gehe; er sah sich um, und siehe da – es war das Glasmännlein. Da geriet er in Zorn und Eifer, vermaß sich hoch und teuer und schwur, der Kleine sei an all seinem Unglück schuld. »Was tu' ich nun mit Pferd und Wägelchen?« rief er. »Was nutzt mir die Hütte und all mein Glas? Selbst als ich noch ein elender Köhlersbursch war, lebte ich froher und hatte keine Sorgen. Jetzt weiß ich nicht, wann der Amtmann kommt und meine Habe schätzt und versteigert, der Schulden wegen!«

»So?« entgegnete das Glasmännlein. »So? Ich also soll schuld daran sein, wenn du unglücklich bist? Ist dies der Dank für meine Wohltaten? Wer hieß dich so töricht wünschen? Ein Glasmann wolltest du sein und wußtest nicht, wohin dein Glas verkaufen? Sagte ich dir nicht, du solltest behutsam wünschen? Verstand, Peter, Klugheit hat dir gefehlt.«

»Was, Verstand und Klugheit!« rief jener. »Ich bin ein so kluger Bursche als irgendeiner und will es dir zeigen, Glasmännlein«, und bei diesen Worten faßte er das Männlein unsanft am Kragen und schrie: »Hab' ich dich jetzt, Schatzhauser im grünen Tannenwald? Und den dritten Wunsch will ich jetzt tun, den sollst du mir gewähren. Und so will ich hier auf der Stelle zweimalhunderttausend harte Taler und ein Haus und o weh!« schrie er und schüttelte die Hand; denn das Waldmännlein hatte sich in glühendes Glas verwandelt und brannte in seiner Hand wie sprühendes Feuer. Aber von dem Männlein war nichts mehr zu sehen.

Eine der wichtigsten seelischen Leistungen ist die Dankbarkeit. Sie festigt die Erinnerung an das Gute, das ich von anderen bekommen habe. Sie schützt vor Neid, Angst und Hass. Wer dankbar sein kann, erlebt andere Menschen nicht als seine Feinde, sondern fühlt sich in einem Netz von Austausch geborgen: Er ist anderen dankbar, diese sind ihm dankbar, jeder kann im Geben nehmen und umgekehrt.

Wie Empathie verhilft uns auch Dankbarkeit dazu, unsere Beziehungspartner in ihrer ganzen Person wahrzunehmen und uns vor dem primitiven »Alles oder nichts« zu schützen, das mit der manischen Abwehr durch das Größenselbst zusammenhängt. Ein Größenselbst kann nicht dankbar sein, denn es hat alles Gute schon in sich selbst (»Ich bin ein so kluger Bursche als irgendeiner«). Es braucht Unterwerfung, keinen Austausch.

Empathie ist eines der wichtigsten Hilfsmittel, andere Menschen nicht zu kränken, aber auch, wenn das geschehen ist, einen Ausweg zu finden. Geteiltes Leid ist halbes Leid, sagt das Sprichwort. Ohne Empathie, so können wir übersetzen, verdoppelt sich die Last einer Kränkung.

Wir bräuchten eine wachsende Kompetenz, Kränkungen zu verarbeiten. Immer größere Bereiche unserer Umwelt werden durch die Globalisierung verstörend unberechenbar. Durch eine verwöhnende Warenwelt schwinden aber die Fähigkeiten, Kränkungen zu ertragen. In der manischen Identifizierung mit seinen technischen Hilfsmitteln wird der Mensch zum »Prothesengott«, wie Freud sagte. In ihrem Versagen verzweifelt er und fühlt sich von allen Möglichkeiten abgeschnitten.

Zwei Beispiele: Als ich in den 1950er Jahren 17-jährig mit Moped und Schlafsack nach Ravenna reiste, hörte meine Mutter 14 Tage lang nichts von mir; die Ansichtskarten kamen an, als ich schon wieder zu Hause war. Als meine jüngste Tochter 2005 nach Italien fuhr, hatten wir täglich Handykontakt.

Ich arbeitete bis 1992 mit einer mechanischen Schreibmaschine. Nie habe ich bei ihren Defekten etwas erlebt, was sich mit der Angst, Wut und Scham vergleichen lässt, die den Datenverlust nach einem Computerabsturz oder einer Fehlbedienung begleiten.

Um unsere Fähigkeiten zur Kränkungsverarbeitung zu erhalten, müssten wir gegen den Strom materieller Verwöhnung schwimmen, der uns in guten Zeiten trägt, in schlechten aber mit einer Wucht gegen Klippen wirft, auf die er uns ganz und gar nicht vorbereitet hat. Wie wenig das einer wachsenden Zahl von Menschen gelingt, zeigen einige früher (und außerhalb der Konsumgesellschaften) nicht in dieser Intensität auftretende Probleme, die direkt oder indirekt mit Empathiemängeln zusammenhängen.

In dem Hauff'schen Märchen wird immer wieder verdeutlicht, wie sehr ein gelingendes Leben von der Kränkungsverarbeitung abhängt – und von der empathischen Einsicht, dass jedes Licht einen Schatten hat, während die narzisstische Bedürftigkeit den Helden verführt, diesen Schatten zu leugnen, Einsicht und Dankbarkeit preiszugeben, um seine fixe Idee vom Glück doch noch durchzusetzen.

Während die Einfühlung den Blick auf die Ganzheit des Gegenübers richtet, konstituiert die manische Abwehr ein vereinfachtes, reduziertes Bild der Person, auf die sie sich bezieht. Da es zu deren wichtigster Funktion wird, diese manische Abwehr und damit das primitive Größenselbst zu festigen, werden solche Personen zum Selbstobjekt. Selbstobjektbeziehungen beobachten wir in der Verliebtheit, wenn sich alle Gefühle und Gedanken mit einem anderen Menschen verbinden.

Erwiderte Verliebtheit ist ein seelischer Ausnahmezustand. In einem italienischen Sprichwort heißt es: *amor d'amor si nutre* – die Liebe ernährt sich von der Liebe; die Verliebtheit des einen ist das überzeugendste Argument für die Verliebtheit des anderen. Aber nicht immer führt die Sehnsucht nach einem Selbstobjekt und der tastende Versuch, in dieser Sehnsucht Spiegel und Gegenüber zu finden, zu dem erhofften Ergebnis.

Stalking hängt damit zusammen, dass eine Person als Selbstobjekt erlebt wird. Stalker erleben die Menschen, welche sie verfolgen, nicht als Fremde, gegenüber denen Einfühlung angebracht ist, um Kontakt aufzunehmen. Sie erleben sie als Teil eines erweiterten Selbst, als *widerstrebenden* Teil, der nach ihrer Phantasie zugerichtet oder aber bestraft, im Extremfall vernichtet werden muss, weil er sich seiner wahren Aufgabe widersetzt: das Selbstgefühl des Stalkers zu stärken, dessen manische Abwehr zu festigen.

Der Stalker ignoriert das Widerstreben der Verfolgten. Er deutet es oft als nicht eingestandene, jedoch mächtige Zuneigung (»Jetzt braucht meine Exfreundin schon die Polizei, um sich vor ihrer verleugneten Leidenschaft für mich zu schützen!«).

Stalker verfolgen häufig Personen, mit denen sie einst eine Beziehung verband. Sie können nicht ertragen, dass sich diese Beziehung anders entwickelt, als sie es sich wünschen, verfolgen das Objekt mit einem Nachdruck und manchmal Hass, der sich scheinbar durch dessen abweisendes Verhalten oder seine Gegenwehr speist, dahinter aber vor allem durch die narzisstische Wut geprägt ist, dass sich eine (Beziehungs-)Erwartung nicht erfüllt und dadurch ein geschwächtes Selbstgefühl vom Zusammenbruch bedroht ist.

In anderen Fällen orientiert sich, der Dynamik des steinernen Herzens schon näher, das Stalking am Reichtum des Opfers, weniger an Geld als vielmehr an Ruhm, Schönheit, Prominenz. Die symbiotischen Abgründe verbinden sich mit der Alltagserfahrung einer Geldwirtschaft, dass Beziehungen kontrollierbar sein müssen. Der Stalker zahlt nicht bar, sondern in einer von ihm geschaffenen Emotionswährung. Durch seine eigene Leidenschaft meint er, sich ein Recht auf die Leidenschaft des Opfers zu erkaufen. Wenn dieses seine Ansprüche auf Empathie anmeldet, muss es bestraft, manchmal sogar in Sippenhaft genommen werden, wie in dem Film *Eine verhängnisvolle Affäre*.[27]

Solange ein Stalker an sein Objekt denkt und seinen nächsten Zug plant, kann er die manische Abwehr aufrechterhalten, er sei wirklich mit dieser Person verbunden. Sein Feind ist die Realität ihrer Abweisung; diese muss er bekämpfen, muss sich hindern wahrzunehmen, wie weit entfernt er mit seinen Wünschen und Gefühlen vom Gegenstand seines Begehrens ist.

Wie stark inzwischen krasse Empathiedefizite das Verhalten in den Industriegesellschaften prägen, lässt sich aus der wachsenden Stalking-Problematik ablesen. Zehn bis 20 Prozent der Bevölkerung geben in Umfragen an, schon einmal Opfer eines Stalking gewesen zu sein. Aber die Erfahrungen aus der Praxis der Paartherapie sprechen dafür, dass es sehr viele Fälle gibt, in denen eine Stalking-Dynamik verborgen bleibt.

Fast immer geben der Jäger oder die Jägerin schließlich auf. Man würde gerne hinzusetzen: ohne größeren Schaden angerichtet zu haben. Das ist aber nicht der Fall. Stalking belastet das Opfer umso mehr, je hartnäckiger ihm die Einfühlung verweigert und eine unerwünschte Beziehung aufgezwungen wird. In seiner Folge sind bei 40 Prozent der aktenkundigen Fälle Ängste, Depressionen und posttraumatische Belastungsstörungen beschrieben worden.[28]

Ein gesunder, selbstbewusster Mensch verkraftet eine Zurückweisung in der Liebe – mit Mühe. Das traumatisierte Selbst, das nach einer perfekten Beziehung sucht und daher die Abweichung eines Liebesobjekts vom Liebesideal nicht ertragen kann, wehrt seinen drohenden Zusammenbruch ab, indem es Liebe erzwingen will. Das in der Geldwirtschaft dominante Motiv, dass Beziehungen durch Leistung und / oder Geld kontrollierbar sind, unterstützt diesen destruktiven Prozess. Wer eine Zurückweisung abtrauert, kann wenig tun. Aber Untätigkeit ängstigt den Traumatisierten extrem. Daher sucht er Entlastung in der Tat, auch wenn sie sinnlos ist.

Solche Strategien sind Reparaturversuche. Sie füllen ein Defizit und helfen, einen sonst unerträglichen Zustand innerer Leere und Entwertung zu ertragen. Der Stalker nimmt sein Objekt nur so lange zur Kenntnis, wie es ihm die Illusion festigt, es sei so, wie er es braucht. Sobald sich seine Andersartigkeit enthüllt, kann er es nicht mehr brauchen und reagiert mit Rückzug oder Aggression.

Deutlich wird das an einer verbreiteten Stalking-Strategie: dem Anruf, ohne ein Wort zu sagen. Stalker verwenden darauf oft sehr viel Zeit und versuchen mit konspirativen Mitteln die Abwehr ihrer Opfer (etwa eine Geheimnummer) auszuhebeln. Sie rufen jeden Tag viele Male an – und sagen nichts. Sie vergewissern sich, dass der Gegenstand ihrer fanatischen Sehnsucht dort ist, wo sie ihn vermuten. Die elektronische Verbindung wird zu einem Teil des eigenen Nervensystems. Wenn ich sie/ihn erreiche, gehört sie/er mir! Wenn das Opfer sich meldet, genügt das, um die Vorstellung einer Beziehung zu halten – für kurze Zeit.

Der Geisteranruf gleicht dem Schreien des Säuglings insofern, als in ihm kein spezifisches Bedürfnis erkennbar ist. Die Mutter hat zu wissen, was geschehen muss, damit das Schreien aufhören kann. Der bedingungslose Anspruch eines Stalkers hat seine eigene Faszination. Ich denke, es gibt korrespondierende Beeinträchtigungen des Selbstgefühls, die es einem Opfer erschweren, sich zu distanzieren, und den Stalker ermutigen.

Mit dem Selbstbild aller, die sich nach einer perfekten Liebe sehnen, ist es kaum zu vereinen, auch der einseitigen, verrückten, sadistischen Liebesbehauptung des Stalkers nicht mit eigenen Emotionen zu begegnen, sondern mit der Kälte der Justiz. Polizisten zu rufen, die nicht immer durch besondere Einfühlung und Verständnistiefe aufzufallen pflegen, fällt den Opfern eines Stalkers oft schwer. Diese Lücke nutzt der Täter, um sich zu entfalten und seinen Machtanspruch zu regenerieren.

Im Stalking lässt sich ein zentraler Prozess noch einmal verdeutlichen, der die beschriebene Dynamik von Geldwirtschaft, manischer Abwehr und Depression beleuchtet. Wer in einem Beziehungsbegehren enttäuscht wird, steht vor der Wahl, sich in sein Objekt einzufühlen oder es zu verfolgen, zu kontrollieren und ihm eine Symbiose aufzuzwingen. Er kann die reale Distanz und wechselseitige Unvereinbarkeit der emotionalen Bedürfnisse erkennen und jenen Prozess zulassen, den Freud etwas missverständlich *Trauerarbeit*[29] genannt hat. Oder aber er wehrt die Niederlage seines Größenselbst ab, erklärt sich für im Grunde unwiderstehlich und beginnt seine manische Jagd. Er scheut keine Kosten und Mühen, um die Beute zu belauern. Solange er sich in dieser Form anstrengen, etwas unternehmen, Initiative entfalten kann, ist er vor der Depression geschützt, die immer dann droht, wenn jemand den Trauerprozess nicht zulassen und die traumatische Qualität des Lebens nicht annehmen kann. *Endlich merkte er sich ab, was ihn ärgerte, und das war – sein Stand. »Ein schwarzer, einsamer Kohlenbrenner!« sagte er sich. »Es ist ein elend Leben. Wie angesehen sind die Glasmänner, die Uhrmacher, selbst die Musikanten am Sonntag abends!«*

Auch im Mobbing geht es darum, dass einer Person die Empathie verweigert wird. Im Gegensatz zum Stalking wird diese Person jedoch primär entwertet, um durch diese Ausgrenzung das eigene Selbstgefühl zu bewahren. Während der Stalker ein positives Selbstobjekt schafft und seine manische Abwehr dadurch festigt, dass er sich bemüht, dieses Objekt zu kontrollieren, wird im Mobbing ein negatives Selbstobjekt geschaffen. Indem es demontiert wird, kann sich das beschädigte Selbstgefühl erholen, die manische Abwehr neu organisieren. Gemeinsam ist beiden Sozialpathologien der Postmoderne die verweigerte Empathie.

Die frisch eingestellte Assistenzärztin fühlt sich von der Stationsschwester gemobbt. Diese flöte den Oberärzten entgegen. Sie aber bekomme kein gutes Wort, werde barsch darauf hingewiesen, dass sie schon wieder etwas versäumt habe, was Usus sei, ihr aber niemand gesagt habe.

Während es an der Oberfläche um die Zusammenarbeit zweier Berufsgruppen geht, erwartet im Untergrund die Stationsschwester Zuwendung und Anerkennung dafür, dass sie seit vielen Jahren

Assistenzärzte einarbeiten muss, ohne dafür belohnt zu werden. Die Ärztin hingegen geht davon aus, dass sie formal die Station leitet und das Pflegepersonal ihr weisungsgebunden zuarbeitet. Daher wäre ein zuvorkommender Ton doch das Mindeste, immerhin kehrt sie nicht ihren Rang heraus und spielt nicht die Autoritäre.

Wir müssen diese Situation noch ein wenig weiter untersuchen, um zu verstehen, weshalb es beiden Seiten so schwerfällt, sich in die Lage des Gegenübers einzufühlen. Der Oberarzt nimmt seine Aufgaben in der Personalführung nicht wahr. Er ist verantwortlich, wenn sich die Stationsschwester ausgenutzt fühlt und darüber ausgebrannt ist. Es wäre seine Aufgabe, die junge Ärztin einzuarbeiten, nicht ihre, und wenn er diese Aufgabe delegiert, ohne sie zu honorieren und zu überwachen, nutzt er die Stationsschwester aus und opfert seine junge Kollegin als Blitzableiter für Frustrationen, die er auffangen müsste.

Womöglich ist der Oberarzt so überlastet, dass er keine Zeit hat, seine Verantwortung auszufüllen. Vielleicht geht es dem Chefarzt ebenso, von dem es in der Klinik heißt, er sei zwar ein tüchtiger Mediziner, menschlich aber unberechenbar, launisch und autoritär: Einfühlung braucht geschützte Räume, um sich zu entfalten.

In Organisationen unter Druck kann es zu einer Rückentwicklung kommen in dem Sinne, dass alle Funktionen nur noch durch autoritären Zwang gesichert werden. Diese Strategie funktioniert nur kurzfristig und führt auf lange Sicht zu zahlreichen Ausfällen durch nicht mehr aufgefangene psychische Überlastungen.

Krähen »mobben« die Eule oder die Katze, welche sich ihrer Nistkolonie nähert, indem sie krächzen und Drohangriffe fliegen. Hühner »mobben« das hinkende, das räudige Huhn, ähnlich wie die Kinder einer Schulklasse ihren Prügelknaben nach einem Merkmal wählen, das ihn von der Masse negativ unterscheidet – er ist besonders ungeschickt, ängstlich, hässlich usw. Zum Mobbing gehört oft das Gefühl, als Einzelner einer Übermacht ausgeliefert zu sein, was freilich durchaus subjektiv sein kann. Wer Angst verspürt, zählt jeden Feind doppelt.

Wer die Gefühlsmischungen untersucht, aus denen heraus menschliche Mobber handeln, findet die Szene aus der Tierbeobachtung durchaus triftig: Wer sein Opfer mobbt, tut das meist, weil dieses Erwartungen nicht erfüllt. Es sind primitive Erwartungen, nicht unbedingt niveauvoller als die des Huhns, das den hinkenden Artgenossen hackt: Gemobbte »stören«, sie »passen nicht hierher«, sie »passen nicht zu uns«, sie sollen verschwinden, oder sie müssen erst passend gemacht werden. Wer mobbt, dem ist eine narzisstisch besetzte Erwartung nicht erfüllt worden, und er lässt seine Wut darüber an dem aus, welchen er damit verbindet.

Junge Männer, welche die Schwächungen der Kränkungsverarbeitung in der Konsumgesellschaft nicht durch kulturelle Interessen, befriedigende Liebesbeziehungen und berufliche Perspektiven ausgleichen können, sind von einem tiefen narzisstischen Neid erfüllt, der sich auf jeden richtet, dem sie unterstellen, er sei entweder besser dran als sie und/oder an ihrem Elend schuld. Beide Affekte werden wenig differenziert und machen die Betroffenen unfähig, ihre primitive narzisstische Wut anders zu verarbeiten als durch unmittelbare Gewalt. Das sind dann die Jugendlichen, die mit 18 Jahren schon zehn Strafen wegen Körperverletzung haben, aber im Gespräch mit Menschen, die sie zu nehmen wissen und beruhigen können, sanft und gefügig wirken. Sie werden zu einer knetbaren Masse in den Händen von Demagogen.

Aus dieser Dynamik speist sich die rassistische Radikalisierung angesichts der europäischen Dauerkrise. Nicht nur die Sorgenkinder der EU, wie Griechenland oder Portugal, haben mehr versprochen, als sie halten können, und sind Kandidaten für eine gigantische Insolvenz. Fast alle europäischen Länder haben ihre eigenen wohlerwogenen Einschränkungen im Schuldenmachen ignoriert und viel zu viele Ansprüche geweckt. Die Erwachsenen können das mühsam genug gerade noch ertragen. Die Jugendlichen beginnen, die Autos abzufackeln, welche ihnen ihrer Meinung nach versprochen und dann vorenthalten wurden.

Zu Beginn unserer seelischen Entwicklung können wir Kränkungen nicht ohne heftige Reaktionen von Angst, Wut und Zerstörungswünschen verarbeiten. Die menschliche Kinderstube sollte ebenso wie die Schule dazu beitragen, solche primitiven Reaktionen zu neutralisieren und angemessene Umgangsformen zu entwickeln. Viel spricht dafür, dass das in modernen Familien ebenso wenig gelingt wie in Kindergarten und Schule.

Eltern und Erzieher stehen von zwei Seiten unter massivem Druck: Sie sind angehalten, ihre eigenen Kränkungsreaktionen zu disziplinieren. Sie dürfen die Kinder nicht mehr schlagen, können die einzige eindeutige Überlegenheit des Erwachsenen nicht mehr ausspielen. Damit geht eine elementare Führungskompetenz verloren, die nur unter günstigen Umständen angemessen ersetzt werden kann.

Der Gedanke, eine menschlich hochstehende Pädagogik durch Strafdrohung und Entwertung der Versager vor dem ethischen Ideal durchzusetzen, offenbart eine typische Schwäche der Moderne: Sie versucht, das Gute durch ein Gesetz zu machen, und erkennt zu spät, dass auf diesem Weg viele neue Übel geschaffen werden. In der Erziehung gehört dazu vor allem der Rückzug der Eltern vom Kind. Eltern, welche ihr Kind manchmal schlagen, ihm aber auch wohlwollen, können sich, wenn sie ihre eigene Kränkungswut abreagiert haben, dem Kind wieder zuwenden. Dasselbe lernt das Kind: Eben hat es den Eltern noch ewige Rache geschworen, aber einen Tag später verträgt man sich wieder und hat das Gewitter vergessen.

Wer die Prügelstrafe nur verbietet, ohne gleichzeitig den Eltern bessere Erziehungsmittel an die Hand zu geben, tut den Kindern nichts Gutes. Er fördert das pädagogische Dilemma der Familien heute: den Rückzug der Eltern, die ihre missratenen Kinder den staatlichen Einrichtungen überlassen, weil sie selbst nicht mit ihnen fertig werden. In viel zu vielen Fällen führen die Widersprüche zwischen dem Anspruch an eine gewaltfreie, »gute« Erziehung und den realen Ressourcen der Eltern dazu, dass sich diese nicht mehr mit ihren Kindern auseinandersetzen. Die Kinder werden nicht geschlagen, aber sie erleben auch keine Empathie, haben das Gefühl, dass sich niemand für sie interessiert.

In diesen leeren Räumen kann sich die Fähigkeit nicht entwickeln, Kränkungen zu verarbeiten, sie als Teil des Lebens zu nehmen, sich nach ihnen wieder zu versöhnen. Die Folgen beklagen die Lehrer. Es gibt immer mehr unkonzentrierte, schnell beleidigte, schnell aufgebende, steten Zuspruchs bedürftige Kinder. Auf allen pädagogischen Ebenen, von der Grundschule bis zur Universität, schwindet die früher dominante mittlere Gruppe der angepassten, funktionierenden, weder herausragenden noch unfähigen Zöglinge.

In vielen psychotherapeutischen Praxen und in den mit Rehabilitation beschäftigten Kliniken nehmen gegenwärtig psychische Störungen aufgrund gravierender beruflicher Probleme dramatisch zu. Vor 40 Jahren versprach ein Posten bei Post, Bahn, Siemens oder Hoechst eine Lebensstellung in einem vielleicht einengenden, jedenfalls aber absolut verlässlichen System. Die Strukturen, die zu Beginn der beruflichen Laufbahn der heute 40- bis 50-Jährigen wie für die Ewigkeit bestimmt erschienen, funktionieren heute entweder überhaupt nicht mehr oder unterwerfen alle, die in sie verstrickt sind, unerwarteten, oft sehr kränkenden Anforderungen.

Ein früherer Postbeamter kommt mit einer Depression in die Therapie. Er fühlt sich ausgebrannt, schläft nicht mehr, überlegt ständig, was er falsch gemacht hat und ob er seine sichere Stelle aufgeben soll. Er hat früher als Techniker eine Gruppe geleitet, die Störungen im Leitungsnetz reparierte, eine anregende, oft spannende Arbeit, von der er sich ausgefüllt fühlte.

Angesichts der Umstrukturierung der Post zur Telekom wollte er nicht in Frührente gehen und hoffte, von dem Arbeitgeber, dem er lange Jahre pflichtbewusst gedient hatte, angemessen weiterbeschäftigt zu werden. Sein gegenwärtiger Arbeitgeber ist aber ein Callcenter, in das er überstellt wurde, als er den Auflösungsvertrag nicht akzeptierte. Er fühlt sich dort fehl am Platz und wütet insgeheim gegen das Unternehmen, das ihn mit der Sicherheit einer Beamtenposition gelockt hat und jetzt an einen Arbeitsplatz entsorgt, den jede angelernte Kraft geradeso gut ausfüllen kann wie er.

Die Erklärungen für solche Veränderungen, wie Globalisierung, Dynamisierung der Märkte, Grenzen des Sozialstaates, sind abstrakt und abgenutzt. Sie bieten den Betroffenen keinen Trost, die meist recht genau spüren, dass sie in den Überlegungen, wie die Arbeit neu organisiert und die Kosten gedrückt werden können, keine Rolle spielen.

In Zeiten, in denen Berufstätige angemessene Möglichkeiten haben, sich zu erholen, in denen sie ihre Arbeit als sinnvoll und erfolgreich erleben und den Eindruck haben, von ihrer Umwelt beziehungsweise in Organisationen von Kollegen und Vorgesetzten ausreichend bestätigt zu werden, gelingt es den meisten auch, Kränkungen zu verarbeiten, Aggressionen zu neutralisieren, sich gegenseitig das für den Betriebsfrieden unentbehrliche Maß an Bestätigung zu gewähren. Kurz: Wo sich Menschen einfühlend behandelt wissen, erhalten sich auch ihre eigenen empathischen Fähigkeiten.

Wenn diese Situation kippt und eine Organisation unter erhöhten Druck gerät, werden diese stabilisierenden Prozesse erschwert. Häufig steigern die Folgen den ohnehin bestehenden Druck noch weiter. Wenn in Teams bisher selbstverständliche Leistungen gekürzt, bisher gepflegte höfliche und rücksichtsvolle Umgangsformen aufgegeben werden, dann suchen sich die marktgängigen Mitarbeiter eine neue Stelle. Die Zurückgebliebenen beginnen, sich und den Leiter zu entwerten; der Leiter schlägt zurück, eine Mobbing-Dynamik bahnt sich an. So kann binnen kurzer Zeit eine bisher stabile Situation entgleisen.

Die Phantasie, nicht (mehr) geliebt zu sein, weckt in vielen sonst vernünftigen und umgänglichen Personen die schlummernden Ungeheuer der Seelentiefe. Sie beginnen, zu hassen und zu hetzen, sie drohen mit Gewalt und setzen diese Drohungen manchmal auch um. Es hilft wenig, in einer solchen Situation zu erklären, dass die Kleinigkeit den Wutausbruch nicht rechtfertigt. Dadurch wird die Wut noch gesteigert, denn neben dem Leid, sich ungeliebt und abgelehnt zu fühlen, wächst jetzt auch noch die Kränkung: Da werde ich doch jetzt tatsächlich für zu dumm gehalten, das Wichtige vom Unwichtigen zu unterscheiden!

Unwissenheit einzugestehen, forschend zu fragen, eigene Werturteile aufzuschieben und (für uns) »normales« Verhalten nicht zu erzwingen, das erfordert ein gesundes Selbstbewusstsein, das auch einmal auf schnelle Erfolgserlebnisse verzichten kann.

Begrenzte Konflikte, die Handeln anregen und nicht durch Entwertungsgefühle des Handelnden blockieren, sind ein zentrales Thema in der Entwicklung beruflicher Kompetenz. Wer professionell handelt, ist nicht auf Erfolg angewiesen. Er fühlt sich nicht als Versager, wenn er scheitert, sondern nur dann, wenn er nicht das professionell Mögliche getan hat. In allen Institutionen, in denen Ideale (wie das, ein »guter Mensch« zu sein) verwirklicht werden sollen, sind professionelle Entwicklungen erschwert. Die Einsicht in zwischenmenschliche Probleme wird (wie in dem Beispiel vom Mobbing zwischen unerfahrener Stationsärztin und erfahrener Krankenschwester) durch den Zwang blockiert, seine Tätigkeit an emotional fundierten Idealisierungen auszurichten.

Wer sich in die Dynamik solcher Szenen vertieft, erkennt bald, dass psychologische und organisatorische Einflüsse miteinander verwoben sind. Sie schaffen dann historische Bedingungen, die ihrerseits das Arbeitsklima prägen und weder durch neue Organisationsformen noch durch Psychotherapie allein behoben werden können.

Jeder Berufsanfänger benötigt günstige Bedingungen, um seine

Professionalität zu entwickeln. Er ist darauf umso mehr angewiesen, je schwächer sein Selbstvertrauen entwickelt ist. Wer genügend Selbstvertrauen besitzt, hat es erheblich leichter, sich einzugestehen, dass er sich nicht wohl fühlt, dass seine negativen Gefühle berechtigt sind, dass er sie ernst nehmen und versuchen darf, einen Ausweg zu finden.

Wer hingegen schon von sich weiß oder ahnt, dass er sehr schnell beleidigt ist, wer schon oft erfahren hat, dass seine Kränkung ein schlechter Ratgeber ist, weil er sie übertreibt und oft aus nichtigem Anlass von ihr überfallen wird, der wird lange zögern, diese Gefühle in Handeln umzusetzen.

Er klammert sich an sein vermeintliches Recht und fürchtet, es überall, wohin er gehen könnte, noch schlechter zu haben. Hier, wo er sich gekränkt fühlt, kennt er den Umfang und die Art der Kränkungen. Er kann sie einordnen und aushalten. In einer neuen Situation hofft er nicht auf Erlösung, sondern fürchtet schlimmere Verfolgung.

Wer voller Hass unermüdlich liebevollere und rücksichtsvollere Behandlung von Personen einklagt, die er nicht leiden kann, fürchtet, in einer neuen Beziehung noch mehr Hass zu begegnen. Die praktische Folgerung aus diesen Einsichten überrascht, aber sie bewährt sich in der Praxis durchaus: Wenn ein Chef einen Mitarbeiter loswerden will, kann es die am wenigsten effektive Strategie sein, diesen zu mobben. Im Gegenteil: Wenn er ihn gut behandelt und aufbaut, ihm Perspektiven zeigt, sind die Chancen viel größer, dass der Mitarbeiter geht.

Diese Dynamik ist in Familien bekannt. Wenn *ein* Kind aus einer Geschwisterreihe lange zu Hause wohnt und besonders eng an die Eltern gebunden scheint, können wir fast sicher sein, dass es *nicht* das Kind ist, welches von den Eltern die meiste Anerkennung erfahren hat.

Dr. Jekyll and Mr. Hyde

Die Geschichte von Robert Louis Stevenson über den Zaubertrank, der den edlen Helfer der Menschheit in einen bösartigen Triebmenschen verwandelt, erweist den Dichter als Pionier der Erforschung des Unbewussten. Beschrieben wird aber auch eine Grenze der Empathie: Der gute Arzt kann sich nicht in seine böse Seite einfühlen; der böse Verbrecher kennt keine Güte mehr.

Die analytische Forschung hat gezeigt, dass sich solche multiplen Persönlichkeiten durch ein autosuggestives Rollenspiel selbst erschaffen, nicht aus Neugier, wie in Stevensons Erzählung, sondern in der Folge einer Abwehr traumatischer Erfahrungen (wie eines sexuellen Missbrauchs). Wenn es dem Therapeuten gelingt, die unterschiedlichen Teilpersönlichkeiten einfühlend wahrzunehmen, ohne die innere Inszenierung abzuwerten, lässt sich dieses für die Betroffenen und ihre Umgebung verwirrende Drama mildern.

In Partnerkonflikten hingegen wird diese Dramatik der Spaltung in den guten und den bösen Teil oft gesteigert, um sich von Verantwortung zu entlasten und emotionalen Druck auszuüben. Wenn Männer eine bösartige, vor nichts zurückschreckende Maske aufsetzen, um ihr Gegenüber zu manipulieren, steht dieses vor einer persönlichen Entscheidung, welche die Entwicklung zur Zivilgesellschaft spiegelt.

Ist das Rechtsempfinden der Frau unsicher, wird sie sich indirekt vom Faustrecht des Partners anstecken lassen. Sie wird auf eine Gelegenheit warten, wo sie die Stärkere ist. Sie wird sich etwas darauf einbilden, dass sie seine Gewalt geduldet und nicht die Polizei gerufen hat. Sie wird Dritten erzählen, wie grausam er ist, ihn beschämen oder auch die Bewunderung ernten, dass sie großmütig mehr verzeiht, als das andere tun. Sobald er ihre Verzeihung sucht, wird sie ihn erniedrigen und so den nächsten Exzess vorbereiten.

Nur wer angesichts einer Drohung mit Gewalt das Gewaltmonopol – Polizei und Justiz – einschaltet, stellt dadurch auch den

Rahmen wieder her, in dem Einfühlung und wechselseitiger Respekt möglich sind. Ein Wüterich, der seine Partnerin mit Mord oder Selbstmord bedroht hat, verwandelt sich beim Anblick einer Uniform oft in einen Herrn Harmlos, der nur ein wenig Spaß gemacht hat.

Eine Klientin, die sich von einem narzisstisch gestörten Mann trennen wollte und ihrerseits ausgeprägte Selbstgefühlsprobleme hatte, erzählte mir einmal, wie ihr Partner drohte, sich zu erschießen, wenn sie Ernst mache. Er zeigte ihr sogar seine Waffe in der Schreibtischschublade. Sie schloss sich in der Toilette ein und verständigte die Polizei. Als sie nach dem Eintreffen der Beamten aus ihrem Versteck kam, sah sie den vorgeblich suizidalen Partner mit den beiden Polizisten im Wohnzimmer plaudern. Er bot ihnen einen Schnaps an, er habe einen Scherz gemacht, das Mordwerkzeug erkenne doch jeder (mit Ausnahme seiner hysterischen Verlobten) als Schreckschusswaffe.

Wer eine Rolle spielt, gestaltet diese meist viel überzeugender als ein Mensch, der sich seiner inneren Widersprüche bewusst ist. Heiratsschwindler sind auf den ersten Blick leidenschaftlichere Liebhaber als ein ehrlicher Mann, Betrüger verlässlichere Geschäftsleute. Die Wahrheit kommt unscheinbar daher; die Lüge trägt einen prächtigen Mantel und bringt Gutachten von Experten mit.

Eine Frau wäre unter den Nachstellungen eines Telefon-Stalkers zusammengebrochen, hätte sie nicht einen aufmerksamen Exfreund gehabt. Sexuell lief schon lange nichts mehr, aber der Freund tröstete sie liebevoll nach Morddrohungen per SMS und nächtlichen Geisteranrufen, die von einem unregistrierten Handy kamen und sie trotz aller Vorsichtsmaßnahmen doch immer wieder erreichten.

Dann stellte sich heraus, dass Tröster und Verfolger ein und dieselbe Person waren.

Was nützt die Liebe in Gedanken?[30]

Je leidenschaftlicher zudringliche Liebe wird, desto gefährlicher wird die Ignoranz über die Gefühle ihres Objekts. Der zudringliche Liebhaber, der Grenzen nicht achtet, sondern sie einfühlungslos überschreitet, bis er auf energischen Widerstand stößt, wirkt auf den ersten Blick übermächtig. Er leistet sich Erstaunliches, vermag es, mit Unverschämtheiten durchzukommen, die seine Opfer sprachlos machen. Er beutet ihre Rücksichtnahme aus, manipuliert ihre Gutherzigkeit, spielt mit ihren Ängsten, droht mit Beziehungsabbruch, Selbstmord oder Gewalt und hat nachher nur ein wenig übertrieben.

Wenn alle so wären wie er, gäbe es ihn gar nicht, er hätte nicht den Freiraum, sich zu entfalten. Er ist der Karnivore unter den Pflanzenfressern und dankt seine Macht der Wehrlosigkeit und Rücksichtnahme jener, die vergeblich auf seine Einsicht hoffen, wenn sie ihm diesmal Blamage oder Strafe ersparen. Der Analytiker beobachtet in Partnerschaften, in denen ein Teil eine schwere narzisstische Störung mitgebracht hat, immer wieder die Macht der seelischen Infektion. Da alle Menschen Größenphantasien kennen, Verunsicherungen erleben, Kränkungen verarbeiten müssen, da ferner alle Menschen die Fähigkeit zur Regression in sich tragen, stabilisiert oft nicht der Gesunde den Kranken, sondern der Kranke kränkt den Gesunden so sehr, dass auch dieser erkrankt und beginnt, mit den Waffen zurückzuschlagen, die er dem Aggressor abgenommen hat.

Die narzisstische Störung braucht Bewertungen wie Vampire Blut. Wenn es uns gelingt, unseren Humor zu behalten und das menschliche Streben nach Perfektion nicht zu übertreiben, dann kann diese Störung ihre Macht verlieren und sich eine empathische Beziehung wiederherstellen. Aber in dem Augenblick, in dem wir ganz sichergehen wollen, dass sie wirklich verschwunden ist und nie mehr wiederkommen wird, ist sie auch schon wieder da, leibhaftig oder als Maske ihrer Verleugnung.

Stalker sind, was ihre narzisstische Störung angeht, primitiven, handlungsorientierten Lösungen zugeneigt. Die Phantasiebeziehung hingegen, das Stalking in einer sorgfältig verborgenen Innenwelt, erfordert ein hohes Maß an Selbstdisziplin. Früher hätte man gesagt: Stalker sind Psychopathen; Menschen mit Phantasiebeziehungen und Näheängsten Neurotiker. Heute spricht man vom niedrigen (beim Stalker) oder mittleren (bei der Phantasiebeziehung) Strukturniveau einer narzisstischen Störung.

In den Phantasiebeziehungen dominiert die Angst vor Zurückweisung. Sie ist so mächtig, dass die Realität schlechthin als abweisend und feindlich für eigene emotionale Wünsche erlebt wird. Diese entfalten sich in der Phantasie. Der Psychiater Ernst Kretschmer hat von Menschen gesprochen, die römischen Häusern gleichen: außen abweisende Mauern, während in verborgenen Innenhöfen tropische Vegetation wuchert.[31]

Während Stalker und Mobber durch ihre Einfühlungsdefizite auffallen und ihre Umwelt reizen, bleiben diese Menschen unscheinbar. Die Personen in ihrer Umgebung fragen sich eher, warum sie so zurückgezogen leben und so wenig aus sich machen. Daher gibt es über diese Bewohner von Phantasiewelten auch wenig Literatur: Sie veröffentlichen nichts von dem, was sie bewegt, denn das würde ihr sicheres Leben in diesem Geisterreich gefährden.

Auch die Empathiedefizite bleiben unsichtbar. Wer diese Personen im Alltag trifft, findet sie vermutlich sogar übersensibel und peinlich bemüht, niemanden zu belasten oder zu belästigen. Erst die genauere Analyse lehrt, dass sie eine Empathiestörung in ihre Mitmenschen verlegen. Sie können sich folglich nicht vorstellen, dass sich jemand in sie hineinversetzen kann. Während der Stalker in einem *aktiven* Empathiemangel glaubt, *sein* Gefühl bei anderen erzwingen zu können, entsteht ihr Mangel durch eine intensive Scham, die sie davon ausgehen lässt, dass alle Gefühle, die sie ausdrücken würden, sogleich auf Kritik und Ablehnung stoßen.

Sie bauen sich die Liebe in der Phantasie, weil sie es in der Realität für ganz unmöglich halten, Liebe zu finden, sie bei anderen zu erkennen und an diese zu glauben.

Die 38-jährige Christine U. ist eine attraktive Frau, zurückhaltend, sehr intelligent. Sie arbeitet in der Stabsabteilung einer Investmentbank und wird von ihren Vorgesetzten geschätzt. Sie ist im Büro engagiert, umsichtig und genau, erledigt ihre Aufgaben schnell und zuverlässig. Man kann sich absolut auf sie verlassen. Einmal bot ihr der Abteilungsleiter beim Personalgespräch einen Aufstieg an. Christine konnte sich das nicht vorstellen und zog sich freundlich zurück: Sie will bleiben, wo sie sich auskennt, sie traut sich eine Führungsaufgabe nicht zu.

Keiner der Kollegen ahnt, dass sie seit 20 Jahren allein lebt und allen sexuellen Erfahrungen aus dem Weg geht. Christines sorgsam gehütetes Geheimnis sind Phantasien von erotischen Beziehungen, in denen sie sich ein gemeinsames Leben ausmalt. Gegenstand dieser Phantasien sind meist Vorgesetzte, manchmal auch Kollegen, selten Männer, die sie nur flüchtig kennt. Sie verbringt viele Stunden damit, sich ihre Liebe auszumalen, gemeinsame Wohnungen einzurichten, Reisen zu planen, Kinder zu erziehen, Freunde einzuladen.

Ausgangspunkt der Phantasie ist, wie der Mann ihr seine Liebe gesteht. Er sagt, dass er sie erwählt hat. Er wendet sich ihr ganz aus freien Stücken zu, sie hat ihn nicht ermutigt, ihm kein Bedürfnis gezeigt, denn das findet Christine extrem beschämend. Sie sieht ein, dass ihre Scham besser in vergangene Jahrhunderte passt als in die Gegenwart, aber ihre Angst ist stärker. Sie will sich nicht anbieten, sie will wertvoll sein, geliebt werden. Da sich aber keine ihrer Phantasien erfüllt, heißt das, dass sie es nicht wert ist, dass sie nicht schön, nicht blond, nicht charmant genug ist.

Lange Zeit hat Christine ihre Phantasiebeziehungen wie Generalproben eingeschätzt, welche sie auf Ehe und Familie vorbereiten.

Sie wünscht sich Kinder und will auf keinen Fall einsam alt werden. Inzwischen spürt sie, dass ihre Phantasien, die sie zunehmend als Sucht erlebt, besonders intensiv sind, wenn sie sich schlecht fühlt, wenn sie der Arbeit nichts abgewinnen kann. Je mehr sie phantasiert, desto schlechter und wertloser fühlt sie sich nachher, weil sie immer irgendwann dem Gedanken begegnen muss, dass der ersehnte Partner nicht daran denkt, ihre Liebe wahrzunehmen und zu erwidern.

Christine ist die einzige Tochter einer Frau, die zeitlebens mit ihrer Enttäuschung über ihre eigene Mutter ringt. Sie hat sich von dieser entwertet gefühlt, klagt oft über sie und erklärt der Tochter, wie viel besser sie es doch habe, wie viel Mühe und Liebe die Mutter für sie aufwende. Für alles, was das harmonische Verhältnis zwischen Mutter und Tochter trüben könnte, gab es Erklärungen, in der Regel die Charaktermängel des Vaters.

Gegenüber dieser überlasteten und harmoniesüchtigen Mutter hat Christine ihre aggressiven Impulse in einem Maß beherrschen müssen, das nicht erreicht werden kann, wenn nicht sozusagen das Bewachte in Wächterdienst genommen wird, wenn der eigene, kontrollierende Umgang mit Aggression nur »vernünftig« und nicht in sich selbst verfolgend, aggressiv, ja sadistisch ist. Diese Wachsamkeit gegen alle Gefahren für Disziplin und Selbstkontrolle wird in die Umwelt projiziert.

Deshalb entschuldigte sich Christine zu Beginn der Therapie jedes Mal, wenn sie in einer Stunde geweint hat. Die Kontrolle wird in den Therapeuten verlegt. Er kann sich nicht einfühlen, er versteht sie nicht, er möchte – nicht anders als die Mutter – eine brave Tochter, die ganz und gar vernünftig ist und bleibt. Diese Projektion der eigenen Kontrollbedürfnisse setzt den Einwand außer Kraft, dass ein Therapeut kaum denkbar ist, der seinen Patienten das Weinen verbieten möchte.

In ihren Phantasiebeziehungen hat Christine die Situation, den Mann und sich selbst vollständig unter Kontrolle – um den Preis der Entwicklung ihrer weiblichen Möglichkeiten. In den Phantasien selbst ist es immer der Mann, der die Kontrolle über die Beziehung ausübt, der die gemeinsamen Reisen plant, der die erotischen Szenen gestaltet. Die Phantasien ermöglichen, was eine andere Frau in einem Stoßseufzer formulierte: »Wenn ich noch einmal auf die Welt komme, werde ich ein Mann und heirate mich selber!«

Obwohl sie sich nach einer Verwirklichung dieser Phantasien zu sehnen glaubt, zuckt Christine zurück, wenn sich der heimlich Geliebte ihr nähert. Sie würde dann die Kontrolle über die Beziehungssituation verlieren, welche für ihr Empfinden so wichtig ist. Wem Frauen das Geheimnis ihrer Phantasiebeziehungen anvertrauen, der ist immer wieder überrascht, wie wenig in diesen Fällen die Phantasie ihre normale Funktion einer *Vorbereitung* auf aktives Verhalten ausüben kann.

Bei solchen Frauen, von denen ich einige in längeren Analysen kennenlernte, war eine nach wie vor symbiotische Mutter-Tochter-Beziehung die Ursache für die an einen Wahn grenzende Liebesphantasie. Eine Triangulierung in dem Sinn, dass ein zweites Liebesobjekt gewonnen werden kann, das mit dem ersten in liebevoller Spannung steht und so dem Kind eine beschützte Autonomie zwischen den Eltern erlaubt, hatte nie stattgefunden. Die Eltern entwerteten sich offen oder versteckt. Die Mutter war in ihrem weiblichen Selbstgefühl tief verunsichert, oft schwer traumatisiert und suchte die Zerstörung und Diffusion der eigenen Ideale dadurch zu bewältigen, dass sie die Tochter als erweitertes Selbst erlebte. Sie hielt an der frühen Symbiose fest, so dass die Tochter nie zu einem Du wurde, sondern in einem Wir gefangen blieb.

Die Tochter ist für die Mutter kein Gegenüber, keine geliebte, aber andersartige Person, für deren Wünsche und Eigenarten sich die Mutter interessiert. Sie ist sozusagen ein Gedanke der Mutter, ein Teil ihrer geistigen Welt. Und in einem ganz ähnlichen Sinn ist der Phantasiegeliebte keine eigenständige Person, kein Gegenüber, dessen Wünsche erforscht werden und für dessen reale Gefühle sich eine liebende Frau interessiert. Er ist ein Gedanke der Liebenden, ihr Geschöpf, er darf kein Eigenleben haben, keine Kontur gewinnen.

Um Empathie zu entwickeln, müssen wir erst einmal zulassen können, dass uns eine Person fremd ist und uns eine Grenze von ihr trennt, die wir nicht überschreiten können. Über diese Grenze hinweg können wir dann versuchen, uns zu orientieren, die Gemeinsamkeiten zu entdecken, die alle Menschen verbinden, und die Unterschiede zu erforschen, die Individuen einzigartig machen.

Auch hier wird der Zusammenhang zwischen Angstbewältigung und Empathieverlust fassbar. Wenn eine Mutter Angst hat, ihr Kind könnte anders werden, als sie es braucht, muss sie sich die Überzeugung einreden, sie kenne das Kind besser, als sich dieses selbst kennt, sie wisse besser, was für das Kind gut ist, als es dieses ihr sagen könne. Die Nähe zum *Stalking* ist deutlich; die eindringende, kontrollierende Mutter hat nur eine bessere Presse, was die Tarnung ihrer Bemächtigung als »Liebe« angeht.

7. Evolution und Empathie[32]

Vor etwa hundert Jahren, so erzählte es wenigstens mein Ehni, war weit und breit kein ehrlicheres Volk auf Erden als die Schwarzwälder. Jetzt, seit so viel Geld im Land ist, sind die Menschen unredlich und schlecht. Die jungen Burschen tanzen und johlen am Sonntag und fluchen, daß es ein Schrecken ist; damals war es aber anders, und wenn er jetzt zum Fenster dort hereinschaute, so sag' ich's und hab' es oft gesagt, der Holländer-Michel ist schuld an all dieser Verderbnis.

Sobald unsere Psyche von den zwei Zeitpfeilen getroffen wird, die das erlebende Ich in die Zukunft und in die Vergangenheit aussendet, begegnen wir auch einer Wertfrage: Wird es in Zukunft besser sein? Oder war die Vergangenheit besser?

Es ist eine Paradoxie unseres Gefühlslebens, dass vielfach beide Fragen mit »Ja« beantwortet werden. Die Erinnerung an eine gute Vergangenheit macht uns angesichts gegenwärtiger Ängste Mut; das Gleiche gilt für die Hoffnung auf eine bessere Zukunft. Eine kritische Betrachtung belehrt uns, dass wir einmal die Vergangenheit (die gute alte Zeit) idealisieren, einmal die Zukunft (den Fortschritt) – und dass beide Sichtweisen unvollständig sind, denn der Fortschritt wird uns ebenso neue Übel bescheren, wie die Vergangenheit Übel in sich trug, die uns der Rückblick so nostalgisch übergoldet wie dem Ehni (Großvater) der Schwarzwaldgeschichte.

Wenn ein völlig von Angst oder Wut getriebener Mensch die Fähigkeit zur Empathie verliert, so verstehen wir das und können es einordnen. Wie die Mutter, die dem Kind im Zorn eine Ohrfeige gibt, oder der in panischer Angst vor einem Hund flüchtende Passant, der eine Frau umrennt. Beide verhalten sich einfühlungslos und wirken dennoch harmlos verglichen mit dem Vater, der kühl seine Tochter zum Schrank schickt, wo die Rohrstöcke liegen: Sie soll sich den aussuchen, mit dem sie geschlagen werden will, weil sie eine schlechte Note geschrieben hat.

Wenn unser Gegenüber von einem jener Gefühle überwältigt ist, die wir heiß (oder schnell) nennen, die aufflammen und sich nach bewältigter Situation erschöpfen, dann begreifen wir, warum uns Einfühlung verweigert wurde, und behalten das Vertrauen, dass wir in eine von Empathie bestimmte Situation zurückfinden werden.

Sobald Empathie aber aus einem Grundsatz heraus verweigert wird, entgleist etwas in den Menschen und zwischen den Menschen, das sehr viel langsamer wiederhergestellt werden kann, als es nach solchen Traumatisierungen verloren geht.

Die Empathiefrage führt zu einem Konflikt, der so alt scheint wie das Nachdenken über uns selbst. Ist der Mensch von Natur aus gut? Oder ist er böse und muss durch Erziehung erst gut gemacht werden? Tragen wir einen Teufel in uns, der mit allen Mitteln bekämpft werden muss, oder beschwört dieser Kampf, was er vorgibt, in Schach zu halten?

Wenn Einfühlung nicht aus spontanen, in ihrer Emotionalität deutlichen Motiven verweigert wird, sondern in einem kalten Entschluss, muss sich das erlebende Ich verformen, dem Baum gleich, der sich in eine Lücke des Waldes krümmt, um nicht aus Lichtmangel zu ersticken. Affekte von Angst und Wut gleichen Wolken, die vorüberziehen. Perfektionismus hingegen schafft Strukturen, zwingt Richtungen auf. Er baut eine Grenze, die von Ängsten und Aggressionen bewacht wird und diese so lange mobilisiert, bis sie nicht mehr überschritten wird.

Ich gehe davon aus, dass während der weit überwiegenden Zeit der menschlichen Evolution die notwendigen Verdrängungen des »Bösen« in uns geringfügig waren. Lange Zeit wurden wohl Differenzen zwischen den genetisch angelegten Triebwünschen und den kulturellen Forderungen auf dem Weg der biologischen Auslese beseitigt. Kulturen mit zu weitgehenden Widersprüchen konnten nicht überleben; eine Folk-Kultur ohne schriftliche Traditionen wird binnen zweier Generationen erlöschen.

Die Veränderungen seit dem Neolithikum (der Jungsteinzeit) haben diesen Ausgleich zwischen biologischer und kultureller Evolution, der so lange befriedigend funktionierte, überlastet und zu der gegenwärtigen Situation geführt. Das ungeheuer beschleunigte Tempo der kulturellen Evolution hat die biologische Evolution praktisch arretiert. Genetische Auslese verliert jeden Sinn, wenn sich die Umwelt in wenigen Jahrzehnten völlig verändern kann. Vom Beginn der menschlichen Werkzeugmacherei aus Hartsteinen bis zu den ersten merklichen Fortschritten in der Herstellung dieser Steinwerkzeuge vergingen immerhin 500 000 Jahre.

Diese Arretierung der biologischen Evolution bei beschleunigtem Fortschritt der kulturellen wurde zu einem Zeitpunkt möglich, als die genetisch programmierte Anpassungsfähigkeit des Menschen an kulturelle Prägungen einen Höhepunkt erreicht hatte. Er war endgültig und vollständig zum »Kulturtier« geworden. Doch die Kultur, auf die seine biologischen Anlagen zugeschnitten waren, blieb die der Jäger und Sammler.

In ihr sind symbiotische und empathische Stützen für das Selbstgefühl klar getrennt. Die symbiotischen Stützen funktionieren zuverlässig, nicht weil sich die Jäger und Sammler besondere Mühe geben, sondern weil unerwünschte und ungeliebte Kinder bald sterben. Diese Auslese führt dazu, dass die überlebenden Kinder eine gute Basis für ihre empathische Orientierung gewinnen. Ethnographen haben beschrieben, wie in den tropischen Jägerkulturen Männer und Frauen vielleicht zwei bis drei Stunden pro Tag mit der Nahrungssuche verbringen; der Rest gehört sozialen Aktivitäten.[33]

Seit der Jungsteinzeit mit ihrer enormen Beschleunigung der wirtschaftlichen Veränderungen durch Ackerbau, Bewässerung,

Städtebau und Viehzucht geraten die Menschen unter Leistungsdruck. Standesschranken engen die Empathie ein: Wo der Herr dem Sklaven befehlen kann, wird dieser – wie bei den antiken Autoren – eher den Haustieren als den Menschen zugerechnet. Eine Kultur kann seither nach außen, in der Auseinandersetzung mit anderen Kulturen, besonders erfolgreich und daher von der Selektion begünstigt sein, wenn sie das körperliche und seelische Wohl ihrer Träger vernachlässigt und viele von ihnen über ihren Bruchpunkt hinaus beansprucht.

So hat es selten eine expansivere Kultur (hier verstanden als in Symbolen und Traditionen fixierte Gesellschafts- und Gruppenstruktur) gegeben als die der Puritaner in den Neuengland-Staaten des 18. Jahrhunderts. Von ihnen sagt Ruth Benedict: »Die ... Geistlichen ... wären die letzten gewesen, die von ihren Zeitgenossen in den Kolonien als Psychopathen angesehen worden wären. Nur wenige Gruppen von Ansehen dürften jemals in irgendeiner Kultur eine solch vollkommene Diktatur über Geist und Gemüt ausgeübt haben, wie sie es taten. Sie waren einfach die Stimme Gottes ... Die Sündhaftigkeit, wie sie sie bei ihrer eigenen Bekehrung schilderten und von den ›Neubekehrten‹ verlangten, findet man in einer nur wenig vernünftigeren Zivilisation lediglich in Anstalten für Geisteskranke. Ohne ein Überzeugtsein von der eigenen Sündhaftigkeit, welches das Opfer, manchmal auf Jahre hinaus, mit Gewissensbissen und schrecklichen Angstzuständen zu Boden drückte, gab es bei ihnen keine Erlösung. Es war Pflicht des Geistlichen, die Angst vor der Hölle in die Seele auch des kleinsten Kindes zu pflanzen ...«[34]

Die Dynamik solcher kultureller Entwicklungen ist nicht geplant; ihre wesentlichen Funktionen bleiben unreflektiert oder unbewusst. Es ist klar, dass die seelische Entwicklung in dieser Kultur jedes Kind prägt, bis endlich dem grausamen Über-Ich des Puritaners ein mächtiges, bedrohliches, mühsam gebändigtes, zutiefst »sündhaftes« Es gegenübersteht. Einfühlung in Kinder ist ebenso erschwert wie Verständnis für »Sünder« oder für andere Kulturen, die rasch zu »Teufelsanbetern« werden.

Das autoritäre Über-Ich spiegelt disziplinierende Maßnahmen der Eltern. Das Kind wird »aus Prinzip« gemaßregelt, damit es »lernt zu parieren«. Das war in der NS-Zeit in Deutschland Erziehungsprinzip, wie die Analyse der damals populären Erziehungsratgeber (vor allem von Johanna Haarer) zeigt.[35] Diese Haltung führt dazu, dass autoritäre Persönlichkeiten die Welt von dunklen, nie aufzuhellenden Kräften gesteuert sehen und an der Möglichkeit einer rationalen Erklärung der menschlichen Entwicklung und Geschichte zweifeln.

Das in seinen Empathiemöglichkeiten behinderte Ich, das sich in der Identifizierung mit dem Über-Ich seine Stärke verschafft, sucht alles, was in seinen Einflussbereich gelangt, zu unterwerfen und zu verändern. Wenn die Glücksfähigkeit beschädigt wird und die Leistungsfähigkeit geschont (man erinnere sich an Hitlers Forderungen an die Jugend, *hart wie Kruppstahl, zäh wie Leder, flink wie Windhunde* zu sein), dann kann eine Art Leistungswut entstehen, der die christlich geprägte Welt sicher einen Teil ihrer technischen Fortschritte verdankt. Für Empathie ist hier kein Platz mehr.

Hannah Arendt mag in ihren Reflexionen über die Judenmorde der Nationalsozialisten manches einseitig gesehen haben; den Schrecken eines mittelmäßigen, ehrgeizigen Beamten, der ohne einen Funken Mitgefühl allein die technische Organisation der Vernichtung von bürokratisch definierten Volksfeinden zu seiner Richtschnur machte, hat sie genau erfasst. Auf der Anklagebank in Jerusalem saß kein Sadist, kein Mann, der in einem anderen Regime als dem Hitlers zum Massenmörder geworden wäre.

Eichmann war prinzipienlos und unfähig zur ethischen Einsicht; er rühmte sich noch in monströsen Untaten der gewissenhaften Erfüllung seiner Pflicht. Er habe der Obrigkeit treu gedient. Seine Erscheinung, sein Auftreten während des Prozesses, seine langatmigen Ausführungen zu den Strukturen des NS-Regimes wirkten auf Arendt lächerlich.

Sie sah in dem ehemaligen SS-Obersturmbannführer eine Marionette, die sich nicht durch Grausamkeit ausgezeichnet habe, sondern durch einen Mangel an Empathie und Vorstellungskraft. Wenn Eichmann nicht im eigentlichen Sinne des Wortes »böse« gewesen sei, machte das seine Taten in Arendts Sicht nicht weniger schrecklich. Die »Banalität des Bösen« charakterisiert einen neuen Tätertypus in einem bürokratischen Apparat, der zur Erfüllung seiner Aufgaben weniger eine prägnante Motivation benötigt als Pflichtbewusstsein und »Gedankenlosigkeit«.[36]

Empathie und Gehorsam

Wie ein Künstler den Mut braucht, Neuland zu betreten, etwas zu denken oder zu tun, was vor ihm noch nicht gedacht oder getan wurde, so gehört auch zur Empathie der Schritt in Gebiete außerhalb der Routine, der Gewohnheit, der gängigen Auffassung von Recht und Ordnung.

Wie bilden sich solche Motive in der seelischen Entwicklung? Sie hängen mit dem Selbstgefühl zusammen. Wer selbstsicher ist, orientiert sich in seinem Handeln eher an den eigenen Eindrücken und Urteilen. Er ist weniger darauf angewiesen, in der Anlehnung an eine Mehrheit Sicherheit zu gewinnen.

Das kleine Kind benötigt für seine seelische Entwicklung mindestens einen Erwachsenen, an den es sich anlehnen kann, wenn es sein inneres Gleichgewicht nicht aus eigenen Mitteln findet. Nach der Geburt ist das die Mutter, die den Säugling stillt, wenn er durch sein Schreien anzeigt, dass er in Not ist. Aber auch später gerät das Kind durch innere Impulse – Angst, Hunger, Durst, Wut – in Not und benötigt einen einfühlenden Erwachsenen, der es beruhigt und schützt.

Für die Entwicklung der Empathie scheint der Umgang mit der kindlichen Aggression besonders wichtig. Starke Eltern werden diese Aggression nicht dämonisieren und zum Ausdruck von Bosheit erklären, sondern sie nur dort eindämmen, wo sie das Kind oder seine Umgebung gefährdet. Schwache, überangepasste Eltern sind oft sehr schnell bereit, dem Kind Schuldgefühle einzuflößen. Sie werden ihm nicht nur die Äußerungen seiner Wut begrenzen, sondern die aggressiven Gefühle an und für sich als Ausdruck eines schlechten Charakters ansehen, eines unverzeihlichen Makels, der liebesunwert macht.

Diese »schwarze Pädagogik« ist Gift für die Empathie. Sie bildet autoritäre Persönlichkeiten. Wenn Eltern zugestehen, selbst nicht immer vollkommen zu sein, und die Unvollkommenheiten des Kindes mit Humor nehmen, dann entsteht Toleranz für Andersartiges, Fremdes. Wenn Eltern aber die Unvollkommenheit des Kindes dämonisieren und sich selbst als ganz und gar gut inszenieren, schwindet das Selbstbewusstsein aller Beteiligten. Ein Größenselbst baut sich auf, das Empathie verhindert und eigene Erwartungen rücksichtslos durchsetzt nach dem Motto: Es gibt nur ein Recht und eine Liebe, und das sind meine Vorstellungen davon.

Es ist nicht mehr möglich, unterschiedliche Wertvorstellungen zu ertragen. Fremdes wird bedrohlich, wird böse. Der autoritäre Charakter verlagert jene Schattenseiten, die am eigenen Selbst nicht sein dürfen, auf Minderheiten, Schwächere, Unterlegene, gegen die er seinen Hass richten kann.

Aus dem Gesagten wird klar, dass Empathie kein einfaches Merkmal einer Persönlichkeit ist. Sie entsteht im Kontext der Entwicklung des Selbstgefühls und reift auf der Grundlage einer angeborenen Fähigkeit, den Gefühlsausdruck von Artgenossen in eigene Emotion zu übersetzen, in der Identifizierung mit sozialen Vorbildern.

Gefügigkeit im Experiment

Stellen wir uns vor, wir seien als Versuchsperson zu einem Experiment bestellt. Ein Versuchsleiter im weißen Kittel erklärt, es handle sich um Forschungen zur Wirkung von Schmerzen auf Lernprozesse. Es wird gelost, wer die Schmerzen austeilt und wer sie ertragen muss; der »Schüler« wird in einem Stuhl festgeschnallt, dem »Lehrer« wird gesagt, die Strafreize seien schmerzhaft, aber nicht lebensgefährlich. Der Schockgenerator, den wir bedienen sollen, hat eine Skala von 15 bis 450 Volt und trägt Aufschriften wie »leichter Schock« und »Gefahr: schwerer Schock«.

Nach jedem Fehler des Schülers weist uns der Versuchsleiter darauf hin, dass wir eine Schockstufe höher gehen müssen. Anfangs ist die Sache harmlos, aber bereits bei »mittleren« Schocks schreit und jammert die Versuchsperson, bittet, sie loszubinden, spricht von einem Herzfehler, der weitere Elektroschocks gefährlich mache. Wie viele von uns – gut ausgebildeten, psychologisch interessierten Zeitungslesern, die sich auf ein Inserat gemeldet haben – werden einem stöhnenden, um Befreiung bittenden Menschen die höchste Schockstufe verpassen?

Der Yale-Psychologe Stanley Milgram befragte vor den tatsächlichen Versuchsreihen Anfang der 1960er Jahre seine Kollegen, wie viele Versuchspersonen wohl bis zu den »schwersten Schocks« gehen würden? Die Psychologen schätzten, dass das bei höchstens 3 Prozent der Fall sein werde. Noch optimistischer waren 40 Psychiater: Sie schätzten, dass weniger als ein Prozent bis zur höchsten Schockstärke gehen würde.[37] Das Ergebnis, das sich mehrfach bestätigen ließ: Rund zwei Drittel der »Lehrer« gingen bis zur höchsten Schockstufe, wenn der Versuchsleiter sie unerbittlich bei der Stange hielt und ihnen versicherte, das Experiment erfordere eine solche Quälerei eines Mitmenschen.

In Wahrheit wurden keine Schocks ausgeteilt; der angebliche »Schüler« war ein bezahlter Schauspieler, den der Leiter vorher instruiert hatte. Aber das wussten die »Lehrer«, die wirklichen Versuchspersonen, nicht. Sie taten nicht gerne, was sie tun sollten, aber sie taten es. Sie waren erleichtert, als der angeblich bis zum Beinahe-Herzschlag gefolterte Schauspieler ihnen nachher lächelnd die Hand schüttelte, aber sie hatten sich vorher nicht wehren können, obwohl der Versuchsleiter sie nicht bedrohte, sondern nur stereotyp sagte: »Das Experiment erfordert das, Sie haben keine andere Wahl!«

Das Milgram-Experiment ist sehr lehrreich, was die Problematik der Empathie in einer modernen Industriegesellschaft angeht. Hier muss jeder lernen, sich den Geboten von Menschen in weißen Kitteln zu fügen. Nach dem Experiment über die wahren Zusammenhänge aufgeklärt, reagierten die »Mitmacher« häufig mit Scham. Die 35 Prozent der Versuchspersonen, welche sich geweigert hatten, reagierten mit Stolz. Wenn eine Versuchsperson vor der eigenen Teilnahme zwei Schauspieler beobachten durfte, die sich mitten im Experiment weigerten weiterzumachen, stieg die Zahl der Verweigerer auf bis zu 90 Prozent. Das zeigt, wie wichtig für empathisches Verhalten auch unter Erwachsenen soziale Vorbilder sind und wie eng Empathie mit Zivilcourage verbunden ist.

Heilige Kriege

Zu den wichtigsten Risiken der interkulturellen Selektion scheint es zu gehören, dass eine Kultur gerade dann Höchstleistungen erzielen und sich nach außen erfolgreich durchsetzen kann, wenn sie ihren individuellen Trägern ein Stück persönliches Glück versagt und den Bogen so stark spannt, dass er in nicht wenigen Fällen zerbricht. Die Identifizierung mit dem Aggressor als Abwehrform von Über-Ich-Ängsten macht aggressiv.[38]

Historisch hängen Monotheismus, Intoleranz und aggressive Eroberungskriege eng zusammen.[39] Diese Kriege treten nicht als kurzlebiger Überfall, sondern als dauernde Kolonisation und/oder Bekehrung auf, wie auch das Über-Ich in der seelischen Entwicklung.

Der »Heilige Krieg«, den die Bibel beschreibt – Joshua führte ihn im Dienste der Landnahme –, war auch der erste dokumentierte Völkermord. Der Gott Moses' hatte befohlen: dem Besiegten keine Gnade – dem Sieger keine Beute. Männer, Frauen und Kinder wurden hingeschlachtet, nicht als Sklaven genutzt; Städte in Brand gesetzt, Fruchtbäume umgehauen und Salz auf die Äcker gestreut.

Es liegt eine geschichtliche Ironie in der Tatsache, »dass dieses Es-feindliche Ich die Überflussgesellschaft schuf, wo es doch eigentlich auf Sparsamkeit eingestellt ist; es schuf, obwohl seiner Natur gemäß puritanisch-genussfeindlich, die Wohlstandsgesellschaft; und es schuf den Massenartikel und Konformismus, während ihm im Grunde die Persönlichkeitswerte heilig sind. Es wird, ähnlich dem Zauberlehrling, die gerufenen Geister nicht mehr los. Es ist wie die Wiederkehr des Verdrängten. Die alloplastische Form der Anpassung führt sich selber ad absurdum.«[40]

Die Kleinfamilie mit ihrer hohen Mobilität und ihrem großen Freiheitsgrad, sich ihre Bekannten selbst auszusuchen, den Freundeskreis frei zu gestalten, die Wohnung nach Belieben zu wechseln, entspricht den Anforderungen der Industriegesellschaft. Sie gestaltet sich heute mehr und mehr zur Konsumgemeinschaft. Dort kann die Fülle der produzierten Güter selbstbezogen ausgekostet werden. Beziehungen werden ersehnt, um die Einsamkeitsängste zu mildern, zugleich aber gefürchtet, weil sie abhängig machen und ihr Verlust das Selbstgefühl zu sehr bedroht.[41]

Dieser Prozess hat mehrere Folgen. Einmal wurde es für die häufig den Wohnort wechselnden Kinder weitaus schwieriger, vertrauensvolle Objektbeziehungen außerhalb der Familie zu finden. Sie blieben (und bleiben) auf die Eltern angewiesen. Damit wird die Gefahr einer krank machenden Familiendynamik gesteigert, weil das Kind einer gestörten Mutter beziehungsweise eines tyrannischen Vaters nicht mehr »aus dem Felde gehen« und andere Beziehungspersonen suchen kann.

Durch den Beginn der kulturellen Evolution fand die individuell-biologische Evolution nicht etwa ihr Ende. Sie wurde lediglich überformt, wie ja auch die Einsicht als »Superlernen« in der menschlichen Verhaltenssteuerung andere Elemente (Instinkte, Reflexe) nicht eliminiert, sondern umgestaltet hat: die Instinkte zu sehr variablen Bedürfnissen, die angebotenen auslösenden Mechanismen zu Anmutungserlebnissen mit einem hohen Grad kultureller Plastizität.

Da die kulturelle Evolution rascher und veränderungsfreudiger abläuft als die biologische, hatte sie bei aller Formenvielfalt der Kulturen (ja gerade deretwegen) eine einheitliche biologisch-genetische Konsequenz. Der Mensch wurde zum »Kulturtier«, dessen genetisch-psychologische Dispositionen auf die Verinnerlichung einer Gruppennorm abgestellt sind. Es entstand ein Menschentypus – Homo sapiens –, der fähig war, sich an kulturelle Forderungen anzupassen.

Während der bei weitem überwiegenden Periode der menschlichen Evolution (schätzungsweise über 95 Prozent der gesamten Zeitspanne) war die Persönlichkeits- und Kulturentwicklung von kleinen Gruppen einander persönlich bekannter Jäger und Sammler bestimmt. In dieser Zeit erfolgten die wichtigsten Evolutionsschritte zum Homo sapiens, wie wir ihn heute kennen. Die Periode seit der Entdeckung von Ackerbau und Viehzucht, seit dem Beginn der Geschichtsschreibung hat den biologisch-genetischen Typus des Menschen nicht mehr verändert.

In dieser Tatsache wurzeln auch Widersprüche zwischen biologischer und kultureller Evolution, in denen ich die Hauptursache seelischer Leiden und sozialer Störungen sehe. Wir leben nicht mehr in der Kultur, an die unsere Gene optimal angepasst sind, sind aber flexibel und belastbar genug, um es auch unter den Bedingungen einer modernen Großstadt mit anonymen Institutionen, Junkfood im Übermaß, Bewegungsmangel und zahlreichen Zwängen zur Gefühlskontrolle gerade noch auszuhalten. Allerdings leiden in einer Metropole wie New York zwei Drittel der Bevölkerung an leichten seelischen Störungen und über ein Fünftel an schwerwiegenden Symptomen.[42]

Es gibt keine Volks- oder Gruppe»seele«, wie es die frühen, noch von der Romantik beeinflussten Völkerpsychologen glaubten[43], sondern nur einzelne Menschen, die Gruppen bilden und von Gruppen geprägt werden. Wie ein Organismus leben und handeln kann, während ständig die Moleküle ausgetauscht werden, die ihn aufbauen (so dass binnen eines Jahres buchstäblich jedes Element dieses Ganzen erneuert wurde), so wird auch die Macht einer Gruppenstruktur – im weiteren Sinn einer Kultur, einer Gesellschaft – nicht dadurch vermindert, dass die unentbehrlichen Träger dieser Struktur auswechselbar sind.

Claude Lévi-Strauss[44] betonte den historischen Zusammenhang zwischen der Erfindung der Schrift und der Gründung von Städten und Reichen, der Integration einer großen Zahl von Individuen in ein politisches System und ihrer Aufteilung in Kasten und Klassen. Man könnte hinzufügen: Die Schrift ist auch der erste Schritt zu sozialen Strukturen, die auf Empathie verzichten können. Der Teufelspakt, den man mit dem eigenen Blut unterschreiben muss, macht eine ähnliche Aussage wie Hauffs vielleicht aus einem anatomischen Museum gewonnenes Bild von den abgelisteten Herzen in ihren Gläsern – jedes säuberlich beschriftet.

Lévi-Strauss hat beobachtet, dass in indischen Dörfern der Dorfschreiber meist auch der Wucherer ist, der zu hohen Zinsen Geld verleiht. *Der halbe Schwarzwald wurde ihm nach und nach schuldig; aber er lieh Geld nur auf zehn Prozent aus oder verkaufte Korn an die Armen, die nicht gleich zahlen konnten, um den dreifachen Wert.*

Die Schrift diente wohl primär dazu, Herrschaft zu konsolidieren, die Verteilung von Wasser in den Kulturwiegen der Oasen und

Stromtäler zu fixieren, Steuerregister und Rechnungen von Geldverleihern festzuhalten. Erst später wurde sie zum Mittel, Wissen aufzuzeichnen, zur Poesie, die Gefühle in Sprache fasst.

Ehe die Schrift und damit die Geschichtsschreibung entstanden, gerieten gesellschaftliche Normen schnell in Vergessenheit und entstanden entlang der empathischen Orientierungen wieder neu. Jäger und Sammler lösen ihre Konflikte durch physische Trennung. Zerstrittene Stammesmitglieder gehen in ein anderes Lager, bis die Verstimmung verflogen ist. Seit es Grundbesitz gibt, brauchen Menschen auch geschriebene Gesetze. Wo Paragraphen wirken, schwindet der Raum für Einfühlung.

Auf mehreren Gesimsen von Holz standen Gläser, mit durchsichtiger Flüssigkeit gefüllt, und in jedem dieser Gläser lag ein Herz; auch waren an den Gläsern Zettel angeklebt und Namen darauf geschrieben, die Peter neugierig las; da war das Herz des Amtmanns in E, das Herz des dicken Ezechiel, das Herz des Tanzbodenkönigs, das Herz des Oberförsters; da waren sechs Herzen von Kornwucherern, acht von Werbeoffizieren, drei von Geldmaklern – kurz, es war eine Sammlung der angesehensten Herzen in der Umgebung von zwanzig Stunden.

Hauff hat es geahnt: Wo Zettel kleben, wachsen auch gläserne Wände zwischen der Einfühlung in den Mitmenschen und dem eigenen Ich. Der Amtmann und der Oberförster als Vertreter der Justiz arbeiten den Kapitalinteressen zu – dem dicken Ezechiel, den Kornwucherern und Geldmaklern, den Werbeoffizieren, die den Menschenhandel organisieren.

Die Evolutionstheorie spricht gegen die These von Jeremy Rifkin über ein Anwachsen der Empathiefähigkeit. Sie sagt eher, dass die Empathiefähigkeit konstant ist. Sie gehört zu unserer biologischen Ausrüstung, ist tief in unserem Gehirn verankert, hilft uns, uns im zwischenmenschlichen Feld, in Familie und Gruppe zu orientieren. Aber sie braucht einen entspannten Raum, um sich zu entfalten. Und genau dieser Raum wird in der kapitalistischen Gesellschaft ebenso durch Sachzwänge und Verlustängste eingeschränkt, wie auf der anderen Seite Zwänge entstehen, die menschliche Psyche und psychotherapeutische Möglichkeiten zu erforschen, um die so angerichteten Schäden zu mildern.

Rifkin fasst diesen Prozess etwas pathetisch als »Zeitalter der Psychologie«[45] zusammen. Er will auf ihn Hoffnungen bauen, die empathischen Gegenkräfte zu den Zerstörungen der Lebensgrundlagen entstünden quasi von selbst, als sei die wissenschaftliche Revision des Sozialdarwinismus ein Schritt zur Überwindung von Konkurrenz und Wachstumszwang im Kapitalismus.

Fast rührend ist Rifkins US-amerikanische Selbstbezogenheit. Er behauptet, die Globalisierung der englischen Sprache habe eine »exponentielle Ausdehnung des empathischen Bewusstseins« geschaffen.[46] Das steile Wachstum von Gruppen- und Einzeltherapie, in dem die USA wie in vielen anderen Bereichen des Konsums weltweit führen, ist ihm ebenfalls ein Beweis für das parallele Wachstum an empathischem Bewusstsein. Dieses wiederum wird – wenn es das Wettrennen mit der Klimakatastrophe gewinnt – eine Erde retten, in der die USA ihre Vormachtrolle ungestört behalten.

Rifkin übersieht, dass Psychotherapie eine Dienstleistung ist und bisher jeder Beweis dafür fehlt, dass sie das ökologische Bewusstsein schärft. Im Gegenteil: In den Ländern mit dem kleinsten Anteil an der Umweltzerstörung gibt es auch die wenigsten Psychotherapeuten – und umgekehrt. Ich fürchte eher, dass Psychotherapie in jenen hochentwickelten Ländern am meisten gebraucht wird, die besonders viele Rohstoffe verbrennen.

So schmeichelhaft für den Psychotherapeuten Rifkins Vision sein mag, seine Praxis trage zu einer weltrettenden *extension of empathic consciuosness* bei – es handelt sich hier um jenen Fehler, den Marx als Verwechslung von Basis und Überbau beschrieben hat und Freud als den Abwehrmechanismus der Verleugnung, mit dem sich Menschen vor der Einsicht in die Schwäche ihrer bewussten Bestrebungen schützen.

8. Die empathische Versagung

Es lebte nämlich im Schwarzwald eine Witwe, Frau Barbara Munkin; ihr Gatte war Kohlenbrenner gewesen, und nach seinem Tode hielt sie ihren sechzehnjährigen Knaben nach und nach zu demselben Geschäft an.

In dem Hauff'schen Märchen wird angedeutet, was den Kohlenmunk-Peter veranlassen konnte, so unzufrieden mit seinem Schicksal zu sein. Er hat den Vater früh verloren. Barbara Munkin hat ihr einziges Kind verwöhnt und es auf diese Weise nicht daran gehindert, sich Wunschträumen hinzugeben. Diese laufen darauf hinaus, sich aus einzelnen Merkmalen bewunderter Gestalten ein grandioses Idol zu schaffen, das diese alle übertrifft.

»So geht es nicht mehr weiter«, sagte Peter eines Tages schmerzlich betrübt zu sich, denn tags zuvor war Feiertag gewesen und alles Volk in der Schenke, »wenn ich nicht bald auf den grünen Zweig komme, so tu ich mir etwas zuleid; wär' ich doch nur so angesehen und reich wie der dicke Ezechiel oder so kühn und so gewaltig wie der lange Schlurker oder so berühmt und könnte den Musikanten Taler statt Kreuzer zuwerfen wie der Tanzbodenkönig!«

In der Bewunderung des jungen Köhlersohns für diese Gestalten schildert Hauff das narzisstische Dilemma, das sich für den Sohn durch die Abwesenheit des Vaters ergibt. Der Adoleszente sucht sich Gestalten, die für ihn Abenteuer und narzisstische Grandiosität verkörpern: demonstrativen Reichtum, respektlose Redegewandtheit, exhibitionistische Geltung. Er nimmt diese Gestalten nicht empathisch wahr, sondern idealisiert sie, leugnet ihre Defizite und erliegt ihrem Faszinosum.

Nur ein belastbares Selbstgefühl kann die manische Abwehr

realitätstauglich werden lassen. Dieser Prozess setzt voraus, dass das Kind in einem Klima empathischer Versagung seiner narzisstischen Größenansprüche aufwachsen kann. Diese Versagung gelingt erheblich besser, wenn ein Kind mehr als eine Bezugsperson hat, wenn ihm also eine Triangulierung angeboten wird, ein Beziehungsdreieck, in dem ein Elternteil über Versagungen durch den zweiten tröstet (und umgekehrt). Damit wird es dem Kind erleichtert, Versagungen zu verstehen, sie zu verarbeiten, es muss die Kränkungen nicht verleugnen, sondern kann sich im Umgang mit ihnen auch unterstützen lassen. Das bahnt einer empathischen Beziehungsgestaltung den Weg.

Die Triangulierung steht für die zweite Chance, die so unendlich wichtig ist für die Lebensbewältigung, die Entwicklung von Empathie und die Überwindung symbiotischer Festlegungen. Viele Menschen sind zu stolz, sich eine solche zweite Chance zu gewähren; sie trennen sich nach der ersten Kränkung von einem Menschen, den sie geliebt haben, sie kündigen nach dem ersten Streit am Arbeitsplatz, sie brechen eine Karriere nach dem ersten Misslingen einer Aufgabe ab.

Die Urszene der Triangulierung sind die empathischen Dritten, welche dem Kind helfen, über eine Kränkung hinwegzukommen, die ein symbiotisch besetztes Objekt zugefügt hat. Beispiel:

Die dreijährige Laura weint, weil die Mutter so streng auf der Schlafenszeit besteht. Der Vater tröstet seine Tochter, erlaubt ihr aber nicht, wieder aufzustehen, sondern bietet an, eine Geschichte vorzulesen, wenn sie nachher brav einschläft. »Von meinem Papa krieg ich alles«, sagt die Kleine triumphierend, als die Mutter noch einmal hereinschaut. »Schon gut!«, sagt diese lächelnd.

Diese Szene zeigt ein Stück gelingender Triangulierung vor dem Hintergrund der ödipalen Rivalität. An ihr lässt sich ablesen, wie diese Situation entgleisen kann. Wenn die Mutter ein leicht störbares Selbstgefühl hat, wird sie sich auf die Rivalität einlassen, welche die Tochter spielerisch erprobt. Sie wird den »weichen«

Vater entwerten und von ihm verlangen, dass er genauso streng ist wie sie, um die Tochter nicht zu verwöhnen. Wenn der Vater gehorcht, schwinden Lauras Möglichkeiten, spielerisch Empathie in die unterschiedlichen Positionen der Eltern zu üben. Wenn die Eltern darüber streiten, wird Laura durch wachsende Ängste eingeschränkt werden, gar keinen ihr zugewandten Elternteil mehr zu haben.

Wer gelernt hat, eigene Kränkungen nicht zu verleugnen, wird für seine Mitmenschen besser erkennbar und in seinen inneren Prozessen verständlicher. Er kann auch Kränkungen bei anderen wahrnehmen und diese trösten, vor allem aber sie so bestätigen und aufbauen, dass sie Versagungen verarbeiten können. Ob ein Mitarbeiter in einem Team als angenehm oder unangenehm empfunden wird, hängt davon ab, ob er seine Kollegen einfühlend anerkennt und in ihren Rollen bestätigt. Wenn er allerdings über dem Wunsch, zu gefallen und überall lieb Kind zu sein, seine Aufgaben nicht mehr erfüllt, wird seine Beliebtheit schwinden.

Empathie sorgt dafür, dass ein Kind immer so viel bekommt, wie es braucht, um sich geborgen zu fühlen und nicht in seinen kreativen Möglichkeiten eingeschüchtert zu werden. *Versagung* der Abhängigkeitswünsche ist ebenso wichtig: Sie führt dazu, dass das Kind Entwicklungsanreize erfährt und die Zuwendung der Eltern nicht missbraucht. Dem Kind müssen so viel Selbstverantwortung und Austauschfähigkeit abverlangt werden, wie es leisten kann.

Ausreichend mit narzisstischer Bestätigung versorgte Eltern haben einerseits den Raum, sich in Kinder einzufühlen, andererseits aber auch die Stabilität, es zu ertragen, dass ihre Kinder nicht immer glücklich sind und die Eltern nicht immer bestätigen. Mit ihrem Schicksal unzufriedene Eltern hingegen geraten in Gefahr, sich entweder gar nicht um ihre Kinder zu kümmern oder aber sich in ihrem Selbstgefühlshaushalt von diesen abhängig zu machen.

In einer modernen Familie sind die studierenden Kinder oft körperlich und geistig längst den Eltern überlegen, die das Familieneinkommen sichern. Hier muss durch Empathie ausdifferenziert werden, welchen Beitrag diese jungen Erwachsenen leisten, welchen die Eltern. Die Faustregel, dass Versorgung immer gut ist und die Verweigerung von Versorgung immer schlecht, greift hier ebenso wenig wie das Verhaltensmuster der Affenmütter, die Babys zwar zärtlich versorgen, ihre herangewachsenen Kinder aber energisch wegschubsen, als seien es Fremde.

In der therapeutischen Arbeit begegnet man oft den Folgen des Mangels an empathischer Versagung. Sie zeigen sich in entweder übermäßig engen und abhängigen oder aber gänzlich fehlenden Beziehungen zwischen den Generationen.[47]

Ein 40-jähriger Mann sucht Hilfe. Er leidet an Angstzuständen. Sie hängen mit der Beziehung zu seinem Vater zusammen, von dem er finanziell abhängig ist. Dieser Vater ist ohne Abitur ein höchst erfolgreicher internationaler Manager geworden und hat dem Sohn ein mühsam in verschiedenen Internaten erworbenes Abitur, ein vor dem Staatsexamen abgebrochenes Jurastudium und anschließend die Ausbildung an einer Filmhochschule finanziert.

Der Vater verlangt, der Sohn müsse endlich selbständig werden. Der Sohn quält sich mit einem Projekt, für das der Vater schriftliche Geschäftspläne verlangt. Der Sohn berichtet, dass ihn die Arbeit an diesen Plänen für den Vater weit mehr beschäftigt als das Projekt selbst, dessen Aussichten er pessimistisch einschätzt. »Ich baue für ihn eine Kulisse, aber es geht nicht anders, was soll ich machen?« In der Analyse wird deutlich, dass der Sohn während seiner Kindheit kaum Kontakt zum Vater hatte. Dieser begann erst, sich um ihn zu kümmern, als er mit einer millionenschweren Abfindung aus dem Konzern ausschied, den er geleitet hatte.

Der Sohn leidet unter diesem Vorbild und will es gleichzeitig ignorieren. Er will kein ehrgeiziger Spießer werden wie der Vater und sehnt sich doch nach der Liebe dieses Fremden, den er gern beeindrucken, gar übertreffen würde. Er hasst sich selbst dafür, wenn er wieder einmal einer Zufallsbekanntschaft vom Erfolg und Ruhm seines Vaters erzählt – aber er kann auch nicht auf diese geborgte Aufwertung verzichten.

Die 66-jährige Ärztin sucht Hilfe wegen einer Depression. Ihr 38-jähriger Sohn hat ihr gestanden, dass er in den letzten Jahren nicht mehr – wie die Eltern glaubten – sein Studium zum Abschluss gebracht hat, sondern an einem Zeitschriftenprojekt mitarbeitet. Von seinen Honoraren wird er niemals eine eigene Wohnung finanzieren können. Eine Altersversorgung hat er nicht. Die Mutter hatte bisher ohne Nachfragen das Leben ihres Sohnes finanziert, der mehrmals sein Studienfach wechselte. Jetzt deprimiert sie die Vorstellung, dass *sie* im Ruhestand nicht so viel verdienen kann, um ihren Sohn mitzuernähren. Es sei für den Jungen doch unzumutbar, von Sozialhilfe zu leben!

In diesen Fallgeschichten haben die Eltern versucht, einen Mangel an Empathie in die Situation ihrer Kinder durch materielle Verwöhnung auszugleichen. So blieben die Kinder unselbständig und abhängig. Eltern können ihrem Kind nicht alle Schmerzen und Unannehmlichkeiten abnehmen; sie müssen aber unterscheiden, welche Ängste beflügeln und welche lähmen. Empathische Versagung verlangt von den Beteiligten den Mut zur Unvollkommenheit, zum Probieren. Kann das Kind schon alleine zu Hause bleiben, während die Eltern ausgehen? Kann es alleine mit der Straßenbahn fahren? Kann es auf Luxus verzichten?

Immer gibt es die Extreme der Verwöhnung und der Härte. Der Mittelweg zwischen beiden lässt sich in der Konsumgesellschaft nicht normieren. Er verlangt eine Balance zwischen dem, was sich die Kinder in realer oder fiktiver Anlehnung an ihre Altersgenossen wünschen, und dem, was Eltern zulassen können.

Norm und Gehorsam regeln die traditionelle Welt; Empathie und Einsicht ergänzen diese Regulierung in der Moderne. In der Kleinfamilie der Gegenwart scheuen viele Eltern die Mühen der empathischen Versagung und kehren die traditionellen autoritären Verhältnisse um. Auf dieses Szenario bezieht sich Michael Winterhoff in seinem Buch *Warum unsere Kinder Tyrannen werden*.[48]

Die Mutter, welche ihren Kaffee in der Tasse kalt werden lässt, weil sie überzeugt ist, sie müsste sofort zu ihrem Kind eilen, ist der Anfang; der Vater des Zehnjährigen, der die Schule verklagt, weil sie ihn schlecht benotet hat, der Endpunkt einer gesellschaftlichen Entwicklung, in der Kinder die Befehle geben und Erwachsene gehorchen – wieder auf Kosten der Empathie.

Der Geschäftsführer des Supermarkts steigert seinen Umsatz, indem er dort, wo die Kassenschlange wartet, die *Quengelware* ins Regal legt – Schokoriegel, Gummibärchen, Überraschungseier. Diese werden vom Nachwuchs während der Wartezeiten erquengelt. Der Kaufmann findet das einen harmlosen Kunstgriff.

Schnell und bequem ein glückliches Kind oder einen süßen Genuss zu haben verbindet nach dem Prinzip »Jetzt haben – später zahlen« Mutter und Kind. Doch ist die Nachgiebigkeit der Mutter ein Schrittchen im Abbau der kostbaren Fähigkeit, Versagungen zu ertragen. Moderne Eltern kommen nicht mit den Instrumenten aus, die in traditionellen Gesellschaften problemlos funktionieren. Sie müssten einfallsreicher sein, als das traditionellen Eltern jemals abverlangt wurde. Sie müssten sogar mehr und besser führen und steuern können, als das jemals früher von Eltern verlangt wurde.

Unsere durchschnittliche emotionale Belastbarkeit für das Quengeln geliebter Kinder ist in der Welt der Jäger und Sammler verwurzelt, in der es grundsätzlich *nicht viel von wenig* gibt. Heute müssten wir unsere Kinder an einer Welt vorbeilenken, in der es *zu viel von allem* gibt. Das ist jede Mühe wert, aber es sollte auch klar sein, dass es weder einfach ist noch jemals vollständig gelingen kann. Wo es keine verlockenden Konsumwelten gibt, braucht sich die Mutter (und später die Lehrerin) nicht anzustrengen, für ihr Kind interessanter zu sein als das Fernsehprogramm.

Bedeutung und Macht der Eltern schwinden. Angesichts der

Veränderungen in der Gesellschaft müssen sich Kinder stärker an ihren Freunden orientieren; angesichts der technischen Entwicklungen an Geräten, mit denen ihre Eltern oft gar nicht mehr umgehen können. In traditionellen Kulturen haben die Eltern wenig Konkurrenz, was die Einflussnahme auf die Kinder angeht. Heute müssen sie ihre Macht teilen und erinnern sich wehmütig an Respekt und Gehorsam, den ihre eigenen Eltern noch erwartet haben.

Von Kinder-*Tyrannen* zu reden, wie es vor Winterhoff die tschechische Psychologin Irene Prekop getan hat, reproduziert im Grunde die beschriebene Störung. Wie die Kinder haschen auch die Experten nach Aufmerksamkeit. Weder sind Kinder jemals Tyrannen, noch haben Eltern die Macht, sie in solche zu verwandeln oder aber sie aus dieser Rolle zu erlösen.

In Wahrheit sind Eltern wie Kinder Opfer von Entwicklungen, deren Schattenseiten zunächst verleugnet werden. Partnerschaft in der Erziehung heißt, ständig Verträge mit dem Kind auszuhandeln, die für beide Seiten verpflichtend sind. Wer nur nachgibt und verwöhnt, ist kein Partner. In der Rede von den kleinen Tyrannen wird verkannt, dass das Mittel gegen die kindlichen Verhaltensstörungen nicht eine Erneuerung der Elterntyrannei ist, sondern eine genauere Unterscheidung zwischen Gleichgültigkeit *(laisser faire)* und empathischer Versagung.

Verwöhnende Eltern können die kleinen Widrigkeiten und den Alltagsstreit mit Kindern über die Verführungen der Konsumwelt deshalb nicht ertragen, weil sie eine manische Abwehr dadurch aufrechterhalten, dass sie »alles für ihre Kinder tun«. Sie verkennen, dass partnerschaftliche Beziehungen auf Austausch beruhen und Kinder möglichst früh als Partner für das Funktionieren einer Familie gewonnen werden müssen.

Während in der Welt der Jäger und Sammler die Natur Kindern wie Erwachsenen einfühlbare Versagungen auferlegt und in der traditionellen Kultur feste Strukturen dafür sorgen, dass sich Eltern und Kinder orientieren können, müssen in der Konsumgesellschaft die notwendigen Versagungen inszeniert werden – kein unbegrenztes Fernsehen, Computerspielen, Süßigkeitenmampfen. Es ist für die Eltern sehr viel schwieriger geworden, die Linie der empathischen Versagungen zu finden und zu halten. Immer wieder werden sie das Empfinden haben, gleichzeitig zu lax und zu streng zu sein.

Empathie als Entschleunigung

Verwöhnende Eltern stehen für ein globales Problem. Die Suche nach kurzfristigem Gewinn gefährdet in der modernen Wirtschaft die ökologische Stabilität, vom Klima bis zur Artenvielfalt. Der entfesselte Kapitalismus gehorcht dem Prinzip, dass nicht – wie es dem Evolutionsprinzip entsprechen würde – die Besseren die Guten[49] verdrängen, sondern die Schnellen die Langsamen.

In jedem beschleunigten System schwindet die Zeit für Vielfalt und Genauigkeit. Sie wären aber dringend nötig, um konstruktive Entwicklungen von destruktiven zu unterscheiden. Neuerungen richten oft mehr Schaden an, als sie nützen. Ihre mitgebrachten Übel werden im Eifer der Veränderung nicht erkannt oder in einer blinden Temposteigerung verleugnet.

Empathie kostet Zeit. Sie ist kein Luxus, auch wenn sie Raum braucht, um sich zu entfalten. Ohne die Bereitschaft, Unterschiede anzuerkennen, ist sie weder nötig noch möglich. Daher betrat sie die Bühne der Kulturgeschichte zusammen mit der *Individualisierung*, jenem in der Renaissance beginnenden, sich in der Moderne beschleunigenden Prozess, in dem Einzelne ihres Glückes Schmied werden. Im Meer dieser Einzelnen kann nur navigieren, wer sich einzufühlen vermag.

Wie wichtig eine gesteigerte Fähigkeit zur Empathie in der beginnenden Neuzeit wurde, zeigt die erstaunliche Karriere von Cosimo de' Medici, genannt il Vecchio (der Alte), der den Ruhm und Erfolg dieser Familie in Florenz begründete. Er wurde ein steinreicher Bankier und ein mächtiger Mann weit über seine Heimatstadt hinaus, weil er – so die Aussage seiner Biographen – sich nie in einem Menschen irrte.

In dem weit gespannten Handelsnetz des keimenden Kapitalismus wurden viele Staatsgrenzen überschritten, aber gab es kaum Möglichkeiten, einen Betrüger über eine solche Grenze hinaus zu verfolgen. Die großen Handelshäuser mussten ständig unternehmungslustige Kaufleute mit Prokura ausrüsten, ohne mehr Sicherheit zu haben als die Hoffnung auf einen verlässlichen Partner.

Cosimo il Vecchio lebte persönlich bescheiden, mied öffentliche Ämter und auffälligen Prunk. So ersparte er es sich, Neid und Hass anderer mächtiger Familien auf sich zu ziehen. Überall kamen seine Gefolgsleute in hohe Ämter, so dass nichts in Florenz geschah, was er nicht wollte. Der Niedergang der Medici begann, als seine Enkel diese Diskretion nicht mehr pflegten.

Empathie erfordert den von Freud »Trauerarbeit« genannten Prozess, in dem wir Abstand zu einer Allmachtsphantasie gewinnen. Diese hängt damit zusammen, dass im Erleben des kleinen Kindes eigenes Ich und mütterlich zugewandtes Objekt zu einer Einheit verschmolzen sind. Dieses symbiotische Gebilde von Größe und Macht fundiert die manische Abwehr und verhilft uns zu der Zuversicht, dass unser Leben irgendwie weitergehen wird und wir die Ziele auch erreichen, die wir uns vorstellen. Sie hat aber auch eine gefährliche Seite, wenn sie uns dazu verlockt, menschliche Grenzen oder soziale Normen zu ignorieren.

Einen totalen Zusammenbruch dieser Größenphantasie erleben wir als Versteinerung, als Verlust der Zuversicht, des Optimismus, der Lebensfreude – als Depression. Umgekehrt aber ist das schrittweise Zurücknehmen der manischen Abwehr durch die Trauerarbeit für die Stabilität des Selbstgefühls unabdingbar. Wir müssen lernen, damit zu leben, dass im Leben niemals alles glattgeht, niemals alle Erwartungen erfüllt werden, niemals Leistung für absolute Sicherheit sorgen kann.

Der Zustand der Kaltherzigkeit als Gegenpol der Empathie ist charakteristisch für eine Gesellschaft, die in vielen Bereichen Einfühlung systematisch verweigert und auf diese Weise die Restgebiete überlastet, in denen Empathie möglich ist. Den inneren Zustand der manischen Abwehr spiegeln in der Gesellschaft hierarchische Institutionen wie die Kirche, das Militär oder der Konzern, in denen idealisierter Gehorsam Einfühlung scheinbar entbehrlich macht.

Der Offizier, der seine Soldaten in einen lebensgefährlichen Einsatz kommandiert, darf sich so wenig in diese einfühlen wie der Unfallchirurg, der einen Patienten vor dem Verbluten rettet, Rücksicht auf dessen Schmerzen nimmt. Der Manager, der die Kosten drücken und Mitarbeiter entlassen soll, wird sich so wenig in diese einfühlen wie der Bauträger, der Wohnungen saniert und deren bisherige Mieter als Altlast sieht, die möglichst schnell und billig entsorgt werden muss. In der Kirche, beim Militär, aber auch in modernen Großbetrieben und internationalen Konzernen werden Menschen bewegt wie Bauern auf einem Schachbrett. Es geht nicht darum, sich in ihre Bedürfnisse und Gefühlslagen hineinzudenken.

Manches an diesen Entwicklungen ist unaufhaltsam. Im vorigen Kapitel habe ich beschrieben, wie mit dem Verlust des altsteinzeitlichen Wirtschaftens von der Hand in den Mund soziale Zwänge zu einer kulturellen Evolution entstanden. Deren Strukturen nehmen auf individuelle Befindlichkeiten weniger Rücksicht: Ein funktionierender, wenngleich in innerem Elend lebender Soldat oder Priester ist den entsprechenden Hierarchien allemal wünschenswerter als sein durch Empathie behindert-bereichertes Gegenstück.

Spaltung und Empathieverbot

Die emotionale Autonomie, welche eine empathische Beziehung zu einem anderen ermöglicht, beruht auf der *Überwindung der Spaltung*. Für kleine Kinder ist die Spaltung normal; Erwachsene können diesen primitiven Mechanismus jederzeit wieder aktivieren, wenn sie von Angst oder Gier so überwältigt werden, dass sie über die differenziertere Möglichkeit der Empathie nicht mehr verfügen.

Die Funktion der Spaltung können wir uns an dem Beispiel des steinzeitlichen Jägers verdeutlichen, der einem Raubtier begegnet. Parallel zu blitzschnell einsetzender Angst spaltet sich für ihn die Wirklichkeit in eine gute Zuflucht und in eine böse Gefahr; die erste muss er möglichst schnell finden, die zweite mit allen Mitteln vermeiden. Für Empathie ist in dieser Notlage kein Platz.

Mit dem Amtmann stand er jetzt in enger Freundschaft, und wenn einer Herrn Peter Munk nicht auf den Tag bezahlte, so ritt der Amtmann mit seinen Schergen hinaus, schätzte Haus und Hof, verkaufte flugs und trieb Vater, Mutter und Kind in den Wald. Anfangs machte dies dem reichen Peter einige Unlust; denn die armen Ausgepfändeten belagerten dann haufenweise seine Türe, die Männer flehten um Nachsicht, die Weiber suchten das steinerne Herz zu erweichen, und die Kinder winselten um ein Stücklein Brot; aber als er sich ein paar tüchtige Fleischerhunde angeschafft hatte, hörte diese Katzenmusik, wie er es nannte, bald auf; er pfiff und hetzte, und die Bettelleute flogen schreiend auseinander.

Dieser Passus zeigt, wie Geldgier zu einer Regression auf diese primitive Spaltung führen kann: Alles, was das eigene Vermögen mehrt, ist gut; alles, was es mindert, schlecht. Für Empathie gibt es keinerlei Raum. Das Geld ist quasi eine kalte Mutter geworden; sie ist immer da, sie beschützt, aber Peter Munk muss sich ihrer auch ständig vergewissern und verfolgt jede Einbuße an seinem Vermögen mit narzisstischer Wut.

Die Spaltung wird durch die empathische Versagung in der Kindheit überwunden. Wem dies gelingt, der wird Differenzierungen zulassen und die Welt nicht in zwei Hälften teilen – eine gute und eine böse, eine helle und eine dunkle. Er wird nach einer Trennung die guten Zeiten in Erinnerung behalten und nach einer Kränkung nicht alle Brücken abbrechen.

Wie wirkt die empathische Versagung gegen die Spaltung? Die Versagung unangemessener Wünsche konfrontiert das Kind mit der Wirklichkeit und fordert von ihm, Ängste zu ertragen, Bedürfnisaufschub zu akzeptieren, Mühe als Bedingung für Belohnungen zu akzeptieren. Sie fördert die Aktivität und stellt sich der Verwöhnung in den Weg, die das Kind in einen Kokon einspinnt, in dem die Eltern alle kindlichen Wünsche erfüllen, das Kind aber nicht darauf vorbereiten, sich von ihnen zu lösen und seinen Weg als Erwachsener selbst zu finden.

Aber diese Versagung muss empathisch gelenkt sein, damit das Kind nicht verzagt und sich nicht als Versager fühlt. Es wird nicht mehr von ihm verlangt, als es leisten kann, es wird ermutigt, wo es unsicher ist, unterstützt, wo es alleine nicht klarkommt, liebevoll an Fähigkeiten erinnert, die in ihm schlummern.

Einige Szenen, um die Spaltung zu beleuchten:

Ein dreijähriges Mädchen schreit laut »Mama, Mama!«, während es von ebendieser Mutter geschlagen wird. Das Kind schreit nach der guten Mutter, die es von der bösen gegenwärtigen Mutter abgespalten hat und jetzt zu Hilfe rufen möchte.

Eine magersüchtige Patientin erreicht nach einem 14-tägigen Aufenthalt in einer Klinik, dass sich die Therapeuten im Team heftig streiten. Einige von ihnen wollen diese Patientin als hoffnungslos renitent entlassen. Sie hält sich an keine Regeln, unter diesen Bedingungen kann die Psychotherapie nicht funktionieren! Andere nehmen die Kranke in Schutz und lassen durchblicken, dass sie die betreffenden Kollegen für inkompetent und voreingenommen halten.

Das magersüchtige Mädchen hat die durch Bewunderung (»Sie sind der Einzige, der mich versteht!«) verführbaren Therapeuten überzeugt, es vor dem Zorn der entwerteten Kollegen zu schützen. Die »guten« Therapeuten fangen an, Regelverletzungen zuzulassen, aus denen die über ihre Entwertung empörten »schlechten« Therapeuten Entlassungsgründe wegen mangelnder Kooperation schmieden.

Tanja B., eine 49-jährige Architektin, besucht mit ihrer 80-jährigen Mutter ein Straßenfest in dem Villenvorort der Großstadt, in der diese lebt. Tanja hat eine ältere Schwester, die nach einer Reihe gescheiterter Versuche, in einen Beruf zu finden, von der Mutter finanziert wird. Die Schwester wird wegen einer Depression mit Psychopharmaka behandelt, ist sehr übergewichtig und hatte noch nie eine sexuelle Beziehung.

Tanja lebt mit einem Maler zusammen, der bisher kaum eines seiner Bilder verkauft hat und als Hausverwalter jobbt; sie hat ihn kennengelernt, weil er einige Eigentumswohnungen ihrer Mutter verwaltet und diese ihr Prokura auf das beträchtliche Vermögen der Familie gegeben hat. Tanja kann sich weder für noch gegen diesen Mann entscheiden; sie hängt an ihm und entwertet ihn doch auch immer wieder, weil er beruflich so wenig erreicht hat und sie sich von ihm finanziell ausgenutzt fühlt. Es gibt seit Jahren keine sexuellen Kontakte mehr – »alle Freunde sagen, ihr seid doch ein schönes Paar, aber das ist alles Fassade«, sagt Tanja, die wegen Panikzuständen therapeutische Hilfe gesucht hat.

Auf dem Straßenfest hat Tanja sich gut unterhalten. Sie traf einen alten Mann, der ihren Großvater noch gekannt hat und sie auf die Familienähnlichkeit anspricht: Auch der Großvater sei ein halber Zigeuner gewesen, mit dichten schwarzen Haaren, groß und stattlich.

Tanja hat diesen Großvater gemocht. Es freut sie, dass sie jemanden an ihn erinnert. Am folgenden Tag ruft ihre Mutter an. »Ich habe mir lange überlegt, ob ich es dir sagen soll«, beginnt sie. Tanja wappnet sich, denn das kündet nichts Gutes an. »Aber ich muss es dir sagen, ich bin schließlich deine Mutter und habe Verantwortung für dich. Ich wollte dir sagen, dass du wirklich zu dick geworden bist. Eine Frau darf erst nach der Menopause dick werden, vorher muss sie auf ihre Figur achten. Deine Hüften, deine Schenkel, das geht nicht. Du siehst aus wie dein Großvater, das kann einem Mann stehen, aber dir steht es nicht.«

»Mama, ich *bin* in der Menopause. Und ich habe in den letzten Monaten nicht mehr laufen können wegen meiner Knieoperation. Meinst du, ich merke das nicht selber?«

»Ich wollte es dir ja nur sagen, ich mache mir Sorgen über dein Aussehen, es ist wichtig, du musst da etwas tun!«

»Es ist immer so mit ihr«, wütet Tanja gegenüber ihrem Therapeuten. »Sie gönnt mir nichts, sie macht mir alles kaputt, es ist der reine Neid, weil ich bei dem Fest gut angekommen bin. Ich verstehe auch nicht, warum mich dieses Gift immer noch so berührt, ich müsste längst immun dagegen geworden sein, ich kann auch nicht sagen, sie soll zum Teufel gehen, ich bin wie gelähmt, ich lasse mir alles gefallen.«

Tanjas Ängste ebenso wie die Unsicherheit über ihre Liebesbeziehungen zeigen, wie wenig emotionale Autonomie sich im Kontakt mit einer derart in ihren Empathiemöglichkeiten eingeschränkten Mutter entfalten kann, die ihre Tochter nicht als von ihr abgegrenzten, verletzlichen Menschen erlebt, sondern als Teil ihrer selbst, der genau so beschaffen sein muss, wie sie sich das vorstellt.

Es gibt viele Wege, auf denen ein warmes Herz gegen ein kaltes getauscht wird. Regelrechte Empathieverbote werden manchmal angesichts aufwühlender Verbrechen ausgesprochen. Was die Fiktion einer unüberbrückbaren Distanz zu den Tätern den Opfern oder ihren Angehörigen nutzen soll, ist nicht auszumachen. Aber sie schont den Narzissmus der Sprecher einer Öffentlichkeit, die jede Nähe zu solchen inneren Gefahren leugnen möchte.

»Wir wissen noch nicht alles über das Wie und Warum dieser Tragödie. Vielleicht werden wir es niemals wirklich verstehen. Was wir aber wissen: Wir müssen uns mehr unseren Kindern widmen und sie lehren, ihre Wut mit Worten, nicht mit Waffen auszudrücken, ihre Konflikte mit Worten, nicht mit Waffen zu lösen.«

So Präsident Clinton nach dem Massaker an der Columbine High School in Littleton bei Denver.[50] Die Distanz zu diesen Jugendlichen ersetzt Empathie durch Ahnungslosigkeit und sucht Zuflucht bei einer künstlichen Naivität. Clinton macht die militante Tat zu einer Kinderei, für die es keine Vorbilder in der Welt der Erwachsenen gibt – folglich wird sie verschwinden, wenn wir erst anfangen, unsere Kinder im Geist des Pazifismus zu erziehen. Keine leichte Aufgabe angesichts der medialen Militarisierung der amerikanischen Gesellschaft.

Ich finde diese Unverständlichkeitsbeteuerungen verlogen. Sie zeigen, wie die Betreffenden innerlich das Weite suchen. Dabei gibt es viele Vorbilder für Empathie in solche Extreme, etwa bei Thomas Mann, der das nachdenkliche Wort vom »Bruder Hitler« geprägt hat, oder bei Heinrich Heine, der die Wut jedes Gekränkten in schönster Ironie formuliert hat: »Ich habe die friedlichste Gesinnung. Meine Wünsche sind: eine bescheidene Hütte, ein Strohdach, aber ein gutes Bett, gutes Essen, Milch und Butter, sehr frisch, vor dem Fenster Blumen, vor der Tür einige schöne Bäume, und wenn der liebe Gott mich ganz glücklich machen will, läßt er mich die Freude erleben, daß an diesen Bäumen etwa sechs bis sieben meiner Feinde aufgehängt werden. Mit gerührtem Herzen werde ich ihnen vor ihrem Tode alle Unbill verzeihen, die sie mir im Leben zugefügt – ja man muß seinen Feinden verzeihen, aber nicht früher, als bis sie gehenkt werden.« (H. Heine, *Gedanken und Einfälle*)

Neulich sprach ich mit einer Kollegin, einer 55-jährigen Analytikerin. Sie hatte auf einer Versammlung von Standespolitikern protestiert, woraufhin die Honoratioren sie ausgelacht hatten: »Es ist gut, dass ich keine Maschinenpistole dabeihatte, ich hätte sie der Reihe nach umgelegt!«

Ganz kleine Kinder schlagen in einer grenzenlosen Kränkungswut um sich. Sie wüten gegen die Mutter. »Ich will dich nie wieder sehen, geh weg!« Aber sie wären sehr unglücklich, wenn die Mutter ihren Koffer packen würde. Einfühlende Mütter ahnen, dass Trotz vergeht, und überschätzen die Hassbeteuerung so wenig wie die Liebesbeteuerung.

Schrittweise lernen fast alle Menschen, ihre narzisstische Wut zu zügeln. Sie wissen um ihre Gefahren und fürchten sich vor Strafen. Vor allem aber können sie sich in die Opfer und in ihre Schmerzen einfühlen und erwerben das schlichte Prinzip, dass man niemandem antun sollte, was man selbst nicht erleiden mag. Auf dem Weg von ihrer Rachephantasie zur Tat wäre meine Kollegin sicher ihrer Empathie wieder begegnet und hätte den Plan aufgegeben.

Wer diesen Weg zu Ende geht, ist entweder sehr verzweifelt und tief gestört (wie die isolierten Amoktäter), oder aber er gehört zu einer Gruppe, welche die Verweigerung von Empathie in den Feind als richtig und gerecht idealisiert.

Empathieverlust und technischer Fortschritt verbinden sich zu gefährlichen Schimären. Wer in grenzenloser Wut jeden Gedanken an das mögliche Leid seiner Opfer verliert, aber nur seine Fäuste hat, richtet Schaden an, wird jedoch nie in den Machtrausch verfallen, den eine Waffe erzeugt. Keulen oder Messer sind gefährlicher, aber sie lassen dem Opfer seine Menschlichkeit. Der Täter muss ihm nahe kommen, muss es hören und riechen. Die moderne Schusswaffe macht das Opfer zum Ziel; es ist nicht mehr als ein

Fleck auf einer Scheibe, ein Schattenriss am Schießstand, ein virtueller Gegner im Ego-Shooter-Spiel.

In jedem durchschnittlichen Actionfilm ist zu sehen, wie die Söldner des Feindes zu Dutzenden purzeln, ohne dass der Streifen auch nur eine Sekunde darauf verwendet, wie hier menschliches Leben beschädigt wird. Der Held ist gut, seine Opfer haben nichts anderes verdient. Sie zählen nicht. Sie stehen im Weg.

In Littleton handelten die Täter aus narzisstischem Neid. Sie hatten es auf die guten Sportler der Schule abgesehen, vielleicht auf alle, von denen sie dachten, sie hätten mehr Aufmerksamkeit und Anerkennung als sie selbst erhalten. Solche Neidgefühle sind sehr verbreitet, und sie werden durch die Tatsache weiter stimuliert, dass sich in der Konsumgesellschaft fast alle Menschen mehr Aufmerksamkeit wünschen, als sie haben können.

Die meisten Waffenbesitzer tun keinem Menschen etwas mit ihrer häuslichen Sammlung von Mordwerkzeugen an. Aber wer daraus ableitet, wir wüssten gar nicht, ob Schusswaffen und Medienaggression destruktive Folgen haben, macht es sich ähnlich bequem wie der Chemiker, der behauptet, ein Stoff sei total harmlos, weil er einem gesunden Menschen nicht schadet. Wir müssen uns an das Sprichwort vom Strohhalm erinnern, der den Rücken des Kamels bricht.

Im Umweltschutz ist es selbstverständlich geworden, von einer toxischen Gesamtsituation zu sprechen. Auch hier ist das ein unbequemes Wissen, weil es vielen einen Verzicht abverlangt, den nur wenige brauchen. Nehmen wir an, einige wenige Kranke unter uns würden durch einen Stoff in der Atemluft geschädigt, den mächtige Industrieunternehmen produzieren. Gesunde vertragen die freigesetzte Dosis problemlos. Wie entscheiden wir? Opfern wir die Kranken der Bequemlichkeit der Gesunden? Oder schätzen wir sie als Zeichengeber, die verraten, was gegenwärtig Gesunde noch nicht verletzt, aber es auf lange Sicht vielleicht doch tun wird?

Die Außenseiter unter den Jugendlichen, die nicht wissen, wie sie ihr Gewaltpotenzial unter Kontrolle bringen, sind Seismographen, deren Erschütterung uns anzeigt, wie sehr wir alle in Gefahr sind, an Zivilisiertheit einzubüßen.

Empathieverbote spalten komplexe Zusammenhänge und leugnen gute Absichten. Ein Beispiel ist die Schwangerschaftsunterbrechung. Wer sie befürwortet, will die Gesundheit von Frauen schützen, die sonst unter erniedrigenden Umständen abtreiben, und die Geburt unerwünschter Kinder vermeiden. Wer sie bekämpft, will das Leben ungeborener Kinder schützen und Frauen vor den seelischen Verletzungen einer Abtreibung bewahren.

Beide Seiten wollen etwas Gutes. Aber weil es um höchste moralische Werte geht, gelingt es nicht, Gutes bei denen zu erkennen, die ihre Werte anders anordnen. Dann werden aus Abtreibungsgegnern Blutrichter, die nichts dagegen haben, wenn verzweifelte Frauen bei einem Abtreibungsversuch verbluten, aus Abtreibungsbefürwortern KZ-Schergen, die Massenmord planen.

In solchen unüberbrückbaren Gegensätzen verdeutlicht sich der Zusammenhang von Trauma und Empathieverbot. Ein in vielen Feuilletons diskutiertes Beispiel ist die Auseinandersetzung zwischen Marcel Reich-Ranicki und Martin Walser: Der deutsche Schriftsteller sah sich zu Unrecht als Antisemit verdächtigt, der jüdische Kritiker in seinem Streben entwertet, den Opfern der deutschen »Endlösung« Gerechtigkeit widerfahren zu lassen. Weder Intelligenz noch in entspannten Situationen bewiesene Einfühlungsgabe bewahrten die Gegner vor auffälligen Empathieverlusten.

Dieses Versagen der Empathie angesichts posttraumatischer Zustände verdeutlicht die politische Dimension der Einfühlung. Es wird unmöglich, sich mit einem Feind zu versöhnen, wenn wir nicht von der manischen Abwehr lassen können, das ganze Recht gehöre dem eigenen Ich. So bleibt dem Gegner buchstäblich nichts übrig – worauf er nun beginnt, ebenfalls das ganze Recht für sich zu beanspruchen.

Traumatisch bedingte Ängste können über Generationen hin die Empathie blockieren: Es wird einem Juden, dessen Großeltern in Auschwitz ermordet wurden, sehr schwerfallen, sich in den Wunsch eines Enkels oder Urenkels der Täter einzufühlen, die Vernichtungslager zu behandeln wie eine historische Tatsache unter anderen. Empathie ist offen für alle menschlichen Gefühle, auch für den Wunsch, nicht mit unangenehmen Dingen belästigt zu werden. Jedes Heldengedenken hingegen erfordert Perfektion und kann regressive Bequemlichkeit nicht zulassen.

Spaltung und Sucht

So setzten sie sich wieder in die Stube zum Wein, tranken und tranken wieder, bis Peter in einen tiefen Schlaf verfiel.

Das steinerne Herz vereinfacht das Leben. Es gibt nur noch eines zu bedenken: den persönlichen Nutzen. Was diesem dient, ist gut, was ihn verkleinert, schlecht. Empathie hat es schwer, ihre Sicht zu behaupten, wenn es schnell und einfach zugehen soll. Sie kostet Zeit und wirkt umständlich. Das warme, unruhige Herz verwirrt und bereichert uns, weil es uns einen Platz in einer Gruppe verschaffen möchte, die zerfallen wird, wenn jeder nur auf seinen Vorteil sieht, ohne auf das Ganze zu achten.

Das Größenselbst kennt nur Symbiose oder Feindschaft: Entweder sind andere so, wie ich es von ihnen erwarte, oder es gebührt ihnen nichts Gutes. Denn sie sind entweder zu töricht, meinen Richtlinien zu folgen, oder so neidisch und boshaft, sie wider besseres Wissen abzulehnen. Alles Gute und Wahre habe ich; wer nicht mein Anhänger wird, soll in den Abgrund geworfen werden.

Das ist die Geste der meisten Stifter und Propheten missionarisch vorgehender Religionen: Wer ihnen nicht folgt, ist entweder törichter Heide oder betet zu Satan. In der Entwicklung dieser missionarischen Haltung liegt ein Rückschritt der Empathie: Die Griechen und Römer der Antike, aber auch die Buddhisten haben eher versucht, sich in die Gottesvorstellungen anderer Völker einzufühlen.

Sie haben es vermieden, deren heilige Gestalten zu verteufeln, sich eher bemüht, diese als mythische Wiedergeburten eigener Numina zu erkennen und zu verehren. Es gab in Rom einen besonderen Ritus (Elicio) und Aspekt des höchsten Gottes (Jupiter Elicius), der sich auf die Aufgabe richtete, anderen Göttern nützliche Kräfte und Geheimnisse zu entlocken.[51] Während die Stiftung einer missionarischen Religion die Welt in Anhänger (die Empathie verdienen) und wertlose Heiden spaltet, die erst durch ihre Bekehrung zu Menschen werden, gründet der Kapitalismus einen Kult, der individuell und universell zugleich ist. An die Bedeutung des Geldes glauben alle in unterschiedlicher Intensität; (fast) alle haben Geld. Gleichzeitig vereinzelt und unterscheidet das Geld radikal. Es verbindet den Menschen mit einer Ziffer.

»Hunderttausend«, rief der arme Köhler freudig. »Nun, so poche doch nicht so ungestüm in meiner Brust! Wir werden bald fertig sein miteinander. Gut, Michel; gebt mir den Stein und das Geld, und die Unruh könnet Ihr aus dem Gehäuse nehmen!«

Die Szene, in der alle anderen Bedürfnisse und Wünsche aus der Brust genommen werden mit Ausnahme der Sucht nach dem einen, zählbaren Ding, symbolisiert auch einen der wichtigsten Gegenspieler der Empathie: die Sucht. Die Abhängigkeit von einem »Ding« – einer Droge – pflanzt die Spaltung in den Chemismus der körperlichen und seelischen Funktionen. Mit dem »Stoff« ist der Süchtige »cool« und dünkt sich allen überlegen. Ohne ihn überfallen ihn die Dämonen des Entzugs.

Eine forschende Sehnsucht des Jugendlichen richtet sich auf das eigene Innere. Heftige Unsicherheiten sind die Folge. In Film und Fernsehen sind Gefühle immer deutlich und stark. Was ich aber in mir finde, ist unsicher, verschwommen, gemischt, von Zweifeln durchsetzt. Ist das Liebe? Begehre ich dieses Mädchen, oder bilde ich mir das nur ein?

In dieser Situation gewinnen Drogen eine unheimliche Faszination. Sie versprechen, das Innenleben zu verändern und eine brüchige, unsichere Autonomie nicht nur zu festigen, sondern kontrollierbar zu machen. Einst konnte der Dichter[52] sagen, dass Jugend Trunkenheit ohne Wein sei. Heute gehen Jugendliche zum Koma-Trinken. Sie fühlen sich nicht jung, sondern bedeutungslos: Alles, was ich sein könnte, gibt es schon perfekter.

Die in den schriftlosen Kulturen bekannten Rauschdrogen verschaffen den Konsumenten zwar ungewöhnliche Erlebnisse, aber sie machen diese nicht süchtig in einem modernen Sinn. Das liegt an dem Zwang, weiterhin durch Sammeln und Jagen den Lebensunterhalt zu sichern. Erst durch die Möglichkeiten des Kapitalismus, sie in perfekter Form zu kaufen, werden Drogen zum sozialen Gift.

Wer Weinstöcke pflanzt oder seine Zwetschgen vergärt, selbst wer Hanf für den Eigenbedarf sät, bleibt von den destruktiven Regressionen des typischen Süchtigen der Großstadt bewahrt, der stiehlt, raubt, sich prostituiert, um Geld für Stoff zu beschaffen. *Dieser* Süchtige wird zu einem Modell für imperialistische Wirtschaftspolitik. Wenn ein amerikanischer Senator laut darüber nachdenkt, die Ölquellen anderer Nationen von den US-Marines besetzen zu lassen, schwindet der Unterschied zu dem Junkie, der auf der Straße mit vorgehaltener Waffe *seinen* Stoff beschafft.

Betäubungsmittel gefährden das Selbstgefühl, weil sie dem Bedürfnis der traumatisierten Psyche nach Perfektion entgegenkommen. Wir alle kennen das Gefühl, eine Kränkung gerade noch auszuhalten.[53] Diese Qual hängt mit Ängsten zusammen, die sich wiederum auf die menschliche Urangst[54] beziehen, verlassen und aus einer Gruppe ausgeschlossen zu werden. Wer diese Angst betäuben kann, gewinnt für den Moment des Rausches sein Größenselbst zurück und festigt seine manische Abwehr. Aber er wird parallel dazu auch immer schwächer in seiner Fähigkeit, Kränkungen ohne die Stütze der Droge zu ertragen.

Viele Alkoholiker glauben, dass sie nicht süchtig sind, weil sie jeden Tag zur Arbeit gehen und ihre Abhängigkeit verbergen können. Wer aber genauer beobachtet, erkennt die Zerstörung in den Beziehungen und die Unfähigkeit, sich angesichts unerwarteter Probleme umzustellen. An diesen Einbußen erkennen wir, wie lebenswichtig die Angstreaktion ist: Indem sie uns quält, spornt sie uns auch an, Gefahren vorzubeugen. Die pseudosouveräne Ignoranz des Alkoholikers hat dem Unerwarteten nichts mehr entgegenzusetzen außer der Verleugnung. »Passt schon, kein Problem, regeln wir«, sagt er auch noch, wenn nichts passt und nichts mehr geregelt werden kann.

Wenn Menschen unzuverlässig werden, Verabredungen nicht einhalten, höchst erstaunt reagieren, wenn sich jemand durch dieses Verhalten gekränkt fühlt, liegt die Frage nahe, ob da nicht ein Suchtmechanismus am Werk ist. Er hat die Fähigkeit verzehrt, sich in die Kränkung des Gegenübers einzufühlen, das sich auf einen Kontakt eingestellt hat und nun ins Leere läuft.

Der Süchtige hat ein Mittel, das ihm diese Leere, diese Enttäuschung einerseits nimmt – denn er kann sich betäuben –, aber er wird andererseits auch immer unfähiger, mit dieser Leere umzugehen. Während sich andere nach einer Enttäuschung aus einer ganzen Palette von Ablenkungen etwas Passendes aussuchen können, fühlt sich der Süchtige magisch von seinem Stoff angezogen. Mit ihm ist er ein Löwe, ohne ihn ein Wurm.

Die Spielsucht

Friedrich Schiller, ein wenig älter als Hauff, hat schon vor diesem die Gefahren eines Lebensvollzugs gesehen, der sich in Gelderwerb und Leistung erschöpft. In seinem Text *Über die ästhetische Erzie-*

hung des Menschen (1795) argumentiert er mit dem ihm so eigenen Nachdruck dafür, gegen die Spezialisierung und Mechanisierung in den überall entstehenden Manufakturen und Industrien eine menschliche Leistung zu setzen, die allein in der Lage sei, die Ganzheitlichkeit aller menschlichen Fähigkeiten zu fördern: das Spiel. Hier prägte Schiller auch die Sentenz, der Mensch »ist nur da ganz Mensch, wo er spielt«.

Hauff beschreibt nun, wie das Spiel vom Geld erobert wird. Der Kohlenmunk-Peter wirft im Wirtshaus spielsüchtig mit Geld um sich, um den Ärger darüber zu betäuben, dass er mit seinem ersten Unternehmen, der Glashütte, zu scheitern droht. Und weil er den Zauber überreizt und den dicken Ezechiel komplett ausnimmt, hat er mit einem Schlag überhaupt kein Geld mehr und ist durch diese Niederlage darauf vorbereitet, sein Herz dem Holländer-Michel zu verkaufen.

So wird das Spiel um Geld zur Sucht, und die Sucht nach diesem Spiel führt in den seelischen Untergang – ganz ähnlich wie in Dostojewskis 1866 erschienenem Roman *Der Spieler*, in dem die ganze Tragödie dieser Sucht in klinisch wirkender Akribie geschildert ist.

Spiel kann nur dann zur Sucht werden, wenn um Geld gespielt wird. Das Geld raubt dem Spiel seine Unschuld und macht es zum Ernst, zur Gefahr für Leib und Leben. Am Anfang steht die Hoffnung, ein Glückskind zu sein, besonders geschickt. Der Geldgewinn ohne entsprechende Gegenleistung wird zum Symbol für einen narzisstischen Sieg. Das Selbstgefühl des Spielers im Rausch seiner Glückssträhne erhebt sich weit über alle, die Tag für Tag arbeiten, um ihr Leben zu fristen. Der Spielsüchtige prahlt mit seinen Gewinnen und verleugnet seine Verluste; er glaubt, er werde alles, was er verliert, wieder zurückholen, und wird immer bedenkenloser in seiner Bereitschaft, mit geliehenem Geld zu zocken.

Allmählich verändert sich seine Persönlichkeit, er wird reizbar, schläft schlecht, denkt Tag und Nacht ans Spielen und wie er sich

Geld dafür beschaffen kann – notfalls auch illegal. Er kann sich nicht mehr einfühlen und verliert die Beziehungen zu Angehörigen und Freunden, die nur noch als Geldquellen gesehen werden und die Versprechungen nicht mehr glauben, bald werde alles doppelt zurückgezahlt. Am Ende stehen Hoffnungslosigkeit, panische Ängste und Selbstmordgedanken.

Das Spielcasino ist in gewisser Weise das Herz des Kapitalismus, seine reinste Form. Es zeigt, dass Geld Gefahren in die Welt gebracht hat, welche die Fähigkeiten vieler Menschen überfordern. Sie können sich selbst nicht hinreichend disziplinieren. In vielen Staaten wird daher das Glücksspiel kontrolliert oder gänzlich verboten.

Lange Zeit stand neben dem Spielcasino die Sparkasse. Am Roulette konnte, wer Geld hatte, seinen Besitz im Nu verdoppeln oder ganz verlieren; in der Sparkasse konnte er sein Vermögen zu geringem, sicherem Zins anlegen. Niemals wäre ein Berater in der Sparkasse auf den Gedanken gekommen, einem Kunden zu raten, lieber nach drüben zu gehen.

Heute hat sich das geändert. Der Berater in der Sparkasse lässt dem Kunden die Wahl zwischen einer langweiligen Anlage, die kaum etwas bringt außer Sicherheit, und dem interessanten Papier, das guten Ertrag verspricht, aber in Wahrheit für einen Sumpf von Spekulanten steht, aus dem größere und kleinere Blasen aufsteigen, wachsen, platzen. Wer Glück hat, gewinnt, wer Pech hat, verliert. Wie der Kohlenmunk-Peter schauen alle neidisch hinüber zu dem Tisch, an dem der dicke Ezechiel an einem Abend mehr als das Jahreseinkommen eines ehrlichen Kohlenbrenners verspielt. Und sie wollen so sein wie dieser.

Das Geldvolumen, in dem gezockt wird, ist heute weit größer als das, in dem sich reale Wirtschaftsleistungen abspielen. Ein Staat, der mehr Geld ausgibt, als er hat, und die aberwitzige Hoffnung nährt, künftige Generationen könnten die Schulden zurückzahlen, unterscheidet sich im Prinzip nicht von dem Spielsüchtigen, der seine Gläubiger mit genau den Illusionen zu nähren versucht, die ihn an den Rand des Ruins gelockt haben.

Suizidale Krisen

Bei Erwachsenen unter 35 Jahren ist in Deutschland wie in vielen anderen Ländern mit genauen Statistiken Suizid die häufigste Todesursache. Neben den Motiven, die der Empathie zugänglich sind – die Opfer sind schwer krank, alt und behindert, sie leiden unter heftigen Schmerzen und sehen keine gute Zukunft –, sind es gerade die Selbstmorde junger, körperlich gesunder, oft sogar besonders begabter Personen, welche Rätsel aufgeben und der Einfühlung zu spotten scheinen.

Solche Selbsttötungen wurzeln in narzisstischen Krisen, in dem Zusammenbruch einer Abwehr, die sich aus Phantasien von Größe und Gelingen speist. Eben das macht die Außenstehenden so betroffen – da wollen Menschen nicht mehr leben, denen äußerlich nicht nur nichts fehlte, nein, sie hatten mehr als andere. Und doch haben sie sich getötet, weil sie in ihrem Selbstgefühl nicht zwischen einer begrenzten Niederlage und einer totalen Katastrophe unterscheiden konnten.

Der Suizid ist quasi Gegenbild der empathischen Versagung: Er kennt keine erträgliche Kränkung, keine harmlose Störung; er kann nicht akzeptieren, dass Scheitern normal ist und es ohne Verlierer auch keine Sieger gibt. Indem Suizidale das Scheitern ihrer hochgespannten Erwartungen unerträglich finden und sich auf diesem Weg Höchstleistungen abtrotzen, zeigen sie deutlich, dass sie zu wenig Empathie in den Situationen ihrer Kindheit erfahren haben, in denen es wie beim Laufenlernen normal ist hinzufallen oder in der Sauberkeitserziehung normal ist, sich schmutzig zu machen.

So haben sie keine inneren Reserven, einer Selbsteinstufung als lebensunwert zu entgehen, wenn sie ihre eigenen Erwartungen nicht erfüllen können. In Tolkiens Roman *Der Herr der Ringe* wird im ersten Band *Die Gefährten* beschrieben, wie die Gemeinschaft des Ringes aufbricht, um das Böse zu vernichten. Die kleine Szene ist ein gutes Beispiel, wie Perfektionsvorstellungen durch Empathie gemildert werden können.

Elrond sagt: »Je weiter ihr geht, umso weniger leicht wird es sein, zurückzukommen; dennoch wird euch kein Eid und keine Verpflichtung auferlegt, weiter zu gehen, als ihr wollt. Denn noch kennt ihr nicht die Stärke eurer Herzen und könnt nicht voraussehen, was jedem von euch auf der Straße begegnen mag.«
Damit ist einer der Gefährten, der Zwerg Gimli, nicht zufrieden. »Treulos ist, wer Lebewohl sagt, wenn die Straße dunkel wird«, protestiert er.
»Vielleicht«, entgegnet Elrond. »Aber lasst denjenigen nicht geloben, im Dunkeln zu wandern, der den Einbruch der Nacht nicht gesehen hat.«
»Doch mag ein geschworenes Wort das zitternde Herz stärken«, sagt hartnäckig der Zwerg.
»Oder es brechen«, entgegnet wiederum der Weise. Dann entlässt er die Wanderer.

Ein gesunder, intelligenter junger Mann, der bisher völlig unauffällig war, hat im Alter von 18 Jahren zwei Kränkungen zu verarbeiten: Seine Freundin verlässt ihn, weil sie sich in einen anderen verliebt hat, und die Note in einem Leistungskurs ist so schlecht, dass er glaubt, seinen Traum aufgeben zu müssen, zum Medizinstudium zugelassen zu werden. Er kommt von der Schule nach Hause und erhängt sich auf dem Dachboden des Hauses seiner Eltern.
Ein Vater von zwei kleinen Söhnen, Steuerberater und Diplom-Kaufmann, lebt auf etwas zu großem Fuß. Er hat mit einer Reihe befreundeter Familien ein Schloss am Ufer eines Sees gemietet, verwaltet diese Anlage, zu der auch ein antikes Motorboot gehört,

fährt einen Oldtimer. Seiner Frau und den Kindern fällt auf, dass er zurückgezogen und einsilbig ist; er sagt, zur Rede gestellt, aber nur, dass die Geschäfte in der Kanzlei unter der Rezession leiden und er darüber nachdenkt, den Jaguar zu verkaufen. An einem Abend kommt er nicht nach Hause und ist unerreichbar; die Ehefrau ruft bei der Polizei an und wird in die Gerichtsmedizin gebeten: Ihr Mann ist tot aufgefunden worden, er hat sich von einer Brücke gestürzt. Nachträglich stellt sich heraus, dass er Gelder aus der Verwaltung des Gemeinschaftseigentums entnommen hatte, um einem finanziellen Engpass zu entkommen. Es war ihm klar geworden, dass er diese in absehbarer Zeit nicht hätte zurückzahlen können.

Kirsten Heisig, die 48-jährige bekannteste Jugendrichterin Deutschlands, wird erhängt in einem Wald aufgefunden. Sie ist geschieden, hat zwei halbwüchsige Töchter. Es gibt keinen Abschiedsbrief, niemand hat etwas geahnt; sie war beruflich hoch engagiert und gerade dabei, ein Buch zu veröffentlichen, das den sprechenden Titel *Das Ende der Geduld* trägt. Sie ist unter ihren Kollegen isoliert, die ihr einen zu großen Drang nach öffentlicher Wirkung unterstellen. Ihre letzte SMS an eine ihrer Töchter, in der sie sagte, sie mache alles falsch und es sei alles zu viel für sie, zeigt den Zusammenbruch einer Größenphantasie.[55]

Wir machen uns selten klar, wie wenig stabil der Schutzwall ist, der uns von Todeswünschen trennt. Psychotherapeuten wissen, dass es wichtig ist, potenzielle Selbstmörder auf ihre Todeswünsche anzusprechen. Aber auch sie müssen immer wieder einen inneren Widerstand niederringen, der ihnen das verbietet. Er sagt ihnen, es sei sicherer, *nicht* davon zu sprechen, denn wer das Thema erwähne, den treffe eine Mitschuld.

Der spektakuläre Suizid eines Schülers ist die einzige Sensationsmeldung, über die zu berichten sich auch die Boulevardpresse heute oft verkneift. Zu oft haben solche Berichte auch andere junge Menschen veranlasst, in den Tod zu gehen.

Es ist ein zivilisatorischer Fortschritt, dass ein Freitod als Endpunkt einer tragischen Entwicklung angesehen werden darf, in dem moralisierende Urteile verstummen und die Verstorbenen so würdevoll behandelt werden, wie es allen Toten gebührt. Und dennoch ist es heldenhafter, Kränkungen standzuhalten und unter belastenden Umständen weiterzuleben, als mit sich selbst und damit auch mit jeder Kränkbarkeit ein für alle Male Schluss zu machen.

»Warum nur hat er nichts gesagt! Wir hätten ihm geholfen, es waren doch lösbare Probleme!« Mit dieser Frage bleiben die Angehörigen auf den Scherben solcher narzisstischen Katastrophen zurück. Die Expertenmeinung, dass solche Entwicklungen nicht vorherzusehen sind, tröstet sie wenig. Für den Nichtbetroffenen ist es leichter zu erkennen, dass der Gekränkte im Zusammenbruch seiner Größenvorstellung nicht mehr die Kraft hat, sich in das Leid der Angehörigen einzufühlen.

Kinder denken auch unter größten Belastungen selten ernsthaft an Suizid. Ihr Selbstgefühl ist durch die Hoffnung stabilisiert, Schutz und Fürsorge von einer Bezugsperson zu erfahren. Aber eine genauere Untersuchung zeigt, wie schon in der Kindheit jene gefährlichen perfektionistischen Haltungen aufgebaut werden, welche den Unterschied zwischen einer Kränkung und einer narzisstischen Katastrophe verwischen.

Empathie und Selbstgefühl

Die moderne Kleinfamilie birgt neuartige Gefahren: Kind und Mutter sind oft isoliert, einander ausgeliefert und von perfektionistischen Erwartungen gefährdet. In der Evolution der Mutterschaft finden wir keine mit einem Kind allein gelassene Frau. Wir finden eine Gruppe, Frauen und Männer, die sich um das Neugeborene organisieren. In Primitivkulturen wandern Säuglinge von Arm zu Arm. Eine Mutter hat nur in Ausnahme- und Notsituationen zu bewältigen, was heute als »normal« gilt: unter Einzelhaftbedingungen Tag und Nacht für ein Baby zuständig zu sein.

Das Schwinden der Großfamilie mag unser Sexualleben aus der drückenden Kontrolle einer erweiterten Verwandtschaft befreit haben. Aber es hat auch dazu geführt, dass die Gruppenverantwortungen abgenommen haben. An ihre Stelle traten Gesetze und Experten, welche Müttern vermitteln, was sie tun sollen.

Eine Mutter sollte in der Lage sein, sich auf und mit dem Kind zu freuen. Nur so kommt sie über die unweigerlichen Krisen und Minikatastrophen hinweg, die zu dem schmerzlichen Prozess gehören, in dem ein wildes, auf die Welt der Jäger und Sammler genetisch vorbereitetes Geschöpf zum Kulturbürger wird.

Ein Kind, dem die Mutter keine Empathie entgegenbringt, das sie behandelt wie ein Stück Holz, hat unter primitiven Lebensumständen keine Überlebenschancen. René A. Spitz hat in einem Heim, das junge Mütter mit unerwünschten Schwangerschaften aufnahm, das tragische Schicksal von Neugeborenen beobachtet, denen ihre Mütter die empathische Zuwendung verweigerten. Die Säuglinge verfielen nach einigen Wochen in einen Lähmungszustand, den Spitz *anaklitische Depression* nannte. Sie liegen apathisch da, trinken nicht mehr und sterben, wenn nicht medizinische Hilfe eingreift.[56]

Es gibt ein historisches Beispiel, das in dieselbe Richtung weist. Nach einer alten Chronik versuchte der Stauferkaiser Friedrich II., die Ursprache der Menschheit zu entdecken. Er verbot daher den Ammen einiger Waisenkinder, mit diesen zu sprechen. Sie sollten auch nicht durch Mienen und Gesten mit den Säuglingen kommunizieren. Der Chronist vermerkt, dass die Kinder ohne diese Zeichen einer empathischen Aufnahme in die Welt immer trauriger wurden und schließlich starben.

Dieser grausame Versuch ist der erste Beleg für ein Modell der menschlichen Entwicklung, in dem Umwelteinflüsse nicht die Erbanlagen prägen, sondern unentbehrlich sind, um diese überhaupt zu entfalten, genauer gesagt: das Genom zu entschlüsseln. Die Empathie spielt hier eine zentrale Rolle. In der abendländischen Philosophie sagt eine besonders klar von René Descartes formulierte These des »Ich denke, also bin ich«, dass unser bewusstes Ich am Anfang steht. Anderen Menschen können wir demnach erst aus dem Erleben eigener Subjektivität ebenfalls eine Subjektivität zuschreiben: Die müssen doch genauso sein wie ich!

Die Beobachtungen an verlassenen Kindern (und ähnlich an isoliert aufgezogenen Affen) belegen, dass sich ein zur Beziehungsaufnahme fähiges Subjekt nicht selbst konstituieren kann, sondern auf empathische Begegnungen angewiesen ist. »In einem ersten Schritt lernen wir, dass wir andere Lebewesen um uns herum nur verstehen können, wenn wir ihnen innere Zustände zuschreiben. In einem zweiten Schritt lernen wir dann – aus der Kenntnis der anderen heraus –, auch uns selbst als solche zu verstehen, die so sind wie die anderen.«[57]

Diese frühe Empathie ist symbiotisch und leugnet den eigenen Willen des Gegenübers, seine eigene abgegrenzte Welt. Das ist umso weniger problematisch, je kleiner das Kind ist und je einfacher die bindenden Affekte: Schon früh entwickeln Kinder zahlreiche Möglichkeiten, sich durch Hinschauen, Wegschauen, Lachen usw. mit ihren Bezugspersonen empathisch zu verbinden. Aber die Symbiose wird immer auch von Bestrebungen der Individuation durchtönt, die an Bedeutung gewinnen, je selbständiger das Kind wird und je mehr es in die Lage kommt, die Bezugspersonen mit sich selbst und mit anderen zu vergleichen. Die Bindung an Gleichaltrige wird zu einem Mittel, um die Bindung zu den Eltern auszudünnen.

In der Adoleszenz verlagern sich die Stützen für das Selbstgefühl nach innen. Aus Kindern, die Zuwendung geben und sich

Zuwendung wünschen, werden abweisende, muffige Teenager. Nicht mehr der zärtliche Austausch mit den Bezugspersonen tröstet das Kind in seinen narzisstischen Krisen, nimmt ihm Ängste, schützt es vor Depressionen. Dieser Austausch muss sich neu gestalten, um die Jugendlichen in ihre Autonomie zu entlassen.

Ein Kind wird versorgt. Ein Erwachsener muss lernen, zu geben und zu nehmen. Er sollte nicht erwarten, dass ihm langfristig Feste gelingen, auf die er nur Durst mitbringt und andere für die Getränke sorgen. Diese Fähigkeit zum Austausch wird vor allem in den Beziehungen zu den Altersgenossen erworben, die nach den Eltern die Hauptrolle im Erwerb der Empathiefähigkeit spielen. Schrittweise festigt das Kind sein Selbstgefühl mehr durch die Beziehungen zu seinen Kameraden und weniger durch den Kontakt mit den Eltern. Dadurch entstehen neue Chancen und neue Gefahren.

Eine 16-Jährige erkrankt an Kinderlähmung und trägt eine schwere Schädigung beider Beine davon. Ihr bisheriges Leben bricht in Stücke: Sie war begeisterte Sportlerin, tanzte gerne. Sie lernt durch unermüdliches Üben, an einem Stock zu gehen, und wird Forscherin in der pharmazeutischen Industrie. Aus einer bald scheiternden Beziehung zu einem jüngeren Mann bekommt sie mit über 40 Jahren ihr einziges Kind, eine Tochter, die bald eine Leidenschaft für das Ballett zeigt. Die Mutter sucht eine Trainerin und tut alles, dem Kind diese Karriere zu ebnen. Die Tochter übt eifrig, hat auch erste Erfolge, wird in eine Schule aufgenommen, in der strikte Auslese herrscht, und absolviert die Ausbildung mit Bravour.

Mit 16 Jahren kommt es zu einer ersten Krise; die Tochter entwickelt eine Bulimie, die sie verheimlicht, und mault manchmal, wenn ihr das Training zu viel ist. Die Mutter fragt, ob sie mit dem Tanzen aufhören wolle? Die Tochter sagt trotzig »Ja« und geht in ihr Zimmer. Außer sich rafft die Mutter alle Kostüme und Schuhe zusammen und wirft sie der Tochter vor die Türe, die – angerührt von der Verzweiflung der Mutter – noch zwei weitere Jahre tanzt. Dann kommt es zu einer weiteren Krise. Sie fühlt sich von einem Auftritt überfordert, die Lehrerin steigert den Druck, bis die 18-Jährige in einem Gewaltakt beschließt, nie wieder die Tanzschuhe anzuziehen. Die Mutter gibt nach.

In der Therapie der Tochter fällt der Satz: »Ich war die Beine meiner Mutter!«

Die Tochter hat die Wunde im Selbstgefühl der Mutter wahrgenommen und versucht, diese auch zu heilen. Schrittweise wurde ihr dann deutlich, dass sie nicht für sich tanzte, sondern für die Mutter, dass sie ihr eigenes Leben drangeben wollte/sollte, um die Kränkung der Mutter auszugleichen.

Die Mutter hatte nie den Eindruck gehabt, sie zwinge ihre Tochter zum Tanzen, im Gegenteil: Sie erfüllte dem Kind doch nur einen innigen Wunsch. Als dann die große Begabung der Tochter erkennbar wurde, war der Ehrgeiz der Mutter geweckt, sie sah es als ihre Pflicht, die Tochter bei der Stange zu halten.

In Primitivkulturen gibt es das Ritual der *vision quest*, der Suche nach einer Vision, einem Schutzgeist, der die Ablösung von den Eltern und das Ende der Kindheit signalisiert. Die Adoleszenten gehen in die Wildnis, fasten, wählen sich Aufgaben und kehren mit einem Traum, einem Erlebnis, einer Vision zurück, die vom Schamanen des Stammes gedeutet werden und dem jungen Erwachsenen in der Welt des Stammes von nun an seinen Platz und oft auch seinen Namen geben.

Als moderne Variante der *vision quest* kann der Fall eines 14-jährigen Mädchens betrachtet werden, das alleine in einem Segelboot um die Welt fahren wollte. Das Mädchen, dessen Eltern geschieden sind, wollte sich selbst, aber auch ihren Eltern etwas beweisen. Vielleicht hoffte sie unbewusst, die Eltern in der Sorge um sie einander wieder näherzubringen. Daneben faszinierte die 14-Jährige eine Größenphantasie. Sie wollte allen zeigen – was ihr schließlich verwehrt wurde –, dass sie ganz alleine und als Jüngste etwas bewältigt, was sich viele Erwachsene nicht zutrauen.

Solche Phantasien zeigen, dass das Selbstgefühl stabil genug geworden ist, um eine autarke Bewegung zu entwerfen. Die Bestätigung von außen wird in einer heroischen Leistung gesucht. Vielleicht suchte die 14-jährige Weltumseglerin nicht nur den Ruhm, sondern auch die Einsamkeit.

In der modernen Gesellschaft ist die Adoleszenz eine Zeit, in der Eltern Eltern bleiben, Jugendliche aber nicht mehr Kinder sind, sondern Schimären, Mischwesen, Mosaike aus kindlichen und erwachsenen Anteilen. Fröhliche, auf die Eltern bezogene Töchter und Söhne verwandeln sich in Heranwachsende, die sich neue Werte suchen. Sie halten die Eltern an manchen Tagen offen oder verdeckt für »blöd«, sind bei anderen Gelegenheiten (etwa im Urlaub) aber so wie früher. Grenzen werden neu gezogen, eigene Erlebnisse gesucht.

Zwischen 14 und 20 Jahren reift das Stirnhirn, wir kommen dadurch in die Lage, uns selbst (ebenso wie andere) in einer vorher nicht möglichen Weise zu beurteilen. Kinder denken auf die Außenwelt bezogen; Jugendliche denken über sich selbst nach. Sie schauen stundenlang in den Spiegel und versuchen, ihr Wesen, ihren Platz in der Welt, ihre Vision von sich selbst zu erkunden. Sie sind enorm beeindruckbar und suchen nach äußeren Zeichen, um sich der Veränderungen in ihrem Selbsterleben zu vergewissern – ändern ihre Frisur, tragen bestimmte Kleidungsstücke nicht mehr. Es gibt offene Rebellion oder geheimen Widerstand gegen Eltern, welche sich in diese Veränderungen nicht einfühlen können.

Ich war mit 16 Jahren von dem Hamlet-Film mit Lawrence Olivier so bewegt, dass ich mir in der Nacht, in der ich ihn gesehen hatte, die Haare abschnitt, um so zu sein wie dieser Hamlet. Eine solche Aktion wäre für ein Kind undenkbar. Da ich meine Inspiration nicht verraten wollte, geriet ich in Erklärungsnotstand und behauptete, ich fände die neue Frisur »praktisch«. Immerhin ließ mich meine (alleinerziehende) Mutter gewähren – solange ich ordentliche Noten nach Hause brachte, durfte ich anziehen und mich frisieren, wie ich wollte, anders als eine Schulfreundin, die jahrelang das Elternhaus in den von ihrer Mutter ausgewählten Klamotten verließ und sich in einer Garage umzog, in der sie die Kleidung versteckt hatte, die in der Klasse angesagt war.

Der Heranwachsende lebt in einer instabilen, von Moden bestimmten Welt; seine Eltern verstehen weder etwas von seiner Musik noch von seinen Klamotten, sie sind lächerlich ungeschickt mit Handys und Computern. Eine große Hilfe auf den Höhenflügen sind sie nicht; für zuverlässige Hilfe bei Landungen und Abstürzen erhalten sie aber mehr Dankbarkeit, als sie es sich selbst wohl oft vorstellen können, vor allem, wenn sie es sich verkneifen können, mit guten Ratschlägen zu nerven.

Die symbiotische Stabilisierung des Selbstgefühls muss zurücktreten, da sie dem verachteten kindlichen Klammern an die Eltern entspräche. Aber das Bedürfnis nach Halt und Sicherheit bleibt. Darüber hinaus plagt den Adoleszenten oft eine innere Leere, die dem Verlust der symbiotischen Objekte folgte. Daher verkraften sie ein Scheitern in ihren keimenden Liebesbeziehungen nur ganz schlecht; parallel dazu ist die Neigung zu Phantasiebeziehungen (»Schwärmen«) und rudimentären Formen des Stalking groß.

Auf die Gefahr, in den Krisen der Adoleszenz Hilfe im Konsum von Rauschmitteln zu suchen, wurde schon hingewiesen. Hier kann die Empathie der Erzieher lebensrettend sein. Wenn diese den Drogenkonsum als Versuch verstehen, innere Not durch Grenzerfahrungen auszugleichen, gewinnen sie die Chance, sich in die betäubte Trauer der Adoleszenten einzufühlen. Dann können sie mit den Jugendlichen Auswege finden, die verschlossen bleiben, solange deren geschwächtes Selbstgefühl durch Drohungen, Entwertungen oder die Inszenierung von Schuldgefühlen (»Bedenke doch, was du uns antust!«) noch mehr belastet wird.

9. Vom Narzissmus zur Empathie

Frau Lisbeth stürzte zu seinen Füßen und bat um Verzeihung; aber das steinerne Herz kannte kein Mitleid, er drehte die Peitsche um, die er in der Hand hielt, und schlug sie mit dem Handgriff von Ebenholz so heftig vor die schöne Stirne, daß sie leblos dem alten Mann in die Arme sank. Als er dies sah, war es doch, als reute ihn die Tat auf der Stelle.

Der Kohlenmunk-Peter gewinnt schließlich sein warmes Herz zurück. Gelänge das nicht, wäre die Geschichte kein Märchen. Nicht ganz unähnlich hat auch Hans Christian Andersen in dem Märchen von der Schneekönigin den zu Kälte und Hochmut erstarrten Kay dadurch gesund werden lassen, dass er trotz dieser Kälte zu Tränen gerührt wird und so den Eissplitter aus seinem Auge spült.

Die Wende in Peters Leben wird möglich, weil die Unterdrückung seiner Empathiefähigkeit unvollständig ist. Schon vorher hat der Köhlersohn, anders als die anderen, die im Pakt mit dem Bösen sind, sich zwar kalt verhalten, aber auch bemerkt, dass er das tat, und die Freuden vermisst, die er mitsamt seinen Seelenschmerzen eingebüßt hatte. Das ist nicht ganz logisch, enthält aber eine wichtige psychologische Aussage.

Kein Mensch ist ganz das, was er von sich glaubt zu sein. In Peter ist etwas von den Möglichkeiten geblieben, die er früher hatte; diese Erinnerung wird mächtiger, sobald ihn das kalte Herz in größte Not bringt. So setzt er den guten Waldgeist, den Tannhauser, gegen den Holländer-Michel. Er gewinnt sein Herz zurück, weil der Böse eitel ist und es nicht erträgt, dass jemand seine Fertigkeiten in Frage stellt. Peter fängt seinen Gegner in derselben

Schlinge der Eitelkeit und des Größenwahns, die dieser vorher ihm ausgelegt hat.

Wie er nun so ganz allein war, da kamen ihm sonderbare Gedanken; er fürchtete sich vor nichts, denn sein Herz war ja kalt; aber wenn er an den Tod seiner Frau dachte – kam ihm sein eigenes Hinscheiden in den Sinn, und wie belastet er dahinfahren werde, schwer belastet mit Tränen der Armen, mit tausend ihrer Flüche, die sein Herz nicht erweichen konnten, mit dem Jammer der Elenden, auf die er seine Hunde gehetzt, belastet mit der stillen Verzweiflung seiner Mutter, mit dem Blute der schönen, guten Lisbeth.

In diesem Passus sehen wir den Ansatz der Heilung: Die Empathie ernährt sich von der Empathie; Peter wird in der Erinnerung an seine mitfühlende Frau selbst wieder zum fühlenden Menschen. Er hat sie verloren, aber er kann diesen Verlust ausgleichen, indem er sich mit der Verlorenen identifiziert und ihre Stimme zu seiner eigenen macht.

Die menschliche Bereitschaft, dem Mitmenschen einfühlend zu begegnen, ist tief verwurzelt. Sie erlaubt es uns, beispielsweise auf Reisen in einem Strom von Informationen zu schwimmen, die uns helfen, unser Ziel zu finden. Nur ganz selten wird es uns geschehen, dass eine freundliche Frage abgewiesen wird. Viel größer ist die Gefahr, dass die Bereitschaft, freundlich zu antworten, die Ortskunde des Befragten überfordert und er uns, um uns nicht ohne Antwort gehen zu lassen, mit einer falschen Auskunft versorgt.

Diese Bereitschaft beruht auf dem elementaren Wunsch, von anderen so behandelt zu werden, wie man selbst sie behandelt: Wir tauschen Empathie gegen Empathie. Wie ist es darum bei den Störungen der Empathie bestellt? Lässt sich das steinerne Herz heilen, das doch zuerst einmal seinem Träger so manches Gefühl der Überlegenheit beschert?

Die Behandlung des Größenselbst

> »Ich brauche nicht die Hoffnung, um zu beginnen,
> noch den Erfolg, um fortzufahren.«
> Motto des Königs Wilhelm von Oranien (1533–1584)

In seinem Roman *Der Leopard* schildert Giuseppe Tommasi di Lampedusa ein langes Gespräch zwischen einem Abgesandten der neuen italienischen Regierung und Don Fabrizio, dem Fürsten von Salina. Der Politiker beobachtet mit Sorge, wie Karrieristen und Mafiosi von dem Umsturz profitieren, den Garibaldi in die Wege geleitet hat. Er möchte den Fürsten gewinnen, als Senator nach Turin zu gehen und mitzuhelfen, dass Sizilien endlich eine moderne Provinz werde.

Don Fabrizio ist Feudalherr und Intellektueller, ein international bekannter Astronom, ausgesprochen auf seine Würde bedacht, aber zu klug, um den naiven Dünkel seines Standes zu teilen. Statt einer direkten Antwort erzählt er dem Politiker aus dem Norden Italiens eine Geschichte.

Garibaldi war bereits in Gibilrossa und würde Tage später Palermo erobern, als einige englische Offiziere von ihren Kriegsschiffen aufbrachen, um von einem Aussichtspunkt einen Überblick über die Lage zu gewinnen. Sie klopften bei der Villa der Salinas an, welche die Bucht von Palermo und die umgebenden Gebirge beherrscht. Dabei plauderten sie auf der Terrasse mit dem Fürsten über die Rätsel der italienischen Politik. Sie fragten, was denn Garibaldis Revolutionäre in Sizilien wollten.

»Sie kommen«, antwortete Salina, »um uns gute Manieren beizubringen. Aber sie werden keinen Erfolg haben, denn wir sind Götter.« *They come to teach us good manners. But they won't succeed, because we are gods.*

Wer narzisstisch in der Defensive ist, kann sein Größenselbst nur verteidigen, nicht reflektieren. Auf der Titanic spielte das Bordorchester, weil Rettungsboote fehlten.

In der therapeutischen Technik wird die empathische Anteilnahme »Spiegelung« genannt. Sie ist ein wesentliches Mittel in allen Behandlungen, vorausgesetzt, sie wird nicht zum zwanghaft praktizierten Ritual. Wer spiegelt, begleitet den Klienten einfühlend und teilt mit ihm seine Wahrnehmungen der Gefühle. Er hilft ihm dadurch, sich selbst in seinen Emotionen anzunehmen und die Realität der Menschen in seiner Umgebung ebenfalls mit mehr Empathie zu beurteilen. Er rechnet damit, dass der Kranke, wenn man ihm Raum und Empathie zur Verfügung stellt, seinen Weg selbst finden wird.

Wer heftig unter inneren Mängeln leidet, ist mehr als andere in Gefahr, lebendige Unvollkommenheit durch steinerne Grandiosität zu ersetzen. Er provoziert seine soziale Umgebung zu verhängnisvollen Reaktionen. Weil er sich nicht einfühlen kann und sich rücksichtslos auf Kosten anderer aufwertet, zahlen ihm diese mit gleicher Münze zurück.

Oft ist die Rede davon, dass einstecken können müsse, wer gerne austeilt. Sie trifft bei den Störungen der Empathiefähigkeit ganz und gar nicht. In Wahrheit können, um mit Oscar Wilde zu reden, Menschen, die »anderen auf die Zehen treten, wenn sie ihre Hühneraugen schmerzen«, besonders schlecht Kränkungen ertragen.

Narzisstisch schwer belastete Personen sind wegen ihrer massiven Empathiedefizite von der Neigung bedroht, in andere zu projizieren, was sie selbst empfinden. Sie erinnern sich, angeschrien worden zu sein, wenn sie selbst einen Schrei unterdrückt haben; der Händedruck des Therapeuten war jene Verführung, die sie sich selbst wünschten, der Helfer, den sie verlassen haben, hat sie hinausgeworfen.

»Wenn du nehmen willst, so gib!«, sagte Goethe[58]. Das ist eine Maxime der reifen Empathie: Wenn ich Einfühlung möchte, gebe ich sie denen, von denen ich sie mir wünsche. Wenn ich aber über dem allgemein menschlichen Bedürfnis nach Empathie stehen möchte, dann lasse ich mich nicht dazu herab, andere wahrzunehmen, ehe sie mich genügend anerkannt haben. Ich kritisiere ihr Versagen vor meinem Ideal und leide darunter, dass ich selbst so wenig erhalte.

In der Empathiestörung, die durch Größenphantasien manisch abgewehrt wird, sind nicht selten der Durchschnitt, die Normalität, der Alltag entwertete Feinde. »Wenn ich diese Leute auf der Straße sehe, dann kotzen sie mich an, denen reicht doch das Fressen und das Ficken zum Leben!« So ein 50-Jähriger, der drei akademische Abschlüsse hat, in einer politischen Partei erfolgreich mitarbeitet und nach der Trennung von seiner Ehefrau mit Selbstmordgedanken in Behandlung kam.

Da in der Konsumgesellschaft Genussfähigkeit ein prestigeträchtiger Wert ist, maskieren solche Menschen ihre Lustfeindlichkeit. Als ich den zitierten Klienten mit seiner Entwertung der Sexualität konfrontierte, erntete ich sogleich einen Monolog, in dem er mir seine erotischen Eroberungen schilderte und beschrieb, wie zufrieden *alle* seine Geliebten mit seiner Potenz gewesen seien.

Die Arbeit mit Menschen, die in ihrer Empathiefähigkeit beeinträchtigt sind, erfordert eine hohe Achtsamkeit der Helfer für das eigene innere Gleichgewicht. Wer fürsorglich und herzlich mit diesen narzisstisch schwer belasteten Personen umgehen soll, muss sich darauf einstellen, dass diesen die inneren Haltungen fehlen, welche normalerweise dafür sorgen, dass keine übermenschlichen Forderungen an ein Gegenüber gestellt werden.

Wenn ein Mensch bemerkt, dass er respektiert wird, auch wenn es ihm nicht immer gelingt, einfühlend und rücksichtsvoll mit dem Therapeuten umzugehen, wird sich fast immer seine Bereitschaft festigen, dessen Arbeit zu achten und seine aggressive Entwertung der Therapie in eine ruhigere Diskussion darüber umzuformen, ob ihm und womit ihm geholfen werden kann.

Ein starres Beharren auf der einseitigen Kontrolle und Deutungsmacht durch den Therapeuten schützt diesen weniger als die Bereitschaft, alle Belastungen mit dem Partner in dem gemeinsamen Unternehmen zu diskutieren und – soweit es geht – auch zu klären. Diese Diskussion stellt die Professionalität des Therapeuten nicht in Frage, sondern ist ihr Kern. Wenn er überhaupt professionell arbeiten kann, geht das nur so und nicht anders.

Wer diese Entwicklung einleiten kann, wird in der Regel entspannt und kontinuierlich mit den Störungen der Einfühlung arbeiten können, die zu dem dann notwendigen Minimum an Entgegenkommen und Kooperation bereit sind. Mit den anderen gibt es keine erbitterten Diskussionen, sondern einen frühen Verzicht auf eine Zusammenarbeit.

Wo wir uns nah fühlen und uns Sympathie entgegenkommt, ist es einfach, Einfühlung für andere Menschen zu entwickeln. Aber den narzisstisch Gestörten fällt Einfühlung schwer. Sie können sich kaum in andere hineinversetzen. Ihnen fehlen der notwendige Abstand und die sichere Grenze zu anderen Personen. Ihr Bedürfnis, Bestätigung zu bekommen, recht zu behalten, die Abwehr gegen drohende Kränkungen zu sichern, ist derart übermächtig, dass sie einem Gegenüber keine Luft lassen.

Bei einer seelisch normalen Person reicht sozusagen eine Schönwettereinfühlung, um den Kontakt angemessen zu gestalten. Wir können ihre Oberfläche annehmen und unser Verständnis allmählich vertiefen. Diese Einfühlungsfähigkeiten reichen bei narzisstischen Störungen nicht aus.

Wer ihnen helfen will, braucht mehr. Er benötigt innere Ressourcen, feste Haltungen, vertiefte Selbsterfahrung, begleitende Reflexionsmöglichkeit. Wer sich in solche Störungen einfühlen soll, muss diese Fähigkeit professionell festigen, um den Stürmen standzuhalten, denen er ausgesetzt sein wird.

Dem seelisch Belasteten nicht zu schaden ist schwierig, wenn dieser keine Empathie dafür hat, ob er seinerseits die Personen beschädigt, von denen er sich Respekt, ja Liebe wünscht. Wer sich angegriffen und verletzt fühlt, neigt dazu, zurückzuschlagen. Sehr oft können Therapeuten die Ambivalenz nicht ertragen, mit der eine empathiegestörte Persönlichkeit in einem Satz Hilfe beansprucht und gleichzeitig ihre geistige oder moralische Überlegenheit über den Helfer zu beweisen sucht.

Wer seine Empathiemängel durch den Aufbau eines Größenselbst abwehrt, empfindet die Tatsache, dass er Hilfe braucht, als Kränkung. Wenn diese Hilfe nicht schnell und angenehm, sondern langsam und mit Forderungen nach einem eigenen Beitrag verknüpft ist, empört ihn das. Die Folge ist ein Störungstypus, der als *Hilfe ablehnender Jammerer* beschrieben wird – eine Bezeichnung, die ebenso viel über die Aggressionen der Helfer wie über die der Klienten sagt.

Wer dadurch verletzt wurde, dass sein Reizschutz traumatischen Ereignissen nicht standhalten konnte, sehnt sich nach einem Selbstobjekt, einem Idealbild verschmelzender Empathie, dessen Möglichkeiten weit über die reale Einfühlung unterschiedlicher Individuen hinausgehen. Er wünscht sich, dass seine quälende Einsamkeit verschwindet, dass er endlich den Menschen findet, der *alle* kränkenden Unsicherheiten beseitigt.

Indem nun der Helfer sich *einem* Mangelzustand detailliert zuwenden möchte, wird dem Leidenden deutlich, wie *begrenzt* die Möglichkeiten des Helfers sind. Das erscheint umso unerträglicher, je größer seine Sehnsucht nach umfassender Aufwertung und Bestätigung ist. Er fühlt sich wie ein Verschmachtender, dem ein Fingerhut voll Wasser angeboten wird, mit dem er die nächsten Tage überstehen soll.

Die zentrale Qualität des erfahrenen Therapeuten, eine stabile, sorgende Haltung, ein Containment der Elendsgefühle, aus dem empathischen Kontext anderer Menschen ausgeschlossen zu sein – dies alles wirkt nicht nur unbefriedigend und schwächlich, gemessen an solcher Not, es ist unbefriedigend. Unsere Hilfsmittel sind nicht gut und doch das Beste, was wir haben.

Es wirkt wie ein technischer Kniff, wenn wir uns bei dem Menschen, der von unserer Hilfe enttäuscht ist, mit dem Hinweis bedanken, dass er uns jetzt wenigstens sagt, was er nicht brauchen kann und was er sich wünscht. Aber in Wahrheit ist seine Enttäuschung ebenso wie der Vorwurf, dass unsere Einfühlung Mängel hat, unser Trost billig, unsere Deutungen unvollständig sind, eine Gabe, deren Wert zu schätzen weiß, wer mit den Nöten jener Menschen vertraut ist, die nicht einmal die Kraft haben, sich zu wehren.

Ein schreiendes und strampelndes Baby mag auf die Umgebung bedrohlicher wirken und die Mutter mehr alarmieren als eines, das völlig versteinert. Der lautstarke Protest signalisiert aber eine weniger schwerwiegende Störung als der stille Rückzug. Durch ihre Empathiedefizite vereinsamte Menschen können zu schwach werden, über sich zu sprechen. Dann wächst in dem unerfahrenen Therapeuten die Enttäuschung über einen unergiebigen, unkooperativen Klienten. Wenn die Kranken aber wehrhaft sind, werden sie den Helfer beleidigen. Und wenn dieser nach dem Motto handelt, dass der Gegenangriff die beste Verteidigung ist, sieht es finster aus um die Zukunft dieser Therapie.

Wenn wir den in seiner Einfühlungsfähigkeit schwer beeinträchtigten Menschen bewegen können, seine Geschichte zu erzählen, gewinnen wir das Bild eines Kindes, das ahnungs- und hilflos in die Fallen einer traumatischen Familiensituation geraten ist. Wir ahnen, wie belastet ein Leben ist, in dem es nicht nur misslingt, sich mit einem als »gut genug« idealisierbaren Elternteil zu identifizieren, sondern umgekehrt die frühen Bezugspersonen alles Mögliche tun, um das Weltvertrauen des Kindes zu zerstören und seinen Glauben an einen gelingenden Austausch zu vernichten.

Als 2002 der einstige US-Präsident Jimmy Carter den Friedensnobelpreis erhielt, gerieten auch Einzelheiten seiner Erziehungspraktiken in die Medien. Sie zeigen, wie eng Licht und Schatten nebeneinanderliegen. Bert Lance, einer der engsten Vertrauten des

Expräsidenten, beschreibt dessen Familienleben: »Jimmy Carter verstand es nicht zu belohnen, aber er wusste, wie man strafte. So zog er auch die Kinder auf, und seine Strafen stehen mir noch lebhaft in Erinnerung.«

Nach Lance gab es im Hause Carter Prügel mit einer Rute oder einem Lineal, verabreicht nach einem detaillierten Strafkatalog, fünf Schläge für das eine, sechs oder sieben für das andere kindliche Vergehen. Dabei ließ der Vater immer 24 Stunden zwischen dem Urteil und dem Vollzug der Strafe verstreichen, damit das Kind Zeit hatte, über seinen Ungehorsam nachzudenken.

Die menschliche Entwicklung ist so komplex, dass es nicht angeht, aus einem solchen Detail gravierende Folgen abzuleiten. Aber ich glaube, dass es den Umgang mit einem schwierigen Menschen sehr erleichtert, wenn wir wissen, dass er als Kind das Opfer eines solchen Rituals wurde. Daher ist ja auch die Fähigkeit, Menschen dazu zu bewegen, ihre Geschichte zu erzählen, und sich dann diese Geschichte anzueignen, eine so wesentliche Hilfe in unserem Umgang miteinander.

Wer die Lebensgeschichte eines Menschen vor dem Hintergrund prägender Situationen der Kindheit untersucht, gewinnt ein praktisches Verständnis, das etwas anderes ist als eine wissenschaftliche Analyse. Er wird sich davor hüten, diese Person als Opfer ihrer Familie zu sehen, denn jede Opfersicht lähmt die kreativen Möglichkeiten eines Menschen. Aber er gewinnt eine Orientierung über Ängste und Konfliktneigungen, die es ihm erleichtern, jene Kränkungen zu verarbeiten, die entstehen müssen, wenn wir uns einem verwundeten Geschöpf nähern.

In der normalen Entwicklung kann sich ein Kind mit einem gleichgeschlechtlichen Erwachsenen strukturbildend identifizieren. Es gewinnt eine innere Haltung, die es ihm ermöglicht, seine Empathie primär als brauchbar und gut zu erleben. Es kann sein spontanes Repertoire ausschöpfen und dann durch Versuch und

Irrtum, durch Einsicht und Planung lernen, andere Menschen für sich zu gewinnen, einen Platz in einer Gruppe zu erobern, ein Netz von Freundschaften aufzubauen und auf dieser Grundlage auch sein sexuelles Leben zu entfalten.

Wesentlich ist dabei, dass weder Kontakt noch Einsamkeit als primär belastend empfunden werden. Das Kind kann sich aus langweiligen sozialen Situationen zurückziehen, ohne sich vor völliger Verlassenheit zu fürchten, und es kann Kontakte aufnehmen, ohne sich besonders anstrengen oder kontrollieren zu müssen.

Wer auf diesem Weg zu einer normalen Empathiefähigkeit gefunden hat, dem gelingt es gut, sich in Menschen einzufühlen, die dasselbe können wie er. Aber die Empathie in jene Personen wird ihm misslingen, denen die Chance einer solchen Reifung des primitiven Größenselbst ganz oder teilweise versagt blieb. Die manische Abwehr des kindlichen Elends führt dazu, dass die ursprüngliche Grandiosität erhalten bleibt. Sie muss immer wieder belebt werden, denn die Zusammenstöße mit der Realität sind enorm schmerzhaft und nicht durch Empathie in die Grenzen anderer Menschen gemildert.

Ein Beispiel für diese Dynamik ist Adalbert Stifters Erzählung *Brigitta*. Stifter beschreibt, wie ein Mädchen geboren wird, dem die gewöhnliche Harmonie der äußeren Züge fehlt, die Menschen als Schönheit empfinden. Es wird deshalb von seiner Mutter nur aus Pflichtgefühl angenommen. Später lehnt Brigitta die nun aus Reue kommende Liebe der Mutter ab:

Als Brigitta »in ihren Spielen vorrückte und behender ward, verdrehte sie oft die großen wilden Augen, wie Knaben tun, die innerlich bereits dunkle Taten spielen. Auf die Schwestern schlug sie, wenn sie sich in ihre Spiele einmischen wollten – und wenn jetzt die Mutter in einer Anwandlung verspäteter Liebe und Barmherzigkeit das kleine Wesen in die Arme schloß und mit Tränen benetzte, so zeigte dasselbe keineswegs Freude, sondern weinte und wand sich aus den fassenden Händen. Die Mutter aber wurde dadurch noch mehr zugleich liebend und erbittert, weil sie nicht wußte, daß die kleinen Würzlein, als sie einst den warmen Boden der Mutterliebe suchten und nicht fanden, in den Fels des eigenen Herzens schlagen mußten und trotzen.«

Brigitta wächst zu einer wilden, einsamen Jungfrau heran, die – gerade weil sie anders ist als alle anderen Frauen – die Aufmerksamkeit eines umschwärmten, besonders geistreichen und anziehenden Mannes auf sich lenkt. Dieser hat ebenfalls etwas Wildes, was aber seine Anziehungskraft nur steigert; er ist auf dem Lande aufgewachsen und viel gereist.

Brigitta erkennt, dass Stephan Murai von ihr gefesselt ist, sie kann aber nicht an seine und ihre Liebe glauben und durchweint eine ganze Nacht. Sie zieht sich von ihm zurück. Schließlich spricht er sie darauf an: Ob sie ihm abgeneigt sei? Stifter beschreibt nun das Bedürfnis der in ihrer Empathiefähigkeit verletzten Brigitta nach einem Selbstobjekt:

»›Nicht abgeneigt, Murai‹, antwortete sie, ›o nein, nicht abgeneigt; aber ich habe auch eine Bitte an Sie: tun Sie es nicht, tun Sie es nicht, werben Sie nicht um mich, Sie würden es bereuen!‹

›Warum denn, Brigitta, warum denn?‹

›Weil ich‹, antwortete sie leise, ›keine andere Liebe fordern kann als die allerhöchste. Ich weiß, daß ich häßlich bin, darum würde ich eine höhere Liebe fordern als das schönste Mädchen dieser Erde. Ich weiß es nicht, wie hoch, aber mir ist, als sollte sie ohne Maß und Ende sein. Sehn sie – da nun dies unmöglich ist, so werben Sie nicht um mich. Sie sind der einzige, der danach fragte, ob ich auch ein Herz habe, gegen Sie kann ich nicht falsch sein.‹«

Die Geschichte Brigittas nimmt das zentrale Thema von Stifters großem Roman *Der Nachsommer* vorweg. Auch hier verlieren sich die Liebenden zunächst, weil sie an ihrer Liebe zweifeln und ihre idealen Auffassungen nicht in den Alltag passen. Aber nach langer Trennung gelingt die Wiederannäherung auf einer von Leidenschaft befreiten, von reiner Zärtlichkeit getragenen Grundlage. Auch Brigitta und Stephan müssen sich aus kleinem Anlass und großem Missverständnis trennen; jeder ist zu stolz, um einzulenken und die aufgerissene Kluft der Entwertungen zu überbrücken. Das gelingt erst viele Jahre später.

Wenn wir ein zerstrittenes Ehepaar oder ein von Mobbing-Vorwürfen belastetes Team untersuchen, finden wir sehr häufig Personen, die in ihrer Fähigkeit zur Empathie beeinträchtigt sind. Sie werfen dann dem jeweils anderen vor, einen schlechten oder bösen Kontakt hergestellt zu haben, während sie selbst sich doch so sehr um einen guten und richtigen Kontakt bemühten.

Kontaktstrategien, die Empathie durch Bewertung ersetzen, sind riskant. Sie funktionieren in traditionellen Kulturen besser als in individualisierten, weil gemeinsame Werte und feste Rollen den Empathiemangel ausgleichen. Daher sind interkulturelle Partnerschaften ein gutes Beispiel, um die Gefahren für die Empathie zu beleuchten.

Mehr noch: In einer individualisierten, hochgradig mobilen und durchmischten Gesellschaft sind die meisten Beziehungen interkulturell. Der Sohn von sizilianischen Wanderarbeitern und die Tochter aus einem lombardischen Geschäftshaus sind beide Italiener, haben beide Betriebswirtschaft studiert und arbeiten beide in einem internationalen Konzern. Ihre Gemeinsamkeiten können vielleicht eine Verliebtheit tragen, aber sobald sie zusammenziehen und Kinder haben, sollten beide erkennen, dass sie sich einen Angehörigen einer fremden Kultur ins Haus geholt haben und nur mit Geduld, Empathie und Humor ihre unterschiedlichen Werte aufeinander abstimmen können.

»Lieben und arbeiten können«

Von jetzt an wurde Peter Munk ein fleißiger und wackerer Mann. Er war zufrieden mit dem, was er hatte, trieb sein Handwerk unverdrossen, und so kam es, daß er durch eigene Kraft wohlhabend wurde und angesehen und beliebt im ganzen Wald. Er zankte nie mehr mit Frau Lisbeth, ehrte seine Mutter und gab den Armen, die an seine Türe pochten.

Die Stützen für das individualisierte Selbstgefühl des Erwachsenen entsprechen einer Forderung an seine Persönlichkeit, die Freud in den Satz gefasst hat: »Lieben und arbeiten können«. Es sind Erfolge im Bereich der Leistung, der Anerkennung – und es sind emotionale Beziehungen, Freundschaft und Liebe. Wer diese Stützen erwerben kann, wer also genug Freunde hat und genug Erfolg, der kann sein Selbstgefühl stabilisieren.

Wie der vorsichtige Kaufmann sein Vermögen niemals in eine einzige Anlage steckt, mischen sich auch in der Architektur des gesunden Selbstgefühls unterschiedliche Stützen. Wo Erfolg nicht trägt, hält eine Beziehung. Das Sprichwort konstruiert den Trost über die narzisstische Einbuße in einem Feld durch den Sieg in einem anderen: »Glück in der Liebe, Unglück im Spiel« (oder umgekehrt).

Wer befriedigende Erfahrungen mit den aus dem Boden der Realität wachsenden Stützen für sein Selbstgefühl machen kann, der wird, wenn eine dieser Stützen bricht, nach einem Ersatz suchen und diesen aufbauen. Die Kränkungsverarbeitung entwickelt sich in einem Prozess mit vielen Rückkopplungen. Frühe Bewältigungen schaffen günstige Prämissen; ein frühes Scheitern gefährdet die spätere Stabilität.

Auf jeder Stufe der seelischen Entwicklung und in jedem Alter können sich Menschen entscheiden, ob sie sich an der Realität orientieren oder ein an ihren grandiosen Erwartungen gescheitertes Projekt durch gesteigerte, noch weniger realistische Ansprüche kompensieren.

Wer mit seinen Eltern Erfahrungen von Liebe und Geborgenheit austauschen konnte, wird es leichter haben, solche Beziehungen als Erwachsener zu finden und zu halten. Die empathische Versagung von Seiten der Eltern erleichtert die Ablösung: Das Kind muss die Schwächen und Begrenzungen der Eltern nicht verleugnen, weil auch die Schwächen und Begrenzungen des Kindes nicht ignoriert wurden. So schön und tragend die Idealisierung sich anfühlt, die beste Mutter, der vollkommene Vater zu sein, so problematisch werden solche Schwärmereien, wenn sie jemand als Lebensgrundlage sieht und nicht loslassen kann.

Der Bayernkönig Ludwig II. war ein solcher Schwärmer und Träumer – eine narzisstisch gestörte Persönlichkeit, würden wir heute diagnostizieren. Einmal reiste er mit einem schönen Mann, den er über alle Maßen bewunderte, durch die Schweiz. Der Geliebte musste zu jeder Zeit für den alkoholabhängigen König präsent sein, der gerne die Nacht zum Tag machte. Irgendwann schlief er erschöpft während eines der Monologe Ludwigs ein. Dieser fand das so kränkend, dass er jedes Interesse an dem bisher so Verehrten verlor.

Ludwig hatte nie ein herzliches Verhältnis zu seinem Vater entwickeln können und war durch den frühen Verlust einer geliebten Amme als Kind schwer traumatisiert worden; damals wäre er fast gestorben. So blieb er an eine primitive Größenvorstellung fixiert, die dank seiner künstlerischen Begabungen und seiner hohen Intelligenz zu einem unersättlichen Streben führte, sein Selbstgefühl in immer neuen historistischen Kulissen zu stärken, sich die eigene unerschütterliche (und doch so erschütterbare) Größe zu beweisen und sie in den verschiedenen Rollen des Sonnenkönigs oder des Gralskönigs zu festigen.[59]

In ihrer Empathie beeinträchtigte Menschen scheitern an der Aufgabe, unterschiedliche Stützen für ihr Selbstgefühl zu integrieren. Ludwig hatte beträchtliche Macht und großen Reichtum. Aber weder die Rolle des an die Verfassung gebundenen Monarchen noch sein Privatvermögen genügten zur Festigung seines Selbstgefühls; er brauchte immer neue und mächtigere Inszenierungen. Diese sollten vollkommen sein, nichts und niemand durfte stören.

Für diese Dynamik gibt es viele Beispiele. Eine erotisch attraktive Frau klagt etwa: »Die Männer begehren nur meinen Körper, nicht mich als Person!« Der tüchtige Ingenieur verflucht seine technischen Fähigkeiten, weil sie ihm zu keiner Liebesbeziehung verhelfen. Der reiche Erbe verdächtigt alle, die seine Nähe suchen, sie hätten es nur darauf abgesehen, ihn auszuplündern.

Wer in seine Empathie vertraut, muss nicht grundsätzlich werden. Er wird nicht Qualitäten vorbeugend entwerten, weil diese missbraucht werden können. Er wird intuitiv vorgehen: Manche Menschen werden mich ausnutzen wollen, die meisten aber sind an einem für beide Seiten gewinnbringenden Austausch interessiert, wie ich auch. Es wird mir schon rechtzeitig klar werden, womit ich es zu tun habe, zuerst einmal aber bleibe ich offen, halte mich vom blinden Optimismus ebenso fern wie vom finsteren Pessimismus.

Empathie leistet in unseren Beziehungen Ähnliches wie das Schwimmen im Wasser. Es gibt auch für den Schwimmer im Wasser keinen sicheren Halt, aber doch die Sicherheit, dass es ihn tragen wird. So muss er sich nicht fürchten unterzugehen, sobald er den Boden unter den Füßen nicht mehr spürt. Er begibt sich hinein und entscheidet dann, wie weit er schwimmen will und wie lange er darin bleibt.

10. Empathie und Migration

Eine Lehrerin, die mit 18 Jahren aus dem Iran nach Deutschland floh und heute Mathematik an einem Gymnasium unterrichtet, kommt von einer Reise in ihre Heimat zurück.

»Ich bin wegen der politischen Verhältnisse weggegangen, aber jedes Mal, wenn ich wieder hier bin und die Menschen hier anschaue, fällt mir auf, dass ich mich fühle wie vor Gericht. In Deutschland schauen mich die Menschen an wie ein Staatsanwalt. Alles, was ich sage, kann gegen mich verwendet werden. Im Orient hat jeder ein Lächeln, und wenn du irgendwohin kommst, bietet man dir zuerst einmal Tee an, die Leute auf der Straße grüßen dich mit den Augen, hier aber schauen sie, als seiest du ein Stein.«

Wer im Orient gereist ist, wird solche Eindrücke bestätigen. Obwohl beispielsweise der Jemen eines der ärmsten Länder der Welt ist, wirken die Menschen auf der Straße vielfach freundlicher, aufgeschlossener, offener für den Passanten.

Ich erinnere mich an eine Szene im Jemen, in der Hauptstadt Sanaa. Ich ging an einem Baum vorbei, in dessen Krone gerade zwei Männer arbeiteten. Sie hackten mit kleinen Äxten Äste ab. Ich blieb kurz stehen. Ein deutscher Gärtner hätte keine Miene verzogen; die beiden aber lachten, grüßten mit ihrem Werkzeug und arbeiteten weiter.

In den armen Ländern wirken die Menschen auf der Straße entspannter und besser gelaunt als in Mitteleuropa. Wer einen Brasilianer so recht erheitern will, muss ihm nur erzählen, gegen welche Gefahren der durchschnittliche Deutsche versichert ist. Wer viel zu verlieren hat, muss auch viel zusammenhalten und viele Regeln beachten. Er lebt unter einer größeren Angstspannung. Die folgende kleine Geschichte zeigt, wie sich bei einer Ärztin, die aus dem Orient nach Deutschland kam, unterschiedliche Kulturen auswirken und Einfühlungsverluste entstehen.

Viktors Mutter kam selten in den Kindergarten. Heute hatte sie Zeit und wollte ihren Sohn selbst abholen. Es war einer der ersten warmen Tage. Viktor wollte noch mit einem Kameraden im Garten toben, »noch ein bisschen, Mama, bitte!«

So setzte sich Frau Dr. Roxane S. auf die Bank am Rand des Gartens, zwinkerte in die Sonne, blickte auf Sandkasten, Schaukel und Rutsche, räkelte sich ein wenig. Sie hatte selten eine Pause, heute begann die Sprechstunde erst am Abend. Gleich würde Viktor mit ihr gemütlich nach Hause fahren, wo noch Zeit sein würde für einen Tee und für ein Glas Kakao für ihn.

»Sie dürfen hier nicht sitzen. Das ist der Raum für die Kinder!«
Wer stört sie? Eine Frau im mittleren Alter, eine Deutsche, hausbacken, dunkelblond, stämmig, selbstgerecht. »Ich hole meinen Sohn ab«, sagt Roxane. »Es dauert nur einen Augenblick!«

»Das geht nicht, dass Sie hier sitzen. Der Garten ist für die Kinder da«, wiederholt die Frau.

»Das habe ich gehört«, sagt Roxane, während es in ihr kocht. »Aber es stört die Kinder nicht, wenn ich hier sitze, bis mein Sohn fertig ist!«

»Wir haben Regeln. Dieser Raum ist der Raum der Kinder. Stehen Sie endlich auf!«

»Wenn Sie mich hier weghaben wollen, müssen Sie die Polizei rufen. Ich gehe nicht weg, ich warte, bis mein Kind fertig ist!«

»Wenn Sie nicht gehen, muss ich der Chefin Bescheid sagen!«

»Ich war unglaublich wütend«, erzählt Roxane in ihrer Analyse, »und noch Stunden danach völlig daneben. Jetzt bin ich schon so lange hier, aber ich kann mich an diese Deutschen nicht gewöhnen. Warum sind sie so unfreundlich? Warum kennen sie keinen

Gast? Warum lässt mich diese Frau nicht in Ruhe? Was habe ich ihr getan? Wen störe ich? Es war schrecklich, dass ich mich so aufgeregt habe.

Ich überlege, ob ich meinen Sohn jetzt aus diesem Montessori-Kindergarten nehme. Er geht aber gerne hin. Noch viel später in der Praxis war ich so daneben, dass ich meine Patientinnen mit meiner Ungeduld zum Weinen gebracht habe – und das war das wirklich Schlimme an dem Ganzen, weil sie schließlich nichts für meinen Ärger können. Ich habe sie angeschnauzt während der Untersuchung, als sie etwas wissen wollten, sie sollen mich arbeiten lassen und nicht stören. Eine nach der anderen. Zwei Patientinnen haben geweint. Dabei weiß ich doch, dass sie Verständnis brauchen. Ich war genauso deutsch wie diese Frau. Ist das nicht schrecklich?«

Wie ein Erdbeben Schockwellen auslösen kann, die weit entfernte Inseln verwüsten, so können sich auch Erfahrungen mangelnder Empathie fortpflanzen und gegenseitig steigern. Die Ärztin Roxane ist nicht freiwillig nach Deutschland gekommen. Sie gehörte im Iran einer von dem Mullah-Regime verfolgten Gruppe an und fürchtete um ihr Leben. In ihr Asyl geriet sie wider Willen. Sie sprach Französisch und wäre viel lieber dorthin gereist, aber sie bekam auf ihrer Suche nach einer Fluchtmöglichkeit nur ein deutsches Visum. Sie spricht die Sprache perfekt und arbeitet in einer eigenen Praxis. Wenn sie sich wohl fühlt, fühlt sie sich in beiden Ländern zu Hause und empfindet ihr Leben als reich; wenn sie sich nicht wohl fühlt, empfindet sie sich in zwei Ländern als Fremde.

Traumatische Erlebnisse verschwinden nicht, sie können aber aufgewogen werden durch Gegenkräfte. Unter diesen Gegenkräften spielt die Einfühlung eine wichtige Rolle. In der Untersuchung von Roxanes Erlebnissen wird zuerst ihr Schuldgefühl deutlich, mit dem sie ihren Einfühlungsmangel gegenüber ihren Patientinnen erlebt. Aber auch ihre Reaktion auf die Erzieherin, die sie von ihrem Platz vertreiben wollte, spricht für ein verborgenes Schuldgefühl, das ihre heftige Reaktion mitbegründet.

Fast alle Kulturen haben Regeln für den Umgang mit Fremden. Der oder die Unbekannte sind Feind, Beute oder Gast. Gegenüber dem Feind dominiert Aggression, gegenüber der Beute Eigennutz, gegenüber dem Gast aber das Bemühen, die Schuldgefühle des Fremden zu mildern. Der Gast kann in der Regel dem Gastgeber nicht entgelten, was dieser an Bemühen schenkt. Daher muss er genötigt werden, die Gastfreundschaft anzunehmen und sich nicht zu zieren.

In traditionellen Kulturen ist dieses Bemühen noch fester verankert als in den modernen, in denen Gäste ein Wirtschaftsfaktor sind. Beute- und Gastkomponenten verschmelzen dann. Das Bett für den Touristen trägt mehr ein als der Platz im Stall für die Kuh; wenn aber der Gast sich nicht wohl fühlt, kommt er nicht wieder und lässt sich nicht melken. Roxane hatte in dem traumatischen Kulturwechsel nach ihrer Flucht nicht nur die Geborgenheit in der Großfamilie ihres Heimatlandes verloren, sie war auch in eine Welt geraten, in der Gästen Einfühlung nicht geschenkt wird.

Unverarbeitete Kränkungen lösen Schuldgefühle aus. Sie zeigen dem Ich seine Grenzen, der manischen Abwehr ihre Schwäche, weit über Erlebnissen zu stehen, die sie doch nicht berühren dürften. Tatsächlich wünscht sich Roxane in dieser Situation ein kaltes Herz, eine Gelassenheit aus Stein, die nicht zittert ob der verweigerten Empathie, sondern cool abwartet, ob jetzt tatsächlich statt dieser selbsternannten Polizistin die richtige Polizei kommt und klärt, wie es um ihre Rechte steht.

Schuldgefühle wiederum lösen Aggressionen aus, die oft mit dem Versuch zusammenhängen, sie an den Auslöser zurückzuadressieren. Nicht ich bin falsch hier, nicht ich habe einen Fehler gemacht, sondern diese »Nazi-Blockwart-Frau«. Das Einfühlungsdefizit der unfreundlichen Kindergärtnerin weckt bei Roxane ein Echo, das die Situation schnell eskalieren lässt.

Aus den Ritualen, welche es in traditionellen Kulturen dem Fremden erleichtern sollen, sich als Gast zu fühlen, ist die Höflichkeit geworden. Sie beschäftigt sich indirekt mit Einfühlung, indem sie Regeln entwickelt, welche ein möglichst kränkungsfreies Zusammenleben sichern. Wilhelm Busch hat die Ambivalenz der Höflichkeit auf den Punkt gebracht:

> »Wer möchte diesen Erdenball
> noch fernerhin betreten,
> wenn wir Bewohner überall
> die Wahrheit sagen täten?
> Ihr hießet uns, wir hießen euch
> Spitzbuben und Halunken,
> wir sagten uns fatales Zeug,
> noch eh wir uns betrunken.
> Und überall im weiten Land,
> als langbewährtes Mittel,
> entsproßte aus der Menschenhand
> der treue Knotenknittel.
> Da lob' ich mir die Höflichkeit,
> das zierliche Betrügen.
> Du weißt Bescheid, ich weiß Bescheid,
> und allen macht's Vergnügen.«

Der Dichter identifiziert Höflichkeit als Rollenspiel, um eine durch Empathie nicht gemilderte Grobheit zu mildern. Gleichzeitig entwertet er dieses Rollenspiel, indem er die Möglichkeiten zum Betrug benennt. Höflichkeit ist aber kein Gegensatz, sondern eher die Grundlage für einen durch Empathie und Authentizität geprägten Umgang zwischen Menschen. Wer höflich ist, sagt nicht die ganze Wahrheit, aber er bemüht sich auch, nicht zu lügen. Erst angesichts der Wahl, ein Gegenüber zu verletzen oder sich selbst zu schaden, ersetzt er die Wahrheit durch eine Lüge.

Während in der Ethik Kants die Lüge generell verboten ist (der Königsberger Philosoph geht so weit, auch gegenüber einem Einbrecher oder Erpresser den Verzicht auf die Lüge zu fordern), hält Schopenhauer sie für erlaubt, um die eigene Sphäre vor Übergriff und Zudringlichkeit zu schützen, was ja oft durch die Verweigerung der Aussage nicht ausreichend möglich ist.

Rechthaberei ist unhöflich und blockiert die Fähigkeit zur Empathie. Sie spiegelt die Position der manischen Abwehr: Es darf nur meine Meinung geben, meine Wahrheit, meine Erwartung. Die Szene bei der Bank im Kindergarten zeigt, wie eine Unhöflichkeit, eine Rechthaberei die andere weckt – und wie reich die Möglichkeiten der Empathie wären, die Eskalation aufzuhalten.

Die Kindergärtnerin hat recht, es ist ausgemacht, dass der Spielplatz den Kindern gehört, zum Montessori-Konzept gehört es, solche Reviere zu respektieren. Aber eine erschöpfte Mutter, die einen Augenblick in der Sonne sitzen möchte, sogleich als Ruhestörerin zu behandeln und vertreiben zu wollen, das zeigt ein tiefes Missverständnis solcher Regelungen. Die Kinder, die keinerlei Revierverletzung empfinden, werden nicht gefragt; die Erzieherin behauptet, im Interesse der Kinder zu sprechen, aber sie spricht aus ganz eigenen Interessen, sie kann nicht darauf verzichten, Roxane ihre Überlegenheit spüren zu lassen, ihr größeres Wissen um die Regeln auszuspielen, die hier gelten und deren Sinn sie in dem Augenblick verrät, in dem sie akribisch ihren Inhalt durchsetzen möchte.

Roxane hingegen kann diesen Ehrgeiz, dieses Bedürfnis nach einem Triumph im eigenen Revier, nach einem Sieg in der Rivalität mit einer Frau, die in einem teuren Mantel auf einer Bank sitzt, auf der sie nicht sitzen soll, nicht einfühlen und das Selbstgefühlsdefizit dahinter wahrnehmen, welches doch jeden Rechthaber und Blockwart antreibt, sich in seiner Identifizierung mit Normen aufzublasen und größer zu scheinen, als er ist. Sonst würde sie lächelnd aufstehen, die Achseln zucken, eine ironische Bemerkung machen über diesen falschen Eifer, sich zur Sprecherin von Kindern zu machen, die keine solche Sprecherin brauchen. Ob solche Reaktionen zur Verfügung stehen oder nicht, das hängt davon ab, wie intensiv das eigene Größenselbst durch Schuldgefühle bewacht wird. Roxane ersetzt – und hier gleicht sie ihrer Gegenspielerin – eine empathische Orientierung durch eine narzisstische.

Indem uns Einfühlung dazu verhilft, eigene und fremde Wünsche und Emotionen wahrzunehmen, unterstützt sie uns auch dabei, primitive narzisstische Reaktionen zu überfühlen und zu überdenken. Wir gewinnen dann Raum und Zeit, um herauszufinden, ob es tatsächlich unseren Interessen dient, unser Größenselbst energisch zu verteidigen. Ist der Anlass die Aufregung wert? Muss ich mich hier beweisen und um mein Prestige kämpfen? Rechtfertigt der Aufwand den möglichen Ertrag?

Da solche Probleme dem Therapeuten in der Arbeit mit traumatisierten, in ihrer Kränkungsverarbeitung geschwächten Menschen häufig begegnen, kann er aus einem Fundus von Metaphern schöpfen, welche den Patienten helfen, sich selbst besser zu verstehen und seiner Empfindlichkeit mit mehr Humor zu begegnen. Einer meiner Vergleiche ist der zwischen dem großen und dem kleinen Hund. Der kleine Hund kläfft, sobald sich jemand nähert, er muss seine Wachsamkeit auch angesichts der winzigen Störung beweisen. Der große Hund hingegen hebt bei harmlosen Anlässen nicht einmal den Kopf von den Pfoten.

Auf den ersten Blick wirkt das Fremde oft nah – als sei es nur einen Schritt weit entfernt. Erst wenn wir diesen Schritt getan haben, erkennen wir, wie fremd es wirklich ist und wie viel uns noch zur Verständigung fehlt.

Als Student lebte ich für eine Weile als Aussteiger in der Toskana und glaubte, wenn ich erst einmal besser Italienisch spräche, wäre ich ganz wie meine Nachbarn. Es waren sehr gastfreundliche Menschen, offen und herzlich, ich litt sehr unter meinem Haschen nach verständlichen Worten und meinem Gestammel.

Und so lernte ich den toskanischen Dialekt so gut, dass man

mir eines Tages in der Cassa di Risparmio einen Hundertmarkschein nicht wechseln wollte, weil ich kein Konto bei dieser Bank hätte. Und merkwürdig: Je besser ich mit den Nachbarn reden konnte, desto klarer wurde mir auch, dass sie in einer ganz anderen Welt lebten als ich. Ich fand heraus, dass manche Nachbarn selbst Fremde waren, Süditaliener, die es aus ihren noch armseligeren Dörfern, von ihren winzigen, oft stundenlange Wege vom Haus entfernt liegenden Feldern in die Toskana verschlagen hatte.

Ich glaube, dass es auch im Kontakt mit einer fremden Kultur etwas gibt wie Verliebtheit. Wer an einem bayerischen Gehöft vorbeiwandert, begegnet verschlossenen Türen und vorsichtig grüßenden Bauern. Wer 1966 in der Toskana wanderte, wurde an vielen einsamen Gehöften zu einem Glas Wein eingeladen und manchmal fast genötigt, zum Abendessen zu bleiben.

Wer dann weiterwandert, wird in seiner Idealisierung dieser Gastfreundschaft verharren können. Wer allerdings erreichbar bleibt, wird erkennen, dass er eine Verpflichtung eingegangen ist, die schwerer wiegen kann als ein Glas Wein. Einer meiner Nachbarn war überzeugt, ich würde ebenso problemlos, wie er mich bewirtet hatte, ihm als Chauffeur für einen Verwandtenbesuch in Süditalien dienen, denn ich hatte ein Auto und er keines.

Solche Szenen zeigen die Grenzen einer empathischen Orientierung. Sie weiß nichts um die unterschiedlichen Kontexte, in die eine Handlung eingebettet ist. Die freundliche Einladung des orientalischen Teppichhändlers auf ein Glas Tee ist eine Geste guter Beziehung und der erste Schritt zu einem guten Geschäft. Wer sich von Anfang an ganz sicher ist, dass er auf keinen Fall einen Teppich kaufen möchte, sollte sich eher zurückhalten, auch wenn der potenzielle Gastgeber beteuern wird, seine Einladung sei gänzlich unverbindlich, sie heiße einzig und allein den Fremden willkommen.

Auch in der interkulturellen Beziehung macht es Sinn, zwischen dem symbiotischen und empathischen Modus zu unterscheiden. In der Symbiose wird der Unterschied in den Erwartungen zunächst geleugnet und übergangen; später macht er sich umso radikaler bemerkbar. In der Empathie wird der Unterschied beachtet und bleibt bestehen, auch wenn seine Bedeutung das Verhalten noch nicht bestimmt.

Gerade in sexuellen Beziehungen fallen Symbiose und Empathie anfangs zusammen. Verliebte beteuern gern, einander alle Erwartungen zu erfüllen, manche glauben das auch und fühlen sich wie vom Himmel auf die Erde gestürzt, wenn sich zeigt, dass sie sich geirrt haben.

Das von einem Mangel an Nestwärme enttäuschte deutsche Mädchen verliebt sich nicht nur in den jungen Syrer, der Asyl sucht und verspricht, sie auf Händen zu tragen. Was sie anzieht, ist vor allem dessen Familie: diese selbstverständliche Wärme, die Zeit füreinander, die festen Rollen für Männer und Frauen, der Respekt für den Gast.

So wird sie aus dem Gast in der fremden Familie zu einer jungen syrischen Ehefrau. Bald fühlt sie sich wie eine Gefangene, eine Sklavin, die zum Sex bereit sein und ihr Geld bei der Schwiegermutter abliefern soll, während der Ehemann seine Abende mit seinen Freunden verbringt.

In der Kränkung verwandelt sich die Sehnsuchtsorientalin wieder in eine Westeuropäerin. Ein Anwalt rät, die Ehe annullieren zu lassen. Sie müsse aussagen, diese sei geschlossen worden, um sich eine Aufenthaltserlaubnis zu erschleichen. So könne sie sich jeder Unterhaltsverpflichtung entziehen. Der junge Syrer findet sich in Abschiebehaft wieder.

Die Probleme im Kontakt mit einem anderen Menschen – und damit auch die Probleme im Kontakt mit einer fremden Kultur – entstehen einmal daraus, dass uns dieser Mensch fremd ist, wir seine Werte nicht kennen, umso weniger, je weniger wir über die Kultur wissen, aus der er kommt.

Wie uns die Untersuchung der Verliebtheit gelehrt hat, entstehen jedoch vielleicht noch schwerer wiegende, mit heftigeren Aggressionen verknüpfte Probleme daraus, *dass wir glauben, der Fremde sei uns gar nicht fremd*, er sei vielmehr genau das, was wir uns wünschen.

Wer von den eigenen Eltern, der eigenen Heimat sehr enttäuscht wurde, wird mit doppelter Sehnsucht auf die Menschen seiner Wahlheimat jene Tugenden projizieren, die er in seiner ersten Heimat nicht gefunden hat. Wie schnell dieser Prozess kippt, zeigt jene Brasilianerin, die unbedingt zu einem deutschen Therapeuten will, obwohl sie sich noch sehr viel besser in Portugiesisch ausdrückt und es Psychologen aus Portugal oder Brasilien in der Stadt gibt.

»Alle Brasilianer, die ich kenne, machen mich depressiv«, sagt sie. »Sie gehen immer in dieselben Kneipen, hören dieselbe Musik und jammern, dass in Deutschland alles viel schlechter ist als in Brasilien. Nur zurück wollen sie nicht.«

In dieser pauschalen Anklage projiziert die Klientin ihre eigene Enttäuschungsangst in »alle Brasilianer, die ich kenne«. Sich selbst erlebt sie noch gewillt, durch die Wahl des deutschen Therapeuten ihre Enttäuschung zu überwinden.

Platon erzählt einen Mythos über den Ursprung des Eros. Einst waren die Menschen ungeheuer starke Kugelwesen, deren Kraft die Götter bedrohte. Um diese zu schwächen, beschlossen die Götter, die Menschen in jeweils zwei Teile zu schneiden, »wie Eier mit Haaren«, und ihnen so die Sehnsucht einzupflanzen, sich mit der verlorenen Hälfte zu vereinen. Während die Kugelwesen sich wie die Zikaden vermehrten, indem sie Eier in die Erde legten, erhielten die Menschen das kräftezehrende Geschenk der sexuellen Vereinigung.

Da es drei Sorten solcher Kugelwesen gab – die weiblichen von der Erde, die männlichen von der Sonne und die mannweiblichen vom Mond – gibt es Frauen, die sich mit Frauen vereinigen wollen, Männer, die das mit Männern tun möchten, sowie als größte

Gruppe Frauen und Männer, die sich nach etwas sehnen, das anders ist als sie, um sich mit ihm zu vereinen.

Die psychoanalytische Forschung hat Platons Mythos sozusagen vom Kopf auf die Füße gestellt und seiner Unwahrscheinlichkeiten beraubt. Das unendlich starke Kugelwesen hat in unserer Phantasie tatsächlich existiert. Es lebt in verkappten Formen fort: Es ist das Größenselbst, beschützt durch eine manische Abwehr, die Phantasie, in der Verschmelzung mit einer in den Grenzen ihrer Macht noch nicht erkennbaren Mutter selbst allmächtig zu sein. Im Gedanken an die Macht der Sehnsucht nach dieser Einheit kann die Psychologie Platon nur folgen.

Wir sprechen von der Sehnsucht nach Symbiose, Verschmelzung, Spiegelung, Anlehnung, Idealisierung und meinen damit, dass die oben skizzierte Bereitschaft des Menschen zu sehen, was er sich wünscht, und zu glauben, es sei tatsächlich da, sich gerade in den erotischen Bedürfnissen besonders zeigt.

Der Gegensatz von »Phantasie« und »Realität« ist ein Kunstprodukt, das durch Eigenheiten der neuropsychologischen Grundlagen unserer Orientierung erzeugt wird. Unsere Wahrnehmung der Wirklichkeit beruht auf einem ständigen Korrekturprozess, in dem wir dramatische Entwürfe wieder zurechtrücken. Wo das nicht gelingt, zum Beispiel bei amputierten Gliedmaßen, die das erlebende Ich nicht mehr mit realen Rückmeldungen versorgen, können Phantasien eine peinigende Macht gewinnen (»Phantomschmerzen«).

Wie die menschliche Wahrnehmung, Kreativität und viele andere wesentliche Merkmale ist auch unser Kontaktverhalten auf einem Dialog von kühnem Entwurf und kritischer Verfeinerung aufgebaut. Dieser scheint eine neurologische Grundlage in den unterschiedlichen Funktionen der beiden Gehirnhälften zu haben.

Die kontaktstiftende Funktion ist das Sichverlieben, das auf einer Überschätzung (Idealisierung) des Partners beruht. Die kontakterhaltende Funktion ist dann der realistische Austausch mit einem Partner, den wir nach seinen vorwiegend sozial definierten Qualitäten Liebe, Freundschaft, Kollegialität, Kameradschaft nennen. Vorurteil und Hass gegen das Fremde hingegen entstehen aus dem Kippen der primitiven Verliebtheit in ihr ebenso primitives Gegenteil: Der Schritt vom Erlöser zum Verderber ist kürzer als der von der Illusion über den anderen zur Begegnung mit seiner Wirklichkeit.

Wer aus dem positiven Vorurteil in das negative kippt, erspart sich die Auseinandersetzung mit der Realität, die auch immer bedeutet, sich Kränkungen zu stellen und Ängste vor Kränkungen zu überwinden.

In einem narzisstischen Mangelzustand entwickelt das Ich eine gesteigerte Wahrnehmung für Quellen von Aufmerksamkeit und Grandiosität. Es blickt sozusagen um sich, sucht nach Möglichkeiten, zu idealisieren, sich zu verlieben, sich zu identifizieren, an fremder Grandiosität auf die eine oder andere Weise zu partizipieren. Wohl dem, der sich beispielsweise allein in einem Garten, in freier Landschaft, mit einem Buch oder in der zeitweiligen Verschmelzung mit den Helden eines Kinofilms erholen und seine Bestätigungswünsche auf unschädliche Weise erfüllen kann.

In den Fällen einer narzisstischen Störung benötigt das Ich stärkere Reize. Einer davon ist das Fremde. Wer genießen kann und Liebe nicht mit einer Aufgabe verbindet, der wird in der Regel kein Problem damit haben, es sich bequem zu machen und sich dorthin zu verlieben, wo ein Partner erreichbar, verfügbar, vertraut ist.

Wer aber in der Liebe Erlösung sucht, wer etwas Besonderes benötigt, wer Kränkungen zu kompensieren hat, der wünscht sich in seiner Liebeswahl etwas, das seinen Ehrgeiz befriedigt, der will es kompliziert und sucht die Aufwertung, die im Triumph über solche Komplikationen liegt.

So stehen interkulturelle Partnerschaften nicht selten unter Beweisdruck, weil die Partnerwahl ehrgeizig ist und nach Höherem strebt. Sie müssen gelingen. Sie dürfen nicht an Konflikten reifen, sie sollen konfliktfrei sein, sonst taugen sie nicht. In einem so hoch gespannten, von Größenselbst und manischer Abwehr geprägten Geschehen gibt es dann keine kleinen Liebesprobleme mehr, sondern nur noch Katastrophen. Idealisierung und Entwertung lassen keinen Raum mehr für die Empathie.

Die junge Kurdin musste aus politischen Gründen ihre Heimat verlassen und heiratete einen Deutschen, mit dem sie bald ein Kind bekam. Ihr Mann baute sein Geschäft auf und glaubte, so alles für eine Familie zu tun, die bald durch die Depression seiner Ehefrau belastet war. Den sexuellen Rückzug der aus seiner Sicht von ihm aus Not und Verfolgung erlösten und dann so undankbaren Frau quittierte der an sich weiche, nach Anerkennung hungernde Mann durch gesteigerten beruflichen Ehrgeiz. Als schließlich der Konflikt zutage tritt, erklärt die Kurdin ihren Partner zu einem emotionalen Krüppel, einem typischen Deutschen, der nur Arbeit im Kopf hat, erotisch eine taube Nuss. Sie erträgt es nicht, wie er sich von ihr zurückzieht, wenn sie ihn derart beschimpft, und kommt mit Depressionen in eine Therapie. Dort entlastet es sie sehr, sich einzugestehen, dass kein Partner den Reichtum an emotionalen Beziehungen ersetzen kann, der in ihrer Heimat selbstverständlich war, wo ihre Eltern mit vielen Onkels und Tanten in einem großen Haus lebten.

Zerstörte Erwartungen und falsche Deutungen

Seit Liebesbeziehungen ein freier Handel zwischen zwei Individuen sind, müssen wir auch akzeptieren, dass alle Zusatzaufgaben die Brücke belasten, die während der Verliebtheit geschlagen wurde. Zu sehr belastet, kann sie sich im Alltag nicht festigen. Das gemeinsame Kind beispielsweise hat traditionelle Ehen stabilisiert;

moderne belastet es und ist inzwischen zum häufigsten Anlass für frühe Scheidungen geworden.

Wenn wir uns vorstellen, dass ein von den Frauen seiner Heimat gekränkter Europäer glaubt, in einer Thaifrau eine bessere Partnerin zu finden, brauchen wir keine prophetischen Fähigkeiten, um diesem Paar harte Zeiten vorauszusagen, wenn sie diese zum Teil aus einer männlichen Illusion gebaute Brücke festigen sollen. Es wird von der Empathie und Realitätstüchtigkeit der Beteiligten abhängen, ob das gelingt.

Die fremde Kultur ist eine Herausforderung, reizvoll und schwierig zugleich, ähnlich wie auch ein gemeinsames Kind eine solche Aufgabe ist. In der Praxis gilt, dass die erotische Beziehung zweier Menschen, die einigermaßen mit Kränkungen umgehen können, die Last eines Dritten – etwa einer Schwangerschaft – gerade noch aushält.

Wo die Liebe wacklig ist und die projizierte Sehnsucht nach einer besseren Heimat grenzenlos, ist es nicht das Fremde an sich, das die Beziehung überlastet und unter Umständen zerbricht. Das tut eher die Illusion, es sei gar nicht da, die Störung sei allein dem Versagen eines Mannes oder einer Frau zuzuschreiben, jene Liebe zu spenden, die ich selbst nicht geben kann.

In einer traditionellen Kultur gibt es für zerstörte Erwartungen auch feste Lösungen und klare Schuldzuschreibungen. In einer individualisierten Kultur ändert sich das radikal. Manche Personen reagieren mit einem depressiven Rückzug, andere verdoppeln ihre Anstrengungen, sich doch noch durchzusetzen. Im Folgenden ein drastisches Beispiel dafür, wie enttäuschte Erwartungen in kriminelle Gewalt führen – und wie diese Entgleisungen als religiöse oder kulturelle Phänomene fehlgedeutet werden.

Ich bin während meiner Jahre in Italien dort Traditionsverlusten begegnet, die meinen Blick auf das verändert haben, was als »Ehrenmord« in der deutschen Presse diskutiert wird. In den 1970er Jahren ging es um den Sizilianer in Mailand, der die »Ehre«

einer Familie dadurch zu retten vorgab, dass er seiner Ehefrau das Gesicht zerschnitt. Das sei »typisch sizilianisch«, hieß es in der Presse.

Meine aus Süditalien zugewanderten Nachbarn in der Toskana klärten mich auf: Traditionsverbundene Sizilianer respektieren ihre Frauen ebenso wie aufgeklärte Mailänder. Um sein zerstörtes Größenselbst zu retten, *behauptet* ein solcher Täter, sein Verhalten sei sizilianisch, nicht kriminell. Der nach Futter für seine Vorurteile hungrige Lombarde nutzt den Anlass, um eine Beschränkung der Zuwanderung zu fordern, damit seine Heimat nicht von Sizilianern überschwemmt werde, die – wie sie doch selbst zugeben! – Kriminalität für ehrenhaft halten.

In der deutschen Presse richtet sich dieses Muster vor allem gegen die Muslime. Manche Delikte werden als Ausdruck ihrer traditionellen Kultur gedeutet. Aber solche Verbrechen entstehen nicht durch die traditionelle Kultur, sondern durch ihren Verlust.

Es sind in ihrem Selbstgefühl und in ihren Zusammenhängen zerrissene Gruppen, die – vom Zerfall bedroht – Zuflucht in Gesten suchen, die den Angsttrieben sterbender Pflanzen gleichen: Die verlorene Norm wird durch Gewalt und Blutvergießen bezeugt.

Je unsicherer sich Menschen ihrer sexuellen Identität werden, umso intensiver wird ihr Bedürfnis, Personen des anderen Geschlechts zu kontrollieren und sie sich zu unterwerfen. Migration kränkt und verunsichert Männer häufig sehr viel intensiver als Frauen, die in patriarchalischen Gruppen von Kindheit an üben müssen, nachzugeben und Beziehungen durch Empathie zu festigen. Daher gelingt es Frauen und Kindern in den Familien der Arbeitsnomaden besser, sich an ein fremdes Land anzupassen, Arbeit zu finden und zu halten, sich in einer neuen Kultur zurechtzufinden. Männern fällt es schwerer, ihren Stolz zu opfern. So wollen sie in ihrer Familie umso mehr dominieren, je weniger sie zu ihr beitragen.

Das Verhältnis zu den Frauen in der Familie kann bei den seelisch stabilen Migranten durch Empathie geregelt werden. Sie wird intensiver genutzt, um die Traditionsverluste auszugleichen und die Familie den neuen Anforderungen anzupassen. Eine Minderheit der Männer jedoch, ihres traditionellen Halts und ihrer Wurzeln beraubt, wird zu gewaltbereiten Machos.

In einem frommen muslimischen Haus haben Frauen eine große, von den Männern respektierte, nicht selten sogar gefürchtete Macht. Die Mutter des Sultans herrschte im Osmanischen Reich als zweitmächtigste Person am Hof. Ein Mann, der seine Frau schlägt, hat im traditionellen Islam keine Würde, er ist kein Frommer, er wird im Diesseits von den Verwandten der Frau, im Jenseits von Allah bestraft.

Ein solcher Täter handelt, nicht anders als der gewalttätige Christ oder Heide, aus Wut und Einfühlungsdefiziten. Seine Tat hat nichts mit einer kulturellen Tradition zu tun. Sie missbraucht diese. Je mehr interkulturell geprägte Situationen wir zu bewältigen haben, desto mehr müssen wir auch darauf achten, solche Ausreden zu durchschauen und nicht von ihnen auf eine fremde Kultur zu schließen.

Mit der Rede von ihrer Ehre belügen die Täter sich selbst. Sie ist die Ausrede, mit der sie sexuelle und sadistische Impulse bemänteln. Hinter der moralischen Blähung, mit der sie Frauen »bestrafen«, stecken wie in den Zeiten der christlichen Hexenverfolgungen uneingestandene sexuelle Fixierungen, Inzestwünsche. Wie praktisch, diese unappetitlichen Begierden in ein moralisches Mäntelchen zu stecken und sie an denen zu rächen, welche sie angeblich geweckt haben!

Dieser als Ehrenrettung getarnte Wahn kann sich gegen die eigene Tochter richten, wie vor einigen Jahren im Südwesten Deutschlands, wo ein Kosovo-Albaner seine 16-jährige Tochter tötete, weil sie gegen seine Vorschriften ausgehen wollte. Er wickelte ihr Isolierband um Mund und Hals und zog zu – ein sadistisches Ritual, wie es im Buche steht. Danach versuchte er, den Leichnam beiseitezuschaffen. Im Prozess warben er und sein Anwalt um Verständnis für »Traditionen«.

Wenn ein christlicher Vater seine Tochter ersticht und behauptet, er habe religiöse Gründe dafür, ihre Tugend zu retten, wird ihm in einem christlichen Land niemand glauben. Wenn es aber ein muslimischer Vater ist, verbinden sich die Vorurteile der Justiz mit den Ausreden des muslimischen Täters zu dichtem Nebel.

Während die islamischen Gemeinden in solchen Fällen von einer Wahnsinnstat sprechen und beklagen, dass ihre Integrationsarbeit auf diese Weise zurückgeworfen würde, titeln auch angesehene Tageszeitungen: »68 Stiche gegen die westliche Welt – Der Dönerbuden-Besitzer Mehmet Ö. aus Schweinfurt steht vor Gericht, weil er seine 15-jährige Tochter um des Glaubens willen getötet hat.« So die *Süddeutsche Zeitung* im Februar 2010.

Aus dem Bild zu dem Artikel geht hervor, dass Mehmet Ö. keine Dönerbude, sondern einen Feinkostladen betrieben hat. Die Familie war gut integriert. Die Mutter arbeitete in einem Krankenhaus, die Tochter besuchte ein Gymnasium. Sie trug das Kopftuch und war stolz auf ihren Glauben.

Der Vater verkraftete es nicht, dass seine Tochter ihn nicht darüber bestimmen lassen wollte, ob sie mit ihrem neuen Freund telefonieren dürfe oder nicht. Nach einem Streit über diese Frage, in der er den Argumenten seiner eloquenten Tochter nichts entgegensetzen konnte, erstach er das Mädchen im Schlaf. Solche Streitigkeiten sind in allen Familien zu erwarten, in denen die Väter von den Kränkungen überfordert sind, welche eine heranwachsende Tochter dem primitiven männlichen Narzissmus auflädt. Wenn diese Väter fromm sind, finden sie vielleicht Halt in ihrem Glauben und suchen Rat bei einem Priester oder Vorbeter. Wenn aber die narzisstische Wut ihre Empathie zerstört und die Angst vor einer Kränkung ohne Ende ihre Sicht auf die Welt zu einem Tunnel verengt, dann werden sie genau das tun, was Mehmet Ö. getan hat.

11. Empathie und Macht

In der dritten Szene des ersten Aufzugs von *Wilhelm Tell* führt Schiller eine Debatte, ob Menschen durch Vereinzelung und einsame Entscheidung stärker werden oder durch den Zusammenhalt in einer Gruppe. Stauffacher, der den Aufstand gegen die Habsburger organisieren will, stößt bei Tell auf Widerstand. »Wir könnten viel, wenn wir zusammenstünden«, sagt Stauffacher. Tell: »Beim Schiffbruch hilft der Einzelne sich leichter.« Stauffacher: »So kalt verlasst ihr die gemeine Sache?« Tell: »Ein jeder zählt nur sicher auf sich selbst.« Stauffacher: »Verbunden werden auch die Schwachen mächtig.« Tell: »Der Starke ist am mächtigsten *allein*.«

Menschen mit einem Empathiedefizit finden emotionale Kontakte mühsam und schwer zu kontrollieren. In der Folge wenden sie viel Zeit und Kraft daran, sich *alleine* mit sich und ihren Umweltbezügen zu beschäftigen. Sie denken viel nach, ob es richtig ist, ein Bedürfnis zu äußern, einen Kontakt zu wagen, eine Frage gemeinsam zu klären.

Tells letzter Satz idealisiert diese Schwäche und beleuchtet das Größenselbst: Da es alle Stärke bereits haben muss, kann es der Kontakt zu anderen nur schwächen. Realistisch ist das nicht. Der Starke wird durch die Verbindung mit anderen Starken stärker, nicht durch den Verzicht darauf. Aber die psychologische Wahrheit des primitiven Narzissmus ist genau erfasst.

In immer neuen Grübeleien, im Aufbau phantastischer Gebäude und deren Abbruch durch Zweifel versuchen die geschilderten Personen, ihr Größenselbst aufrechtzuerhalten, wonach sie vorher und alleine klären müssen, ob eine Kontaktaufnahme ihre Grandiosität stützt oder gefährdet. Tage und Nächte werden mit Grübeleien verbracht, ob sie einen Anruf tätigen, einen Brief oder eine

E-Mail schicken sollen oder lieber warten, bis sich ihr Gegenüber zu diesem als Erniedrigung phantasierten Schritt entschließt. Viele Stunden geistiger Anstrengung kreisen ergebnislos um die Frage, ob eine Kontaktmöglichkeit erlaubt ist oder nicht.

Eine der schönsten Schilderungen dieser einsamen Beziehungsklärung stammt von Paul Watzlawick. In seinem »Hammer-Gleichnis« erzählt er von einem Mann, der ein Bild aufhängen will. Den Nagel hat er, nicht aber den Hammer. Der Nachbar, das weiß er, hat einen. Also beschließt unser Mann, hinüberzugehen und ihn auszuborgen. Doch da kommt ihm ein Zweifel: Was, wenn der Nachbar mir den Hammer nicht leihen will? Gestern schon grüßte er mich nur so flüchtig. Vielleicht war er in Eile. Vielleicht hat er die Eile nur vorgeschützt, und er hat was gegen mich. Und was? Ich habe ihm nichts getan; der bildet sich da etwas ein. Wenn jemand von *mir* ein Werkzeug borgen wollte, ich gäbe es ihm sofort. Und warum er nicht? Wie kann man einem Mitmenschen einen so einfachen Gefallen abschlagen? Leute wie dieser Kerl vergiften einem das Leben. Und dann bildet er sich noch ein, ich sei auf ihn angewiesen. Bloß weil er einen Hammer hat. Jetzt reicht's mir wirklich. – Und so stürmt er hinüber, läutet, der Nachbar öffnet, doch bevor er »Guten Tag« sagen kann, schreit ihn unser Mann an: »Behalten Sie Ihren Hammer.«[60]

Der Analytiker solcher Menschen ist manchmal überrascht, weil einige Tage nach einer scheinbar friedlich verbrachten Stunde ein zorniger Klient kommt, der sich darüber beklagt, der Helfer habe ihn während der letzten Sitzung angeschrien, beleidigende Äußerungen getätigt und ihn nicht ausreden lassen. Es fruchtet wenig, solche Irrtümer mit Hilfe einer Tonbandaufzeichnung zu korrigieren. Sie zeigen die Schwierigkeiten dieser Menschen, sich darauf zu verlassen, dass sie in einer Beziehung Erlebtes offen äußern dürfen. Sie führen uns vor Augen, dass ihnen irgendeine unserer tatsächlichen oder vermeintlichen Aussagen (gerade das lässt sich durch die Zeitverzögerung und Bearbeitung des Gesagten oft nicht mehr klären) nahegegangen ist. Es war ihnen aber nicht möglich, auf die Botschaft sogleich zu reagieren. Daher haben sie diese mit nach Hause genommen und in ihrem privaten Labor mit hochsensiblen Instrumenten und gehörigem Zeitaufwand tagelang bearbeitet, bis unter Umständen etwas ganz anderes daraus wurde, als es in der Zweiersituation war. Beim nächsten Treffen konfrontieren sie uns mit dem Ergebnis ihrer Untersuchung und sind überzeugt, wir hätten genau das gesagt, was sie sich inzwischen erschlossen haben.

Empathie und das Selbstobjekt

Wie bereits die Untersuchung des Stalking gezeigt hat, sind in ihrer Empathiefähigkeit gestörte Menschen auf der Suche nach einem *Selbstobjekt*, das ihre Grandiosität stützt und nicht von ihnen verlangt, sich mit anderen Gefühlen oder Meinungen auseinanderzusetzen als den eigenen. Ihr Gegenüber soll Spiegel sein – oder es ist böse. Und manchmal, wie es die Geschichte vom Hammer zeigt, wird das Gegenüber allein durch die Intensität böse, mit dem etwas von ihm gewünscht wird. Der Wunsch weckt frühere Erfahrungen, enttäuscht, beschämt, abgelehnt worden zu sein. Diese werden vorbeugend aktiviert und projiziert.

»Selbstobjekt« ist ein brauchbares, aber in seinem Nutzen auch begrenztes Wort. Seine Erscheinungen im Alltag sind ersehnte Märchenprinzen oder hingebungsvolle Geishas, sind vollkommene Mütter oder Väter, Brüder oder Schwestern, zu denen alle Grenzen aufgehoben werden. Aber die Sache ist komplizierter. Nicht immer erlaubt die Beziehung zum Selbstobjekt erotische Leidenschaft. Diese kann sogar ausgeschlossen sein, weil die körperliche Erregung, verbunden mit intensiver Nähe, Augenblicke totaler Selbstbezogenheit in die Beziehung einspeist, welche den Abhängigkeits- und Verschmelzungswünschen zuwider sind.

So ahnte Goethe in seinem Gedicht »Warum gabst du uns die tiefen Blicke«, dass ein Maximum an empathischer Nähe auch ein Fluch sein kann. Die Leidenschaft wird unmöglich, welche die Vereinigung des Fremden zum Paar erzwingt. Die geistige Verbindung erklärt zur unüberwindlichen Grenze, was im Grunde nur eine andere Illusion ist als die der erotischen Faszination, deren Mangel Goethe beklagt. Er kann *Traumglück* und *Traumgefahr* nicht zulassen, welche als Elixier der Erotik von dem Dichter gesehen, der Verbindung zum Selbstobjekt zuliebe jedoch geopfert werden.

> »Ach, so viele tausend Menschen kennen,
> Dumpf sich treibend, kaum ihr eigen Herz,
> Schweben zwecklos hin und her und rennen
> Hoffnungslos in unversehnem Schmerz;
> Jauchzen wieder, wenn der schnellen Freuden
> Unerwart'te Morgenröte tagt.
> Nur uns armen liebevollen beiden
> Ist das wechselseit'ge Glück versagt,
> Uns zu lieben, ohn' uns zu verstehen,
> In dem andern sehn, was er nie war,
> Immer frisch auf Traumglück auszugehen
> Und zu schwanken auch in Traumgefahr.
> Glücklich, den ein leerer Traum beschäftigt!
> Glücklich, dem die Ahndung eitel wär'!
> Jede Gegenwart und jeder Blick bekräftigt
> Traum und Ahndung leider uns noch mehr.
> Sag, was will das Schicksal uns bereiten?
> Sag, wie band es uns so rein genau?
> Ach, du warst in abgelebten Zeiten
> Meine Schwester oder meine Frau;«[61]

Wer mit einem Selbstobjekt verschmilzt, kann hoffen, seine Empathiedefizite zu überwinden und doch nicht mehr allein zu sein. Die Verschmelzung wird aber nicht nur ersehnt, sondern auch gefürchtet, denn wer sie eingeht, muss mit einer Zerstörung seines Selbstgefühls rechnen, wenn das Unternehmen nicht gut geht. Das Selbstobjekt muss idealisiert bleiben, sonst ist das Selbstgefühl bedroht.

Sowohl die Verliebtheit (als Phantasie der Erfüllung der Sehnsucht nach dem Selbstobjekt) als auch die mit dem Verlust eines idealisierten Menschen verbundenen Ängste und Schmerzen teilen Helfer und Schützling. Da wir alle von traumatischen Erfahrungen geprägt sind und unsere Möglichkeiten, sie zu verarbeiten, durch die Ausbildung zum Psychotherapeuten vielleicht reflektiert, aber keineswegs perfektioniert werden können, gibt es oft Fälle, in denen ein Klient Reifungsschritte vollzogen hat, die seinem Therapeuten nicht gelungen sind – beispielsweise eine Familiengründung.

Wenn der Therapeut dadurch verunsichert wird, kann es geschehen, dass er verstärkt Halt bei seinem Klienten sucht. Dann ist die Behandlung gefährdet. Statt sich einzugestehen, dass der Kranke Stärken haben muss, die ihm selbst fehlen, und mit diesen Stärken zu arbeiten, kann der auf seine Grandiosität angewiesene Therapeut davon abhängig werden, dass der Klient sich selbst entwertet, um ihn aufzuwerten.

Diese Situation macht die Arbeit der »neuen Helfer«[62] so verwirrend und bereichernd zugleich. Sie können immer wieder auch etwas für sich selbst lernen und erkennen, wenn sie von der naiven Größenvorstellung Abstand genommen haben, dass der Helfer in allen Punkten »weiter« sein muss als der Schützling.

Die Sehnsucht nach Selbstobjekten teilen alle Menschen. Den Schritt vom primitiven zum empathischen Narzissmus markiert die Fähigkeit, Enttäuschungen dieser Sehnsucht zu verarbeiten, in ihnen handlungsfähig zu bleiben, sich entweder das einst idealisierte Liebesobjekt im Alltag zu bewahren oder ein neues zu idealisieren, das dem Alltag besser standhält.

Wer mit den zwangsläufigen Kränkungen im Zusammenhang mit dieser Sehnsucht nach dem Selbstobjekt fertig werden will, muss sich an der Empathie in sich selbst und in andere orientieren. Nur so lässt sich die Erfahrung verarbeiten, dass sich die Gegenstände unserer Verliebtheit verändern, dass sie weder so sind, wie wir sie haben möchten, noch so werden, wie wir sie brauchen, aber dennoch mit uns ebenso in Austausch treten können wie wir mit ihnen.

In ihrer Selbstgefühlsentwicklung gestörte Menschen ertragen es nicht, wenn sich eine idealisierte Beziehung verändert. Sie fühlen sich massiv bedroht und vermögen dann oft nicht mehr, ihre eigenen Interessen wahrzunehmen – zu mächtig sind ihre Bedürfnisse, sich für eine Kränkung zu rächen, die Veränderung eines Selbstobjekts auszulöschen.

Aber es wurde der Armen nicht so gut, als sie sich geträumt hatte. Sie glaubte ihr Hauswesen wohl zu verstehen, aber sie konnte Herrn Peter nichts zu Dank machen; sie hatte Mitleiden mit armen Leuten, und da ihr Eheherr reich war, dachte sie, es sei keine Sünde, einem armen Bettelweib einen Pfennig oder einem alten Mann einen Schnaps zu reichen; aber als Herr Peter dies eines Tages merkte, sprach er mit zürnenden Blicken und rauer Stimme: »Warum verschleuderst du mein Vermögen an Lumpen und Straßenläufer? Hast du was mitgebracht ins Haus, das du wegschenken könntest? Mit deines Vaters Bettelstab kann man keine Suppe wärmen, und wirfst das Geld aus wie eine Fürstin? Noch einmal laß dich betreten, so sollst du meine Hand fühlen!«

Das zentrale Thema im Umgang mit dem Selbstobjekt ist die Trennung. Ein Selbstobjekt muss immer mit sich selbst identisch und anwesend sein; es darf sich weder in seiner Struktur ändern noch gegen die Wünsche des Partners über die Regelung von Distanz und Nähe verstoßen. Es hat keine eigenen Absichten, Termine, Ferienpläne.

Im Alltag sind Trennungen banal und keine Aufmerksamkeit wert. Wer sensibler wird für das Unbewusste, wird die Verleugnungen durchschauen, mit denen Verlustängste abgewehrt werden.

Klara und Rolf führen eine Wochenendbeziehung. Um Klara nicht zu stören, schläft Rolf am Sonntagabend im Wohnzimmer auf der Couch und steht am Montag im Morgengrauen auf, um den ersten Flieger zu erreichen. Meist ist er erleichtert, dass er sich von Klara nicht verabschieden kann. Denn am Sonntagabend gibt es meistens Streit. Über Kleinigkeiten, behaupten beide. Rolf hat das falsche Lokal ausgesucht, er hängt vor dem Fernseher fest, er hat Unterwäsche und Socken im Schlafzimmer verstreut. Klara findet Rolf kalt und selbstbezogen; Rolf findet Klara zickig, eine ewige Unruhestifterin. Am Montagabend ruft Rolf eine noch etwas muffige Klara an und erzählt, wie der Tag war. Am Donnerstag telefonieren sie wieder, lange und leidenschaftlich; er fehlt ihr sehr, sagt Klara, sie freue sich wahnsinnig, ihn wiederzusehen.

Das Größenselbst kann nicht damit einverstanden sein, dass ein wertvoller Teil abhandenkommt. Er muss wertlos gemacht werden, wenn die Trennung bevorsteht. An dem selbstbezogenen Störenfried Rolf ist nichts gelegen, im Gegenteil: Je früher er verschwindet, desto besser! Nach vollzogener Trennung rundet sich das Bild wieder; die guten Seiten Rolfs tauchen wieder auf, und Klara freut sich auf den Geliebten, denn am Freitag ist der Sonntag fern.

Empathie und Zentralisation

Aus der Unfallmedizin ist der Begriff einer *Zentralisation* der Durchblutung bekannt. Wenn der Kreislauf eines Menschen durch hohen Blutverlust gefährdet ist, werden nur mehr die Organe durchblutet, welche für ein Fortbestehen des Lebens absolut unentbehrlich sind: Gehirn, Herz und Lunge. Gliedmaßen, Verdauung, Nieren, Genitalien werden nicht mehr ausreichend versorgt. Der Nutzen dieser Umschaltung ist es, den Tod aufzuhalten. Der Preis sind Schäden der vernachlässigten Organe. Die Zentralisation charakterisiert den Zustand zwischen einer gerade noch ausreichenden Regulation und dem vollständigen Zusammenbruch, der in kurzer Zeit zum Tode führt.[63]

Psychische Zentralisation[64] tritt ein, wenn ein Mensch über längere Zeit viel mehr »schnelle« Affekte – vor allem Angst und Wut – verarbeiten muss, als er das leisten kann. Phantasie- und Gefühlstätigkeit werden dann auf ein Minimum eingeschränkt. Die Anstrengungsbereitschaft und das Interesse für alles, was nicht mit dem unmittelbaren, physischen Überleben zu tun hat, nehmen ab. Vergangenheit und Zukunft sind belanglos geworden. Die Gegenwart reduziert sich auf wenige, aber überlebenswichtige Fragestellungen.[65]

Die psychische Zentralisation wurde zuerst 1998 im Zusammenhang mit den Spätfolgen von Traumatisierungen durch Krieg, Flucht und Gefangenschaft beschrieben, welche die betroffenen Familien vor große Probleme stellen.[66] Eine spezifische Folge liegt in einer Schädigung der Empathie. Die heimgekehrten Soldaten konnten nicht verstehen, dass ihre Frau oder ihre Kinder verletzt reagieren und sich von ihnen zurückziehen, wenn sie diese mit Grobheiten oder Zynismen behandeln, die unter ihren Kameraden als harmlose Scherze gegolten hätten. Zentralisation führt dazu, dass eigene Aggressivität nicht mehr durch Einfühlung in die Verletzung des anderen, sondern durch Angst vor dem gemeinsamen Feind oder vor dem Vorgesetzten reguliert wird.

Die Zentralisation lässt sich mit einer Karikatur der psychischen Alterungsprozesse vergleichen. Die normale seelische Entwicklung mündet im Alter in eine projektive Verarbeitung der Aggression. Dem alternden Menschen wird bewusst, dass die Umwelt – sein eigener Körper mit eingeschlossen – für ihn mehr unangenehme als angenehme Überraschungen parat hat.

Der Umweltbezug in der Zentralisation kippt in einem Lebensalter in eine sehr viel radikalere Form dieser Haltung, in dem andere Menschen unbekümmert auf die Realität zugehen und nur geistige Haltungen bejahen, die ein Stück Weltverbesserung versprechen. Dass der Krieg die Jugend raubt, ist mehr als eine Floskel; sie trifft den Kern des psychischen Problems. An traumatisierten Soldaten, an zivilen Überlebenden von Genozid oder Flucht, sogar an den Kindersoldaten der Bürgerkriege wird ein greisenhafter Ausdruck des Gesichts beschrieben.

In den Berichten der Soldaten von der Front des Ersten Weltkrieges wird deutlich, dass nach den ersten Schlachten der Idealismus, das übergeordnete Kriegsziel, das Vaterland auf der Strecke geblieben sind. Politiker, Redner, Dichter, die große Worte über den Krieg machen, werden von den Praktikern des Kampfes verachtet. Man hört und spricht nicht mehr von der Verteidigung der Zivilisation, sondern von dem eigenen, beschränkten gesellschaftlichen Horizont: die Familie, die Kameraden, das Regiment.[67] Einfühlung ist ein Luxus, den sich die wenigsten erlauben. Ihr Wunsch richtet sich darauf, Haltung zu bewahren, »es durchzustehen«, nicht vor den Kameraden zu versagen. Selbst Militärgeistliche reden kaum mehr von Religion.

Ludwig Renn beschreibt die psychische Zentralisation so: Ein Offizier – es war der Leutnant von Boehm – stürmte auf Fabian los:

»Die Schweine!«

»Was ist denn los«, lachte Fabian.

»Die Schweine haben mir meine Zigaretten geklaut.«

»Die Leute von deiner Kompanie? Das ist aber ruppig!«

»Ach nee, die Schweine, die Franzosen!«

»Aber wie kommen die zu deinen Zigaretten?«

»Nu, ich trug den Hesse zurück, weil er einen Schuss in den Bauch hatte. Aber die Franzosen waren so dicht hinterher, dass ich meinen Tornister wegschmeißen musste. Und da waren hundert Stück Zigaretten drin! Die haben die nun, die Schweine!«

»Aber wo ist denn Hesse?«

»Ich habe ihn liegen lassen müssen, um nur selbst wegzukommen.«

Pramm! vor uns.

»Aber wie ging denn das alles?«

»Ach, scheußlich! Wir gingen im Walde vor. Auf einmal kracht's von allen Seiten. Der Hauptmann Martin kriegte eins in den Kopf. Der Major ist auch tot und Bender auch. – Und die Schweine rauchen jetzt meine Zigaretten!«[68]

Hier ist die Zentralisation so weit fortgeschritten, dass der Verlust der Zigaretten mehr emotionale Reaktionen freisetzt als der Verlust der Kameraden oder das Scheitern der Bergung eines Verwundeten. »Man entwickelt eine gewisse Rohheit, eine absolute Gleichgültigkeit gegenüber allem, was die Welt für einen bereithält, außer seiner Pflicht dem Kampfe gegenüber. Man isst seine Brotkruste, und der Mann neben einem im Graben wird totgeschossen. Man schaut ihn sich einen Augenblick ruhig an, und dann isst man sein Brot weiter. Warum auch nicht? Es wäre doch nichts zu machen. Schließlich regt man sich beim Gespräch über den eigenen Tod nicht mehr auf, als unterhalte man sich über eine Verabredung zur Jause.«[69]

Die Zentralisation erklärt charakteristische Muster in den deutschen Nachkriegsfamilien, in denen die Kinder selbst wenig Einfühlung erfahren hatten und dies den Eltern mit gleicher Münze zurückzahlten. Manchmal werden in Berichten der Kriegs- und Nachkriegskinder über ihre Väter sadistische Impulse deutlich. In einem Fall versprach ein Arzt, der Jahre in russischer Gefangenschaft verbracht hatte, seiner ältesten Tochter beim Abendessen, sie dürfe sich heute ausnahmsweise das Stück nehmen, das sie wolle. Sie nahm zuversichtlich das größte, worauf er es ihr von der Gabel riss, in den Mund steckte und ihr den unansehnlichsten Brocken gab. Sie weinte, der Vater drohte Schläge an: »Es gibt im Leben keine Gerechtigkeit, das könnt ihr nicht früh genug lernen!«

Ein anderer Vater, der als Infanterieoffizier in Griechenland an Partisanenerschießungen beteiligt gewesen war, beobachtete 1946 seine Tochter, die sorgfältig den trockenen Rand vom Brot aß und sich das weiche, mit der einzigen Wurstscheibe belegte Innere aufhob. Als sie fertig war und ihren Leckerbissen bewunderte, stach er mit der Gabel zu und aß ihn auf. »Ich weinte, alle anderen haben gelacht. Das habe ich ihm bis heute nicht verziehen«, sagt die inzwischen 60-jährige Tochter. Sie kam wegen einer Depression nach der Scheidung ihrer zweiten Ehe in Behandlung.

Die Väter unterstellen ihren Töchtern die eigene Gier und bekämpfen diese durch »pädagogisch« verordnete Askese, die sie durch erlittene Not während der Kriegsgefangenschaft rechtfertigen. An die Stelle der Empathie tritt der Neid des narzisstisch Verletzten auf die Glücksfähigkeit, die naive Lust und Zuversicht des Kindes. Von ihnen sollen auch die in Sicherheit und Freiheit aufwachsenden Kinder lernen, den besten Bissen zu verschlingen, ehe ihn jemand wegschnappt. Die Väter reden sich diese Impulshandlungen schön. Sie bereiten ihre Kinder durch diese Belehrung auf das »Leben« vor.

An den beschriebenen Szenen[70] lässt sich verdeutlichen, wie sehr die Zentralisation auch das Empfinden für Gerechtigkeit schwächt und die Strukturen in den (Familien-)Gruppen zerstört, die den Austausch stabilisieren. Die Aussage »Es gibt im Leben keine Gerechtigkeit« schwächt im Gefühlsleben die Möglichkeiten zur Empathie.

Die Strukturen der Gerechtigkeit schützen den emotionalen Austausch. Ohne sie ist das Prinzip der empathischen Versagung nicht möglich. Eine Versagung muss gerecht sein, wenn sie die Fähigkeit zur Empathie stärken soll. Der wichtigste Grundsatz des Rechts ist, niemandem anzutun, was ich selbst nicht erleiden will – ein Vertrag auf Gegenseitigkeit. Verträge müssen eingehalten werden, um Vertrauen in Beziehungen zu pflegen und Affekte zu zügeln.

Am Ende lernt der Kohlenmunk-Peter, sich damit abzufinden, dass er ein ehrlicher Köhler ist, nicht mehr und nicht weniger. Er bringt es zu bescheidenem Reichtum und kann es zulassen, dass nicht alles nach seinem Willen geht. Das Größenselbst ist sozusagen alltagstauglich geworden. Ein Zeichen dafür ist, dass nach der Geburt des ersten Kindes der Waldgeist nicht mehr erscheint.

Er zankte nie mehr mit Frau Lisbeth, ehrte seine Mutter und gab den Armen, die an seine Türe pochten. Als nach Jahr und Tag Frau Lisbeth von einem schönen Knaben genas, ging Peter nach dem Tannenbühl und sagte sein Sprüchlein. Aber das Glasmännlein zeigte sich nicht. »Herr Schatzhauser!« rief er laut, »hört mich doch; ich will ja nichts anderes, als Euch zu Gevatter bitten bei meinem Söhnlein!« Aber es gab keine Antwort; nur ein kurzer Windstoß sauste durch die Tannen und warf einige Tannenzapfen herab ins Gras. »So will ich dies zum Andenken mitnehmen, weil Ihr Euch doch nicht sehen lassen wollet«, rief Peter, steckte die Zapfen in die Tasche und ging nach Hause; aber als er zu Hause das Sonntagswams auszog und seine Mutter die Taschen umwandte und das Wams in den Kasten legen wollte, da fielen vier stattliche Geldrollen heraus, und als man sie öffnete, waren es lauter gute, neue badische Taler, und kein einziger falscher darunter. Und das war das Patengeschenk des Männleins im Tannenwald für den kleinen Peter.

Das Detail mit den Talern, unter denen kein einziger falscher ist, versöhnt zum guten Ende das Geld und die Empathie: Wer das dankbare Gefühl über den baren Wert setzen kann, wird mit beidem belohnt, beides darf echt sein und bleiben.

12. *Wehret den Anfängen –* Empathie und Justiz

Nicht nur Geldgier ist der Empathie feindlich; das Gleiche gilt für Rechthaberei. Wer sich im Besitz des Rechtes weiß, verliert die Einfühlung in jene, die in seinen Augen unrecht haben: Ihre Innenwelt interessiert den Rechthaber erst wieder, wenn sie sich seiner Überlegenheit unterwerfen. Freunde, Liebende, Eltern und Kinder stehen immer wieder vor der Wahl, in einer Konfliktsituation recht zu behalten – oder die Beziehung zu verlieren.

In den meisten Situationen bestätigt die Rechtsprechung ein eng mit der Empathie verbundenes »Rechtsempfinden«. Aber es gibt eine Ausnahme: die Sterbehilfe, der Umgang mit dem Todeswunsch Schwerkranker ohne Hoffnung auf Genesung. Sie gibt uns Aufschluss über die Widersprüche zwischen Justiz und Empathie.

Zuerst ein historisches Beispiel: Nach dem Einmarsch der Nazis in Österreich fand Sigmund Freud mit seiner Frau und seinen Kindern Zuflucht in London. Seine Schwestern konnten nicht entkommen, sie wurden in Konzentrationslagern ermordet. Die Belastungen der Flucht hatten Folgen für Freud. Ende August 1938 hatte sein Arzt Max Schur den Verdacht, dass sich in seiner Mundhöhle erneut ein Karzinom entwickelte. Bald litt Freud unter unausgesetzten Knochenschmerzen.

Am 15. März 1939 steht in Freuds Chronik nur das Wort »Radium«. In Briefen ist Freud ausführlicher und zeigt, dass er auch angesichts des letzten Kampfes den Humor nicht verloren hat: »To cut a long story short, es hat sich nach vielen Untersuchungen ergeben, dass ich eine Rezidive meines alten Leidens habe. Die Behandlung, zu der man sich entschloss, besteht in einer Kombination von Röntgen von außen und Radium von innen, die immerhin schonender ist als – Kopfabschneiden, was die andere Alternative gewesen wäre ... Es ist eben ein Weg zum unvermeidlichen Ende wie ein anderer, wenngleich nicht der, den man sich gerne ausgesucht hätte.« So schreibt er an Hanns Sachs.

In den nächsten Wochen wurde Freud rasch schwächer. Die Sekundärinfektion des Knochentumors hatte ein Loch in die Wange gefressen, so dass eine offene Verbindung der Mundhöhle nach außen entstanden war. Freud konnte kaum mehr essen und sprechen; der schreckliche Geruch aus der Knocheneiterung ließ sich nicht mehr unter Kontrolle bringen und vertrieb sogar seine geliebte Hündin Lün.

Am 21. September ergriff er, als sich Schur an sein Bett gesetzt hatte, dessen Hand und sagte: »Lieber Schur, Sie erinnern sich wohl an unser erstes Gespräch. Sie haben mir damals versprochen, mich nicht im Stich zu lassen, wenn es so weit ist. Das ist jetzt nur noch Quälerei und hat keinen Sinn mehr.«

Schur setzt seine Schilderung dieser Szene in seinem Buch so fort: »Als er von neuem schreckliche Schmerzen hatte, gab ich ihm eine Injektion von zwei Zentigramm Morphium. Er spürte schon bald Erleichterung und fiel in friedlichen Schlaf. Der Ausdruck von Schmerz und Leiden war gewichen. Nach ungefähr zwölf Stunden wiederholte ich die Dosis. Freud war offensichtlich so am Ende seiner Kräfte, dass er in ein Koma fiel und nicht mehr aufwachte. Er starb um 3 Uhr morgens am 23. September 1939.«

Was Schur getan hat, zeigt seine Empathie für den Patienten, ist vom Gesetz aber in fast allen zivilisierten Ländern mit Strafen bedroht. Die entsprechenden Verbote sind bis heute nur in Holland und Belgien aufgehoben worden, allerdings auch dort nicht in der Weise, dass eine solche Aktion »legal« wäre. Sie würde nur mit hoher Wahrscheinlichkeit dort nicht verfolgt.

Nach dem im Jahr 2001 in Kraft getretenen niederländischen Gesetz bleiben aktive Sterbehilfe und Beihilfe zum Suizid von einer Strafverfolgung befreit, vorausgesetzt:

1. Ein Arzt muss zu der Überzeugung gelangt sein, dass der Patient »freiwillig und nach reiflicher Überlegung« um Sterbehilfe gebeten hat.
2. Der Arzt muss davon ausgehen können, dass der Zustand des Patienten »aussichtslos und sein Leiden unerträglich ist«.
3. Der Patient muss über seinen Zustand und sein Leiden informiert sein, und der Arzt muss zu der Überzeugung gelangt sein, dass es in dem Stadium, in dem sich der Patient befindet, keine andere Lösung gibt.
4. Ein Kollege muss bestätigen, dass er »die Lebensbeendigung medizinisch sorgfältig ausgeführt hat«.

Ob ein Arzt diese Sorgfaltspflicht verletzt hat, überprüft eine Kommission. Dieser gehören ein Arzt, ein Jurist und ein Ethiker an.

Dieses Gesetz klingt restriktiv und wurde dennoch heftig und feindselig kritisiert. Auch dass 2003 mit insgesamt 1815 Fällen von aktiver Sterbehilfe in den Niederlanden die Zahl der Fälle um 300 zurückgegangen war, wird von den Kritikern nur als Beleg für eine steigende Dunkelziffer kommentiert, ohne dass sie dafür Beweise vorlegen.

Während in den Euthanasie-Aktionen der NS-Zeit mit dem Konzept des »lebensunwerten Lebens« der freie Wille der Betroffenen ignoriert und durch einen Wahn von bedrohter Erbgesundheit oder Rassereinheit ersetzt wurde, ist in der holländischen Regelung der freie Wille von zentraler Bedeutung. Während die Befürworter strafbewehrter Verbote für alle Formen der aktiven Sterbehilfe mit drohenden Dammbrüchen argumentieren, reagiert der Gesetzgeber in den Niederlanden und Belgien empathisch auf die Ängste der Menschen, nicht sterben zu dürfen, wenn sie es sich wünschen, weil Ärzte auch gegen den Willen der Betroffenen weiterbehandeln, reanimieren, in ein von Schmerz und Abhängigkeit erfülltes Vegetieren zwingen.

Die Einfühlung in den Todeswunsch

Die Widersprüche zwischen dem Votum der Bevölkerung (70 bis 90 Prozent der Europäer befürworten in Umfragen die Sterbehilfe bei Kranken, die keine Aussicht auf Genesung haben und nicht mehr weiterleben wollen) und der Gesetzgebung lassen sich besser verstehen, wenn die unsichere Grundlage der Begriffe »Freiwilligkeit« und »Hoffnungslosigkeit« mit dem verknüpft wird, was wir über Depression wissen.

Es ist keine Nebenerscheinung, sondern das zentrale Symptom einer Depression, dass sich die Betroffenen ein Ende ihrer Qual nicht vorstellen können und lieber sterben wollen, als sie länger zu ertragen. Während aber der Tod definitiv ist, können Depressionen auch wieder verschwinden. Manche Depressive, die sterben wollten und gerettet wurden, sind dankbar dafür und entscheiden sich für das Leben. Andere grollen den Ärzten, die sie gehindert haben, und versuchen es erneut. Diese Situationen belasten alle Therapeuten, die mit Suizidalen arbeiten. Sie wissen, dass niemand, der wirklich entschlossen ist, dauerhaft abgehalten werden kann. Aber wo sich jemand tötet, stellt sich der Helfer in der Regel die Frage: Habe ich genug dagegen getan?

In anderer Weise beschäftigen sich die Schweizer Vereine EXIT und DIGNITAS mit diesem Thema. Sie versuchen, den Wunsch, aus dem Leben zu scheiden, ernst zu nehmen. Sie halten es für eine wirksame Form der Prophylaxe, Suizidale ausgangsoffen zu begleiten, sie ins Leben zurückzuführen, wenn diese das wollen, und sie auch aus ihm herauszubegleiten, wenn sie es nicht wollen. So ist wenigstens das Selbstverständnis dieser Vereine. Wer ihre Mitglieder kennenlernt, wie der Autor jüngst auf einer Tagung in Zürich, kann ihnen Ernsthaftigkeit und guten Willen nicht so einfach absprechen, wie es in Sensationsberichten geschieht. Während DIGNITAS auch Ausländer begleitet und kostendeckende Gebühren fordert, ist bei EXIT die Sterbebegleitung in einem Mitgliedsbeitrag von 35 Franken pro Jahr enthalten und auf Schweizer Mitglieder beschränkt. Was darüber liegt, sind freiwillige Spenden.

Im Grunde geht es um ein Stück Bürgerrechtsbewegung. Ist die Depression eine Krankheit, die unzurechnungsfähig macht, oder ein Lebensmotiv, mit dem mündige Individuen verantwortungsvoll umgehen können? Dürfen wir die Urteile darüber, ob ein Lebensmüder sterben darf, den Experten nehmen, die ihr Veto mit dem Depressionskonzept rechtfertigen?

Die Mitglieder der Schweizer Vereine eint die Überzeugung, dass es den Bilanzsuizid gibt: Die rationale Entscheidung, lieber den Tod als das Leben zu wählen. Sie stellen sich damit gegen eine Lehrmeinung, die vielleicht nicht ganz zufällig parallel zur Entwicklung antidepressiver Medikamente den ursprünglich von Psychiatern eingeführten Begriff des Bilanzsuizids aus den medizinischen Lehrbüchern getilgt hat. Die entscheidende Frage lautet: Sollen Menschen gezwungen werden, solche Medikamente zu nehmen?

Wir verstehen die ganze Debatte und die heftigen Emotionen sehr viel besser, wenn wir uns klarmachen, dass es für die Streiter nicht um konkrete Situationen geht, sondern um Ängste vor Möglichkeiten. Der Mensch kann Eventualitäten sehr viel schlechter bewältigen als Realitäten. Angesichts einer Realsituation behält die Angst ihre Gestalt. Sie hat einen Anfang, einen Höhepunkt und klingt dann ab. Angesichts einer bedrohlichen Phantasie ist das nicht möglich. Die Angst wird ihrerseits phantastisch und malt die schlimmsten Szenen.

Eine qualvolle Lebensverlängerung, abhängig von Apparaten und einfühlungslosem Pflegepersonal, der Pseudo-Freitod verelendeter Patienten oder der Suizid körperlich gesunder Depressiver im besten Alter sind rare Extremsituationen. Die überall gesetzlich erlaubten Möglichkeiten der passiven Sterbehilfe und des vernünftigen Dialogs reichen fast immer aus, um Grenzsituationen zu bewältigen. Die holländischen Erfahrungen zeigen, dass auch unter einer kontrollierten Freigabe Sterbehilfe sehr selten bleibt.

Sie greift entgegen aller düsteren Ankündigungen nicht rapide um sich, im Gegenteil, die Zahlen gehen eher zurück. Die Schweizer Vereine EXIT und DIGNITAS berichten, dass selbst in jenen seltenen Fällen, in denen sich Sterbewillige ein Rezept für Natrium-Pentotal besorgt haben, weniger als ein Drittel tatsächlich Suizid begehen. Den Rest entlastet die Möglichkeit, ihr Ende selbst zu bestimmen, so sehr, dass sie auf diesen Schritt verzichten können. Es ist wie bei den Angstkranken, die beruhigt schlafen, weil sie die Tranquilizer im Nachtkästchen wissen.

Warum sind Holland, Belgien und die Schweiz Vorreiter in dieser Frage? Ich kann mir nicht vorstellen, dass die Menschen in diesen Ländern von der Tragik des Todes weniger berührbar sind oder es ihnen an ethischen Haltungen mangelt. Es scheint mir eher daran zu liegen, dass diese Länder keine ausgeprägte militaristische oder gar faschistische Vergangenheit kompensieren müssen und in ihrer Geschichte das Streben nach Selbstbestimmung eine große Rolle spielte. So können sie die Suche nach dem kleineren Übel schon zulassen, wo andere noch hoffen, durch moralischen Rigorismus durchlässige Dämme zu festigen.

Tod ist Trennung

Der Tod ängstigt uns vor allem deshalb, weil wir mit ihm den Verlust von Beziehungen und von Autonomie verbinden. Jedes handelnde Ich fühlt sich von Grenzen bedroht, die es nicht gestalten kann. Es möchte den von ihm beherrschten Raum erhalten und vergrößern (denn dann wirkt er sicherer), auf keinen Fall aber verlieren. Beziehungen zu vertrauten Menschen bewachen und sichern die eigene Sphäre; Krankheit schwächt sie; der Tod ist ein Extrem dieser Schwäche.

Der Tod trifft nicht nur unsere Feinde, um die es nicht schade ist, sondern auch unsere Freunde, in denen immer ein Stück von uns selbst mitstirbt. Wenn ich nicht mehr da bin, mag mich das kaltlassen, aber ich versetze mich unweigerlich in meine Freunde und Verwandten. Wie wird es ihnen gehen, wenn ich nicht mehr da bin? Schlecht! So geht es auch mir schlecht, und ich fürchte mich vor dem Tod. Nur ein zur Empathie fähiges Geschöpf kann sich vor dem Tod fürchten; umgekehrt ist die Furcht vor dem Tod ein Hinweis auf die Macht der Empathie. Es quält und ängstigt mich, dass meine Lieben durch meinen Tod so leiden müssen wie ich durch ihren.

Die Abwesenheit des Todes im Leben gilt für alle Organismen, die wir kennen. Nur der Mensch macht eine Ausnahme. Für ihn ist der Tod seelisch gegenwärtig, er kann sich in seine Macht einfühlen und fürchtet sich vor ihm. Für niedere Wirbeltiere spielen Trennung und Tod keine Rolle, die sich aus ihrem Verhalten ablesen ließe. Sie binden sich nicht, da sie einander nicht erkennen. Es kann geschehen, dass etwa der Raubfisch seinesgleichen – im Extremfall die eigene Brut – verzehrt.

Höhere Säugetiere wie Schimpansen, Gorillas und Elefanten reagieren intensiv auf den Tod von Artgenossen. Sie behandeln sie eine Weile wie Schlafende, versuchen sie zu wecken und erkennen schließlich die Fruchtlosigkeit ihrer Anstrengungen. Damit erlischt ihr Interesse oder macht anderen Instinkten Platz. Wenn das Baby einer Leopardenmutter stirbt, wird sie erst versuchen, es durch Stupsen mit Schnauze und Pfote aufzuwecken. Danach kann es geschehen, dass sie es frisst.

Der Lebende ist Gefahr oder Gefährte; der Tote Beute, der eigene Tod wird erlitten, aber nicht imaginiert. Für die seelische Vergegenwärtigung des Todes beim Menschen ist der Selbstmord ein wichtiges Signal. Nur der Mensch vollzieht ihn. Wir sind geneigt, den Selbstmörder zu entmündigen, aber wenn wir ihn ernsthaft betrachten, müssen wir zugestehen, dass seine Tat ein Ausdruck von Einsicht ist, zu der weniger einsichtige Wesen nicht imstande sind.

Der Selbstmord zeigt an, dass jemand die Verantwortung für sein Leben in die eigenen Hände nimmt und den Entschluss fasst, es zu beenden. Je weniger wir die Gründe für diese Entscheidung nachvollziehen können, desto mehr Schrecken jagt sie uns ein. Wenn eine Zwölfjährige mit ihrer besten Freundin von einem Hochhausbalkon springt, richtet sich ein oft nicht einmal taktvoll verheimlichter Vorwurf auf die Eltern. Was haben sie versäumt oder getan, um ihr Kind so wenig an das Leben zu binden? Eine Antwort ist schwer zu finden; viel leichter zu durchschauen ist die Oberflächlichkeit solcher Fragen. Denn die Tat des »Kindes« zeigt doch deutlich, dass es sich selbst aus der Kindheit entlassen hat. Unsere Eltern haben uns unser Leben aufgezwungen; jeder aber hat das Anrecht auf einen Tod.

Bereits in der Antike hat sich jenes spielerische Vernunftargument gegen die Todesangst ausgebildet, das Epikur zugeschrieben wird: Wo der Tod ist, bin ich nicht mehr; wo ich noch bin, ist der Tod nicht, weshalb also sich vor etwas fürchten, was mir gar nicht begegnen kann? Es wurde schon erwähnt, dass diese rationalistische Perspektive verkennt, wie sehr wir mit dem Tod unserer Lieben selbst sterben. Sie übersieht auch, dass der Tod vor allem ein Zeichen ist – für Endlichkeit, für Grenze, für etwas, das nicht wieder gut wird, das nicht mehr heilt. Damit wird jede schwere Erkrankung ein Ringen zwischen Leben und Tod.

Diese Metaphorik ist in der Moderne enorm verstärkt worden, weil wir medizinische Möglichkeiten haben, die den früher im Dunkel des Körperinneren verlaufenden Kampf zwischen Leben und Tod bewusst machen. Deshalb kann Epikurs Argument das moderne Bewusstsein nicht mehr beruhigen: Der Tod ist für uns im Leben da, wir lassen, unsere Angst mehr oder weniger gut beherrschend, den Arzt in unserem Leib nach ihm suchen. Zeigt die Mammographie einen Schatten? Verrät verborgenes Blut den Tumor im Darm? Sind die Zellen des Abstrichs verdächtig? Wir sind ein Mosaik aus Leben und Tod, und wir wissen genau, dass irgendwann der Widerstand der farbigen Splitter gegen die Düsternis erlischt, die sie aufzehrt, einen nach dem anderen, bis keiner mehr übrig ist.

Ich persönlich habe zwei Extremsituationen erlebt, die in diesem Zusammenhang zählen. Ich habe nachgedacht, ob ich sie hier angesichts der Aufgabe einer sachlichen Analyse mitteilen soll, aber ich denke, sie können vielleicht zeigen, dass die Praxis auch dort einen sinnhaften Pragmatismus entfaltet, wo die Gesetzgebung von verwirrenden Diskussionen erschüttert wird. Mein damals zehnjähriger Sohn lag 1986 mit einem schweren Hirnschaden nach einem Herzstillstand wochenlang auf der Intensivstation eines großen städtischen Krankenhauses, bis die Ärzte sich zusammen mit uns Eltern entschieden, die künstliche Beatmung abzuschalten.

Bei allen Gefühlen von Angst und Hilflosigkeit, auch bei einem gewissen Maß an Ärger über die Vermeidungstaktiken mancher Ärzte, welche dem Pflegepersonal Auskünfte verbieten und selbst nur Messergebnisse kommunizieren, hatte ich doch insgesamt den Eindruck, dass alle Beteiligten Zeit brauchten, um sich über ihre Haltung klar zu werden, dass sie diese Zeit auch hatten und dass es das kleinste Übel war, wenn schließlich die Beatmung abgeschaltet wurde und unser Kind den Tod sterben durfte, den es eigentlich schon nach dem Herzstillstand gestorben war. Es war nicht nur eine verlängerte Quälerei, sondern auch eine Gelegenheit, Abschied zu nehmen. Vor allem wusste anfangs niemand, wie gravierend der Sauerstoffmangel gewesen und wie stark das Gehirn geschädigt war.

Ein Jahr später lag meine Mutter mit einem inoperablen Tumor in einer kleinen ländlichen Klinik. Auch hier hatten die Ärzte ein offenes Ohr für den Wunsch der Angehörigen, das Leiden der 75-Jährigen nicht zu verlängern und sie sterben zu lassen. Ich stand ihr sehr nahe und dachte anfangs fast jede freie Minute und viele schlaflose Nächte über ihren Zustand nach. Einmal war sie so verzweifelt, dass sie sagte: »Wolf, ich halte es nicht mehr aus, du musst mir etwas geben, dass es endlich aus ist!«

Ich erschrak. Was sollte ich sagen? Ich wollte weder »Nein« noch »Ja« antworten. So zitierte ich einen Homer-Vers. Die griechische Sprache und Mythologie war ein Lebensthema meiner Mutter, das ich von ihr übernommen hatte. Der betreffende Vers war einer ihrer Lieblingsverse: *Theon en gounasi keitai*, was wörtlich übersetzt heißt: Das liegt in den Knien der Götter – und sinngemäß bedeutet: Das wird sich schon finden und entscheiden, jetzt braucht es erst einmal Geduld.[71]

Das hatte sie oft zu mir gesagt und mir die griechischen Worte erklärt, wenn ich als Kind ungeduldig war und eine schnelle Lösung wollte. Jetzt gelang es mir, sie mit diesem Spruch zu beruhigen. Die Krankheit nahm einen so schnellen und letztlich gnädigen Verlauf, dass sie die Anfrage nicht wiederholte; zehn Tage später war sie tot.

Debatten, ob ein Schwerkranker weiterleben will und soll oder nicht, wurden schon immer geführt und entschieden. Ein Arzt, der in Kooperation mit den Angehörigen die Schmerzmittel so hoch dosiert, dass sie eine Atemlähmung fördern, wird wohl auch gegenwärtig nur dann vom Staatsanwalt verfolgt, wenn ihn Kollegen anzeigen oder er aus einer solchen Aktion ein Politikum macht und sie nicht taktvoll verschleiert.

Die Erfahrungen in den Niederlanden sprechen an sich dafür, die Debatte zu entdramatisieren. Depressionen sind eine der am meisten verbreiteten und verheerendsten Erkrankungen der Moderne, nicht nur, weil sie in so vielen Fällen zum Selbstmord führen, sondern auch, weil sie das Risiko für andere ernstliche Erkrankungen – Infektionen, Herzinfarkte, Krebs – erheblich steigern. Wenn wir von rund 13 Millionen Einwohnern in den Niederlanden ausgehen, müssen wir bei einem Erkrankungsrisiko von (vorsichtig geschätzt) 2 bis 3 Prozent an Depressionen jährlich von mindestens 300 000 depressiven Erkrankungen ausgehen. Gegenüber dieser Zahl sind die höchstens 2000 Fälle aktiver Sterbehilfe, die fast immer alte, körperlich Schwerkranke betrafen, doch ein Zeichen dafür, dass von einem gravierenden Missbrauch durch heilbare depressive Patienten nicht die Rede sein sollte.

Jeder Kranke, dem durch aktive Sterbehilfe ein Stück womöglich noch erfüllten Lebens geraubt wird, ist einer zu viel. Jeder Leidende, dessen Qualen unsinnig verlängert werden, ist ebenfalls einer zu viel. Vorsicht scheint angebracht gegenüber allen Experten, die vorgeben, sie hätten hier eine Patentlösung, etwa in der Art, dass sie alle Schmerzen beseitigen, alle Depressionen heilen können, dass sie den freien Willen sicher einzuschätzen vermögen oder genau wissen, wann ein Leiden hoffnungslos ist.

Die Frage ist eher, welcher Situation wir zutrauen, dass sie die unweigerlich zu erwartenden Gefahren jeder Regelung – der liberalen wie der restriktiven – möglichst klein hält und den Raum für die Empathie in das Leiden wie in die Wünsche der Beteiligten erweitert. Die gesellschaftliche Entwicklung angesichts anderer unvermeidlicher Übel, wie der Ehescheidung oder der Schwangerschaftsunterbrechung, bietet Hinweise.

Apodiktische Verbote mit der Gefahr einer Abdrängung des Geschehens in den kulturellen Untergrund sind in den letzten 50 Jahren in Europa vielfach abgebaut worden. Dieser Prozess war langsam und schmerzhaft; er ist weder abgeschlossen noch unumstritten. Aber er hat eine Richtung und verläuft in einem Klima, in dem die liberale Seite weniger schrill und sachbezogener argumentiert.

Ähnlich wie die Ehescheidungen allein dadurch häufiger und gesellschaftlich sinnvoller wurden, weil die Menschen sehr viel länger leben und sehr viel mehr Freiheiten in ihrer Beziehungsgestaltung haben, ist auch die Scheidung des Sterbenden vom Leben wichtiger geworden, weil es mehr technische Möglichkeiten gibt, Lebensfunktionen zu erhalten und dadurch prekäre, für unser Gefühl unerträgliche Leidenszustände zu schaffen. Erst die moderne Pharmazeutik hat die (Er-)Lösungen früherer Zeiten, wie den raschen Tod Bettlägeriger durch eine Lungenentzündung, zu einem Fall unterlassener Hilfeleistung gemacht.

Warum aber wehren sich so viele Experten gegen die Wünsche der Bürger, auch angesichts der Absicht, ein qualvolles Leben zu beenden, den Arzt als einfühlenden Begleiter zu behalten?[72]

Ein Teil des Widerspruchs zwischen der vorherrschenden Expertenmeinung und dem Votum der Bevölkerung lässt sich wohl auch daraus verstehen, dass die Wahl eines helfenden Berufs eine gewisse Nähe zur Depression einschließt. Rein statistisch gesehen begehen signifikant mehr Ärzte als Landwirte, mehr Krankenschwestern als Hausfrauen Suizid.

Die analytische Arbeit über die unbewusste Helfermotivation hat im sogenannten Helfersyndrom eine Struktur aufgefunden, die angesichts eigener früher Gefühle der Verlassenheit und Entwertung Aufwertung in der Identifizierung mit einer idealisierten Elternfigur sucht.[73] Wer selbst Erfahrungen mit den depressiven Qualitäten des Erlebens hat und diese zu bekämpfen gewohnt ist, wird dem zum Tod Entschlossenen den einfühlenden Dialog eher verweigern als gewähren.

Das Leben ist das letzte und höchste Opfer, das Wichtigste, was ein Mensch hat; er kann es nur einmal einsetzen. Unser Erleben ist flüchtig und widersprüchlich, Gefühle, Urteile, Werte wandeln sich. Der Tod ist definitiv. Der Gegensatz zwischen dem so wandelbaren Seelischen, nach dem unsere Empathie tastet, und diesem Schritt, der nicht wieder rückgängig gemacht werden kann, lässt sich nicht überbrücken. Gegen dieses Definitive eine ebenso definitive Mauer aufzubauen, dass wir solche Wünsche nicht unterstützen dürfen, liegt nahe, hält aber einer kritischen Prüfung nicht stand. Die Frage nach einem sozial respektierten und unterstützten Schritt vom Leben in den Tod muss offenbleiben dürfen.

13. Ausblick

> »Wie es oft der Fall ist in einer von den Medien getriebenen Gesellschaft, wo die Aufmerksamkeitsdefizit-/Hyperaktivitäts-Störung von einer Kindheitsplage zu einer sozialen Pandemie mutierte, ist es möglich, dass die Gelegenheit, eine verantwortungsbewusste neue Sicht auf unsere empathische Natur weiterzutragen, sich in einem momentanen Medienrummel erschöpft und den Begriff als totes Klischee zurücklässt.«[74]

In einem 1962 vom amerikanischen Studentenbund SDS verabschiedeten Thesenpapier (dem sogenannten *Port Huron Statement*)[75] sahen die Autoren voraus, dass der Staatssozialismus untergehen werde, von der Last der Bürokratie erdrückt. Der Kapitalismus aber werde bleiben. Die neue Linke hoffte, durch eine von den Universitäten ausgehende antiautoritäre Bewegung das *stahlharte Gehäuse* (Max Weber) der durchorganisierten Geldwirtschaft von innen her aufzulösen. Der amerikanische Soziologe Richard Sennett stellt dazu fest: »In der Tat, die aktuelle Geschichte erfüllt ihr diesen Wunsch auf eine perverse, wenn auch nicht ganz so radikale Weise, wie ich es in meiner Jugend erhofft hatte.«[76]

Tatsächlich haben Wirtschaftsbosse und Politiker aller Parteien in den letzten Jahrzehnten darin kooperiert, große kapitalistische Institutionen ebenso umzukrempeln wie staatliche Dienstleister. Nicht nur Siemens und Hoechst, auch die Post und die Bahn wetteifern um den Rang des Unternehmens, auf dem kaum ein Organisationsbaustein auf dem anderen geblieben ist. Die Fragmentierung der großen Institutionen, sagt Sennett dazu, fragmentiert auch das Leben vieler Menschen. Große Konzerne funktionieren abgekoppelt von nationalen Interessen und produzieren immer mehr Ungleichheit und Instabilität. Die Menschen sind besorgt.

In Talkshows und Vorträgen fordern Politiker und Wirtschaftsweise monoton mehr Flexibilität, mehr Bereitschaft zum Ortswechsel, zum Umdenken und Umlernen. Wie Sirenen in der Sage den Seefahrer mit süßer Stimme anlocken, um ihm dann das Fleisch von den Knochen zu fressen, sprechen diese Redner nie davon, was Flexibilität kostet, welche Verleugnungen emotionaler Bedürfnisse, Schäden an Liebesbeziehungen und Familienbindungen ihr zuliebe in Kauf genommen werden müssen. Insofern ist die Rede des Holländer-Michel, ein Herz aus Stein sei erheblich praktischer als ein von Gefühlen bedrängtes, zeitgemäßer denn je.

Das Ideal der *new economy* verletzt viele Menschen, indem es sie dem Gespenst der Nutzlosigkeit aussetzt, bemerkt Sennett. Vor diesem Ideal drohen alle zu kapitulieren, Staaten wie Unternehmen; selbst die Gewerkschaften konzentrieren sich eher auf den Schutz der bestehenden Arbeitswelt als auf die Gestaltung der künftigen.

Sennett kritisiert den »Triumph der Oberflächlichkeit« einer neuen Kultur, welche die für eine handwerkliche Einstellung typische Mühe und Selbstverpflichtung ablehnt. Die gegenwärtige Unsicherheit sei keine unerwünschte Folge der unsteten Märkte; sie ist im neuen Kapitalismus programmiert, kein ungewolltes, sondern ein gewolltes Element.[77]

Die kapitalistischen Gesellschaften sind der Ort eines Dilemmas, das dazu beiträgt, dass die Event-Orientierung auch nach der Politik greift. Nur solange ein Politiker im Wahlkampf Reformen versprechen kann, solange er der Korruption wenigstens rhetorisch widersteht, ist er beliebt. Sobald er sich tatsächlich mit der Macht und den Drohungen der internationalen Konzerne und den unkontrollierbaren Kapitalflüssen herumschlagen muss, endet der Honigmond, versanden die Reformen.

Wahlkämpfe und Wahlversprechen, Reformankündigungen und Scheinreformen täuschen darüber hinweg, dass der Wesenskern des Kapitalismus unheilbar ist: sein Bestreben, ökologische, soziale *und emotionale* Kosten abzuwälzen, sie zu leugnen und zu ignorieren.

Umweltverschmutzung, der Verfall emotionaler Bindungen durch Arbeitsnomaden, unsichere Beschäftigungsverhältnisse, Niedriglöhne erhöhen die Profite und sind für den Kapitalismus unwiderstehlich, solange es keinen wirksamen Zwang gibt, um ihn von solchen Belastungen der Allgemeinheit abzuschrecken. Wer solche Zwänge schaffen will, muss fürchten, dass Kapital und Arbeitsplätze abwandern. Die besten Lösungen wären internationale Gesetze, die aber gerade von den Mächtigsten schwer zu haben sind – wie der Ausstieg der USA aus der Zusammenarbeit der Nationen angesichts der drohenden Klimaveränderungen zeigt. »Kurzum, das Dilemma des Kapitalismus könnte uns durchaus noch umbringen«, sagt Charles Taylor dazu.[78]

Die Psychologie wird in den politischen und wirtschaftlichen Machtapparaten so sehr als (dann nützliches) Werkzeug zur Manipulation gesehen, dass die Frage selten aufkommen kann, welcher Umbau des Kapitalismus aus psychologischer Sicht sinnvoll wäre, um die grassierenden Gefahren von Angst, Depression und ihren körperlichen Folgeschäden zu bekämpfen. Was tun, um die wachsenden Defizite an lebendigen und differenzierten Gefühlen auszugleichen?

Die Psychologie lehrt uns, einer Überschätzung der menschlichen Einsicht zu misstrauen und eher nach schützenden Strukturen zu verlangen. Sie widerspricht der naiven Annahme, gesunde Menschen würden alle Verführungen der Konsumgesellschaft verarbeiten, alle Forderungen nach Flexibilität und Mobilität erfüllen können. Während Politiker und Ökonomen gerne Moralpredigten halten und an eine enge Auffassung von Zweckvernunft appellieren, verlangen die psychologischen Einsichten nach belastbaren Schranken gegen Verführungen und Überforderungen.

Extrem hohe Gewinne durch kurzfristige Erfolge am Kapitalmarkt sind ebenso destruktiv wie Gehälter für Führungskräfte, die eine Managerstunde wertvoller machen als 1000 Stunden eines Mitarbeiters. Das sind falsche Signale, welche Raubtierhaltungen begünstigen und die Empathie zwischen den Reichen und den Armen abreißen lassen.

Da der Markt nicht in der Lage ist, die Zockermentalität der Geldwirtschaft zu regeln, müssten die Staaten eingreifen. Die drohende Kapitalkatastrophe stellt ähnliche Forderungen an internationale Bündnisse wie die drohende Klimakatastrophe. Schritte in die richtige Richtung wären Grenzen für Boni und Gehälter, Steuern für Spekulationen mit Währungen und Rohstoffen, wirksame Verbote von Schneeballsystemen in allen Formen (bis hin zur Staatsverschuldung), persönliche Haftung von Managern und Politikern, die Geld vergeuden, das ihnen nicht gehört. Wer in gutem Kontakt mit seinen Mitarbeitern sorgfältig ein Unternehmen führt, muss sich ebenso darauf verlassen können, dass diese Haltung belohnt wird, wie der sorgfältige Handwerker oder der professionell engagierte Anwalt und Arzt.

Es wird an vielen Fronten darum gehen, die Menschheit zukunftsfähig zu machen und die dramatischen Gefahren für Umwelt und Innenwelt abzuwenden. Die Konsumgesellschaft lähmt seelische Reife, wo sie die Möglichkeiten der empathischen Versagung beschneidet. Sie produziert Waren, welche symbiotische Erlebnisformen begünstigen, Reifungsprozesse aufhalten und seelische Zusammenbrüche einleiten, wenn die Verwöhnung an eine Grenze gerät.[79]

In den Jahren von 1850 bis 1950 zog es in Europa eine anfangs zu 80 Prozent in Dorfgemeinden lebende Bevölkerung mehrheitlich in die Städte. Die Menschen erlernten neue Berufe, strebten nach Selbstverwirklichung. Das *Ich* wurde zum Begriff, zum Schlagwort.

»Aufbauend auf Texten von Rousseau und Hemsterhuis sind es vor allem die deutschen Autoren des Sturm und Drang, die ›das Ich‹ zur Notwendigkeit des Einzelnen erklären. Die aktive Individualisierung wird dem Einzelnen als Bildungsprogramm vorgeschrieben. Das Ich ist nicht da, es existiert als Forderung, als ›Ich-Zwang‹. Im Zentrum dieses Programms steht dabei in der einen oder anderen Art und Weise das Hervorbringen einer Unähnlichkeit zwischen den Menschen.«[80] So der Germanist Fritz Breithaupt, der auch eine nachdenkliche Studie über den *Ich-Effekt des Geldes* verfasst hat.

Die Denker des 19. Jahrhunderts, welche diesen Prozess begleiteten, haben seine Gefahren wie seine Chancen formuliert. Arthur Schopenhauer sah die Substanz der Kräfte, welche die individualisierten Menschen noch verbinden können, in einer Variante der Einfühlung: im Mitleid. Der einzige Grund, uneigennützig zu handeln, ist nach ihm die »Erkenntnis des Eigenen im Anderen«. Der vom blinden Lebenswillen getriebene Mensch erkennt, dass in allen anderen Lebewesen derselbe blinde Wille haust und sie ebenso leiden lässt wie ihn. Durch das Mitleid wird die Selbstsucht überwunden, der Mensch identifiziert sich mit dem anderen durch die Einsicht in das Leiden der Welt. »Verletze niemanden, vielmehr hilf allen, soweit du kannst.« So formuliert Schopenhauer das Prinzip aller Moral.

Friedrich Nietzsche widersprach Schopenhauer energisch. Er konstruierte einen Gegensatz von Herren- und Sklavenmoral. Herrenmoral sei die Haltung jener, die zu sich selbst und ihrem Leben »Ja« sagen könnten. Sklavenmoral werte hingegen die Herrschenden, Glücklichen, Ja-Sagenden als böse ab und mache sich selbst zu deren gutem Gegensatz. Das Christentum habe die Sklavenmoral zum Teil hervorgerufen, in jedem Fall aber begünstigt und sie dadurch zur herrschenden Moral gemacht.

So wendet Nietzsche Schopenhauers Empathie-These in ihr Gegenteil: Weil das Leben zu bejahen sei, vermehre Mitleid das Leiden in der Welt und stehe dem schöpferischen Willen entgegen, der immer auch vernichten und überwinden müsse – andere oder auch sich selbst.

Weder Schopenhauer noch Nietzsche ahnten, welche Macht die Massenmedien im nächsten Jahrhundert entfalten und welche makabren Amalgame aus Übermensch- und Mitleidsszenarien gerade die faschistischen Propagandisten erfinden würden.

Einfühlung muss, ganz im Schopenhauer'schen Sinn, durch die Maxime gezügelt werden, niemandem zu schaden und anderen Menschen so viel wie möglich zu helfen. Ohne diese Zügel, die nicht aus ihr selbst kommen, kann sie dem Banker so gut nützen wie dem Psychotherapeuten: Der eine verkauft dem Kunden eine faule Geldanlage, indem er sich überzeugend auf dessen Gier und Angst bezieht; der andere hilft seinem Klienten aus einer Depression, indem er ihn unterstützt, den Zusammenbruch seiner Erwartungen zu verdauen und den Reichtum seiner inneren Welt wiederzuentdecken.

Der Mensch hat sich über die ganze Erde ausgebreitet, die Lüfte erobert und in den Tiefen der Meere nach Rohstoffen gebohrt. Dieser Erfolg ist maßlos und beängstigend. Tschernobyl, schmelzende Gletscher, mehr Überschwemmungen und Wirbelstürme als je zuvor führen direkt zum Galgenhumor.

> Venus trifft Erde im Weltall.
> »Du siehst krank aus!«, sagt Venus.
> »Ich habe Menschen«, stöhnt Erde.
> »Das vergeht!«, sagt Venus.

In solchen Stimmungen suchen wir nach Halt und gehen mit Ergebnissen der Gehirnforschung um wie die Zeichendeuter der Antike mit den Eingeweiden der Opfertiere. Anders lässt sich die enorme Aufblähung einer vieldeutigen Entdeckung, die der italienische Neurobiologe Giacomo Rizzolatti vor gut zehn Jahren in Parma gemacht hat, nicht verstehen. Sie erscheint manchmal als wahre Jahrhundertaussage, geeignet, die Menschheit zu verändern.[81]

Rhesusaffen-Gehirne reagieren genau wie menschliche Gehirne auf die Wahrnehmung von Bewegungen und auf den Ausdruck von Emotionen wie Schmerz oder Angst so, als ob diese Eindrücke beziehungsweise Bewegungen sie selbst beträfen. Die nervösen Grundlagen dieser Reaktionen werden Spiegelneurone genannt. Die auf diesem Gebiet durch Gehirnsonden dokumentierten Experimente geben fast alle die Bewegungswahrnehmung von Makaken wieder.[82]

Verliefen die Prozesse der Identifizierung mit dem Affekt unserer Mitmenschen bisher unsichtbar, kann jetzt ein Bruchteil von ihnen mit den Mitteln des Gehirnscans *sichtbar* gemacht werden. Wer Säuglinge beobachtet, der wusste aber auch ohne dieses Hilfsmittel längst, dass das menschliche Gehirn über eine angeborene Fähigkeit verfügt, Bewegungen der Bezugspersonen wahrzunehmen und diese nachzuvollziehen. Identifizierung und die in unserem Erleben eng mit ihr verwandte Verliebtheit[83] (Idealisierung) sind bei weitem die effektivsten Methoden des Menschen, sich Neues anzueignen.

Da gegenwärtig nichts mehr als die Gehirnforschung lockt, Wertvorstellungen ein unantastbar solides Fundament zu verschaffen, werden gleich Bücher geschrieben über das »empathische Gehirn«, als hätten wir bisher nicht einmal geahnt, dass Einfühlung ein biologisches Fundament hat wie andere emotionale Reaktionen auch. Diese Redeweise will den Eindruck erwecken, unsere Gefühle seien tief im Gehirn verwurzelt, unantastbar, mächtig, ein Garant für eine gute Entwicklung der Menschheit.[84]

Wenn etwas hochgelobt wird, liegt die Frage nahe, was da schöngeredet werden soll. In der Tat wird niemand, der die Entwicklungen in den globalisierten Staaten verfolgt hat, behaupten können, dass emotionale Intelligenz und Empathie hier prägende Kraft entfalten. *Wir hätten aber gerne, dass sie mächtiger wären.*

Wer lernt, mit einem Ding liebevoll umzugehen, es zu reparieren und zu pflegen, ist auf die Anforderungen der Empathie besser vorbereitet als der typische Konsument, der wegwirft, was nicht funktioniert. Die Ideologie des unbegrenzten wirtschaftlichen Wachstums ist ein Symbol der manischen Abwehr und des Größenselbst, die beide eine empathische Orientierung behindern und symbiotische Erwartungen wecken. Solche Einstellungen und die mit ihnen eng verbundenen Strukturen der Warenwelt schaffen Szenarien der Verwöhnung, an deren Rändern sich Abgründe auftun.

Der vom Kapitalismus zugerichtete, von Angst und Gier beherrschte, in seinem Gefühlsleben eingeengte Mensch steht so wenig für einen Fortschritt wie der Kohlenmunk-Peter nach der Herzoperation durch den Holländer-Michel. *Homo consumens*[85], der kaltherzige Verbraucher des Planeten, ist zum Aussterben verurteilt wie einst der Dinosaurier. Wir aber dürfen nicht aufhören, darüber nachzudenken, wie *Homo sapiens* ihn überleben kann.

Anhang

Anmerkungen

1 In *Lady Windermeres Fächer*, 1892: What is a cynic? A man who knows the price of everything and the value of nothing. Lord Darlington, Act III.

2 Das Marktforschungsinstitut GfK ermittelte 2010 nach einer Umfrage unter etwa 13 200 Verbrauchern im Februar und März in elf europäischen Ländern, dass bei den Bundesbürgern die Angst vor dem Jobverlust an erster Stelle steht. Zwei Drittel der Deutschen zeigen sich besorgt über den Arbeitsmarkt, 9 Prozent mehr als im Vorjahr. Im europäischen Durchschnitt plagt nur 43 Prozent der Verbraucher die Sorge, den Job zu verlieren.
Fast ein Viertel hat Angst vor steigenden Preisen. Vor allem im Osten des Landes fürchten sich die Verbraucher vor einer Inflation. Siehe auch »Deutsche sind Sorgen-Europameister«, *Spiegel-Online* vom 7.6.2010.

3 Harald Pühl, Wolfgang Schmidbauer: *Eventkultur*, Berlin 2007.

4 Jeremy Rifkin: *The Empathic Civilization. The race to global consciousness in a world in crisis*, New York 2009.

5 Wem der große Wurf gelungen,
eines Freundes Freund zu seyn;
wer ein holdes Weib errungen,
mische seinen Jubel ein!
Ja – wer auch nur eine Seele
sein nennt auf dem Erdenrund!
Und wer's nie gekonnt, der stehle
weinend sich aus diesem Bund!
(Schiller, »Ode an die Freude«, zweite Strophe, 1786).

6 Ernst Bloch: *Erbschaft dieser Zeit*, Gesamtausgabe, Bd. 4, Frankfurt am Main 1985, S. 153.

7 Epigramm aus dem Phöbus, zit. nach K. W. Schiller (Hg.): *Kleists Gesammelte Werke*, Leipzig 1930, Bd. 1, S. 72.

8 Colin Turnbull: *The Mountain People*, New York 1972.
9 Primo Levi: *Ist das ein Mensch?* Erstausgabe unter dem Titel *Se questo è un uomo*, 1958; hier zit. nach der Hanser-Ausgabe in der Übersetzung von Heinz Riedt, München 1988, S. 94.
10 Hans Christoph Binswanger: *Geld und Magie. Eine ökonomische Deutung von Goethes Faust*, Hamburg 2003, S. 55.
11 Hans Christoph Binswanger: *Geld und Magie. Eine ökonomische Deutung von Goethes Faust*, Hamburg 2003, S. 129.
12 Sine cerere et baccho friget venus.
13 So der Titel des aufschlussreichen Buches von Norbert Elias: *Über den Prozess der Zivilisation*, Frankfurt am Main 1978.
14 So gibt es im ländlichen Afrika praktisch keine Depressionen, während sie in Europa und den USA nach Herz-Kreislauf-Leiden und Krebs die häufigste Todesursache sind.
15 Der Placeboeffekt ist bei depressiven Patienten enorm und macht 75 Prozent der Wirkung der Medikamente aus. Nur 14 Prozent der Studien, in denen Medikamente nicht besser abschnitten als Zuckerpillen, wurden publiziert, während Studien mit Ergebnissen, die positiv für die Arzneihersteller ausfielen, fast alle veröffentlicht wurden. So Werner Bartens, »Streit um Antidepressiva«, *SZ* vom 4.3.2008. Welche Medikamente bei Depressionen wie gut helfen, ist umstritten. Zahlreiche neuere Antidepressiva scheinen vor allem teurer, aber nicht besser zu sein als die alten. Erst 2008 hatte Irving Kirsch beschrieben, dass Antidepressiva aus der Gruppe der SSRI kaum die Symptome verbesserten. Bei leichter wie bei schwerer Depression fand sich kaum ein Unterschied zur Therapie mit Placebos. »Antidepressiva sind nach neuesten unabhängigen Leitlinien nicht mehr Mittel der ersten Wahl bei leichten Depressionen«, schreiben Ulrich Schwabe und Dieter Paffrath im *Arzneiverordnungsreport*, den beide herausgeben. »Auch bringt die weiter steigende Zahl von Antidepressiva keinen therapeutischen Vorteil.« Vgl. Werner Bartens: »Depression – Schlechte Stimmung trotz Stimmungsmacher«, *SZ-Online* vom 5.11.2009.
16 In der frühen psychiatrischen Nomenklatur (Kraepelin) wird von manisch-depressivem Irresein gesprochen, heute vorwiegend von bipolaren Störungen, um diesen Zusammenhang zu beschreiben.

Den meisten Menschen, die an einer Depression erkranken, ist der Zusammenhang mit Selbstüberschätzungen nicht bewusst. Ihn herzustellen kann therapeutisch fruchtbar sein, setzt allerdings eine bereits erarbeitete Selbstdistanz und damit Fähigkeit zur humorvollen Schau auf das eigene Ich voraus. Dann erkennt der Depressive verblüfft, dass es ebenso unmöglich ist, alles falsch zu machen wie alles richtig; dass niemand an allem Übel schuld sein kann, kaum einer aber auch gänzlich frei von Schuld ist.

17 Alfred Sohn-Rethel: *Das Geld, die bare Münze des Apriori*, Berlin 1990.

18 Katharina Rutschky (Hg.): »Quellen zur Naturgeschichte der bürgerlichen Erziehung«, in: *Ullstein Materialien.* Band 35087, Ullstein, Berlin/Frankfurt am Main/Wien 1977 (Neuausgabe 1997).

19 Akribisch bestätigt das Wilhelm Peter in einer statistisch ebenso aufwendigen wie inhaltlich harmlosen Untersuchung unter dem Titel *Empathie im Alltag von Paaren* (Bern 2004): Partner, die sich miteinander wohl fühlen, können ihre Stimmungen wechselseitig sehr viel besser einschätzen.

20 Ein auf die »Spiegelneurone« gestütztes Modell der Empathie unterscheidet nicht zwischen symbiotischen und reifen Formen der Einfühlung. Auch in der Symbiose sind zwei Menschen intensiv aufeinander bezogen, auch in ihr glaubt einer von ihnen zu wissen, was sich im anderen abspielt. Die beteiligten nervösen Strukturen sind eng verwandt; dennoch kann das Ergebnis vollständig unterschiedlich sein.
In diesem Punkt wird die Neurophysiologie oft überschätzt und die Skizzenhaftigkeit ihrer Ergebnisse nicht nur ignoriert, sondern unbemerkt durch Erlebnisinhalte ergänzt, die so nicht in den Daten stecken. »Nehmen wir einmal an, ein Hirnforscher könnte die Fähigkeit zur Lösung einer schwierigen Quizfrage auf die Aktivität bestimmter Hirnareale zurückführen. Damit hat er zwar ein korrelatives Wissen darüber, wo im Gehirn ein bestimmtes Problem bearbeitet wird. Aber er hat damit ja noch nicht verstanden, wie und warum ein Kandidat diese Frage beantworten kann – und ein anderer Kandidat eben nicht.« So Wolfgang Prinz, Kognitionsforscher in Leipzig, in: *Die Zeit* vom 10.6.2010, S. 37.

21 Im Kinderlied weint die Mutter, weil sie kein Hänschen mehr hat, ein durchsichtiges Manöver, um die Trennungsangst aus dem grandiosen Ich des Kindes hinauszuschaffen; vgl. Margret Mahler: *Symbiose und Individuation*, Stuttgart 1972.

22 Joseph Perner u. a.: »Three-year old' difficulty with false belief«, in: *British Journal of Developmental Psychology* 5, 1987, S. 125–137.

23 Originalausgabe: Bruce Chatwin: *The Songlines*, 1987; dt.: *Traumpfade*, München / Wien 1990. Die Ureinwohner Australiens glauben, dass die Totems in einer »Traumzeit« durch ihren Gesang überhaupt erst Berge, Felsen, Flüsse, Wasserlöcher, Pflanzen und Tiere schufen. Sie sangen die Welt ins Dasein und markierten zugleich ihre Territorien. »›Die Handelsstraße ist die Songline‹, sagte Flynn. ›Denn Lieder und nicht Dinge sind Hauptgegenstand des Tauschens. Der Handel mit ›Dingen‹ ist eine Begleiterscheinung des Handels mit Liedern.‹ Bevor die Weißen kamen, fuhr er fort, war niemand in Australien ohne Land, denn jeder erbte als seinen oder ihren privaten Besitz ein Stück vom Lied des Ahnen und ein Stück von dem Land, über das das Lied führte. Die Strophen eines Menschen waren seine Besitzurkunde für sein Territorium. Er konnte sie an andere ausleihen. Er konnte sich seinerseits Strophen borgen. Nur verkaufen oder loswerden konnte er sie nicht.« (S. 74)

24 Juliane Bräuer / Joseph Call / Michael Tomasello: »Chimpanzees really know what others can see *in a competitive situation*«, in: *Animal Cognition* 10, 2007, S. 439–448.

25 Vgl. Wolfgang Schmidbauer: *Die Angst vor Nähe*, Reinbek 1986 f.

26 Ausführlich dazu: Wolfgang Schmidbauer: *Jäger und Sammler. Als sich die Evolution zum Menschen entschied*, Planegg 1973.

27 Zusammen mit Frau und Tochter lebt der attraktive Anwalt Dan Gallagher (Michael Douglas) ein glückliches Familienleben, bis er die verführerische Alex Forrest (Glenn Close) kennenlernt und sich auf eine sexuelle Affäre mit ihr einlässt. Gallagher will über den Seitensprung hinaus keine Beziehung, während Forrest behauptet, er habe sich ihr damit für immer verpflichtet. Sie verfolgt ihn, macht einen Selbstmordversuch, behauptet, von ihm ein Kind zu erwarten, und tötet das Haustier seiner Tochter. Die Ehe des Anwalts droht zu zerbrechen; schließlich ist es aber dessen Frau, welche die Verfolgerin in Notwehr erschießt. Regie: Adrian Lyne, 1987.

28 Zitat aus einem *Spiegel*-Artikel über Stalker: »Manchmal erwischt es freilich auch ganz normale Frauen wie Christel Breitbarth, 44, aus einem kleinen Dorf in der Nähe von Weimar. Die Kosmetikerin hat nicht die geringste Ahnung, wer ihr seit Jahren den Alltag zur Hölle macht. Ein Stalker bestellt in ihrem Namen bei Herstellerfirmen oder Versandhäusern Möbel, Kreuzfahrten, Klappräder, Erotikartikel. Manchmal kommen acht Pakete pro Tag, gelegentlich fahren sogar schwere Lastwagen vor, etwa mit Containern voller Bürostühle.
Im Dorf tuscheln die Leute, und Breitbarth ist manchmal den ganzen Tag damit beschäftigt, alles wieder zurückzuschicken. Im Hinterkopf immer die Angst, sie müsste sonst tatsächlich bezahlen, was ihr ungewollt vors Haus rollt. ›Ich bin so misstrauisch geworden, bei jeder Nachbarin, jedem Bekannten habe ich gedacht: Ist der das vielleicht?‹ Auch ihr Auto wurde schon zerkratzt, bei ihrer Versicherung ging daraufhin ein Schreiben ein, Breitbarth wolle das Unternehmen betrügen. Der Frau fallen die Haare aus, sie leidet unter Nervenentzündungen und Depressionen.«

29 Sigmund Freud: *Trauer und Melancholie*, Studienausgabe, Bd. III, (Frankfurt am Main) 1969, S. 193–194.

30 Der Satz greift den Titel eines Films aus dem Jahr 2004 auf, der sich auf die »Steglitzer Schülertragödie« im Jahr 1927 bezieht. Günther Scheller und Paul Krantz hatten einen »Selbstmörderclub« gegründet. Sie vereinbarten, aus dem Leben zu scheiden, wenn sie keine Liebe mehr empfänden. Günther Scheller hatte demnach am 28. Juni 1927 zuerst seinen Geliebten Hans Stephan und danach sich selbst getötet. Der spektakuläre Prozess gegen Krantz fand auch im europäischen Ausland, in den USA und in Japan Interesse. Während des Prozesses wurden Günthers Schwester Hilde Scheller und Paul Krantz als Exempel einer moralisch zerrütteten Jugend dargestellt, die ausschweifend und übermäßig früh sexuell aktiv sei. Paul Krantz wurde wegen Mordes und Anstiftung zum Mord angeklagt, jedoch freigesprochen. Bereits 1929 wurde der tragische Stoff das erste Mal verfilmt; 1959 und 2004 folgten weitere Versionen.

31 Kretschmer sprach von einer schizoiden Psychopathie und sah eine Nähe zur Schizophrenie, an die heute niemand mehr glaubt; vgl. Ernst Kretschmer: *Körperbau und Charakter. Untersuchungen zum Konstitutionsproblem und zur Lehre von den Temperamenten*, Berlin 1921.

32 Ich fasse hier die wichtigsten Ergebnisse aus früheren Studien über Evolutionstheorie und Psychoanalyse zusammen, die zwischen 1972 und 1975 veröffentlicht wurden. Die meisten Texte aus dieser Zeit sind vergriffen. *Vom Es zum Ich – Evolutionstheorie und Psychoanalyse* wurde 2008 im Leutner-Verlag in Berlin neu herausgebracht.

33 Richard Lee / Irven DeVore (Hg.): *Man the Hunter*, Chicago 1968.

34 Ruth Benedict: *Urformen der Kultur*, Hamburg 1955, S. 209.

35 Ausführlich werden die Nachwirkungen der populären Ratgeber (»Die deutsche Mutter und ihr erstes Kind«) untersucht in Wolfgang Schmidbauer: *Ein Land – drei Generationen. Psychogramm der Bundesrepublik*, Freiburg 2009.

36 Hannah Arendt: *Eichmann in Jerusalem. A Report on the Banality of Evil*, New York, London 1963; dt.: *Eichmann in Jerusalem. Ein Bericht von der Banalität des Bösen*, München 1964, S. 78, 83.

37 Thomas Blass: *The man Who Shocked the World – The Life and Legacy of Stanley Milgram,* New York 2004; Stanley Milgram: *Obedience to Authority. An Experimental View,* New York 1974; dt.: *Das Milgram-Experiment. Zur Gehorsamsbereitschaft gegenüber Autorität*, Reinbek 1974.

38 Sie spielt auch im Selbstmordterrorismus der letzten Jahrzehnte eine sehr wichtige Rolle – gerade auch in der Idee der Attentäter des 11. September, zentrale Symbole einer Technik anzugreifen, welche ihre Kultur zu überwältigen droht; vgl. Wolfgang Schmidbauer: *Der Mensch als Bombe. Eine Psychologie des neuen Terrorismus*, Reinbek 2003.

39 Diese inzwischen viel diskutierte These habe ich zuerst in: *Die sogenannte Aggression. Die kulturelle Evolution und das Böse* (Hamburg 1972) formuliert.

40 Harald Lincke: »Das Über-Ich – eine gefährliche Krankheit«, in: *Psyche* 24, 1970, S. 386; der Abbau des auf Sparsamkeit und Triebverzicht programmierten, puritanischen Über-Ichs der hochkapitalistischen Epoche zu dem konsum- und sexualfreundlichen Verhaltensideal der Gegenwart ohne eine echte Triebbefreiung ist von Herbert Marcuse als »repressive Entsublimierung« beschrieben worden. Dabei wird die Kontrollfunktion des Über-Ichs nicht durch ein

»Gruppengewissen«, sondern durch den Einfluss der Massenmedien und »Werbeträger« teilweise ersetzt.
41 Vgl. Wolfgang Schmidbauer: *Die Angst vor Nähe*, Reinbek 1986.
42 Leopold Srole / T. Sanger / S. Michael / M. K. Opler / T. A. C. Rennie: »Mental Health in the Metropolis: The Midtown Manhattan Study, New York 1962.
43 Bis zu Wilhelm Wundt: *Völkerpsychologie*, Leipzig 1910, und zum Teil selbst Sigmund Freud, *Totem und Tabu*, 1912.
44 Claude Lévi-Strauss: *Traurige Tropen*, Köln 1960, S. 263.
45 Jeremy Rifkin: *The Empathic Civilization. The race to global consciousness in a world in crisis,* New York 2009, Kap. II, S. 10.
46 Jeremy Rifkin: *The Empathic Civilization. The race to global consciousness in a world in crisis,* New York 2009, S. 444: »The globalization of the English language provides the context for an exponential extension of empathic consciousness.«
47 Die folgenden Beispiele sind ausführlicher analysiert in Wolfgang Schmidbauer: *Ein Land – Drei Generationen. Psychogramm der Bundesrepublik*, Freiburg 2009.
48 Michael Winterhoff: *Warum unsere Kinder Tyrannen werden*, Gütersloh 2008.
49 Dieses wäre das Prinzip der Evolution: Aussterbende Arten sind in einem langen Prozess »gut« geworden, müssen aber doch den besser angepassten weichen.
50 Einige Passagen übernehme ich aus einem Artikel, den ich damals für die *Woche* schrieb; vgl. auch Wolfgang Schmidbauer: *Der Mensch als Bombe. Eine Psychologie des neuen Terrorismus,* Reinbek 2003.
51 Cetera quoque omnia publica privataque sacra pontificis scitis subiecit, ut esset quo consultum plebes veniret, ne quid divini iuris neglegendo patrios ritus peregrinosque adsciscendo turbaretur; nec caelestes modo caerimonias, sed iusta quoque funebria placandosque manes ut idem pontifex edoceret, quaeque prodigia fulminibus aliove quo visu missa susciperentur atque curarentur. Ad ea elicienda ex mentibus divinis Iovi Elicio aram in Aventino dicavit deumque consuluit auguriis, quae suscipienda essent. So Livius (1,20) über die Religionsstiftungen des legendären Königs Numa Pompilius.

52 Goethe im *West-östlichen Diwan.*

53 Heine hat das auf seine Weise beschrieben:
»Anfangs wollt ich fast verzagen,
Und ich glaubt', ich trüg' es nie.
Und hab' ich es doch getragen, –
Aber fragt mich nur nicht, wie?«
Heinrich Heine: Buch der Lieder, Lieder VIII.

54 Diese soziale Angst wird oft als Scham erlebt: Ich schäme mich, wenn ich etwas bin oder tue, was ich für sozial minderwertig halte.

55 Berichte in der *SZ* vom 3./4.7. und 5.7.2010 sowie in *stern.de* vom 5.7.2010. Im September sollte ihr Buch erscheinen. Heisig hat sich sehr dafür eingesetzt, dass jugendliche Gewalttäter und ihre Familien den Rechtsstaat ernst nehmen, zum Beispiel durch zeitnahe Urteile und Täter-Opfer-Ausgleich. Viele ihrer Aussagen deuten auf eine Einzelkämpferin, die ihre Anstrengungen steigert, wenn sie deren Fruchtlosigkeit bemerkt. »Wenn wir nicht rasch und konsequent handeln, wenn wir unsere Rechts- und Werteordnung nicht entschlossen durchsetzen, werden wir den Kampf gegen die Jugendgewalt verlieren.« Es heißt, sie habe viel geraucht, viel gelacht, viel zu viel gearbeitet und manchmal vergessen, dass zu ihrem Leben auch zwei halbwüchsige Töchter und ein Mann gehörten. Der Zusammenhang zwischen der Depression und dem Verschwinden der Empathie wird an solchen Schicksalen deutlich. Das narzisstische Motiv, sich selbst zu richten und sich niemandem – auch den eigenen Kindern – anzuvertrauen oder zuzumuten, ist stärker als die Einfühlung in das Leid der nahestehenden Personen.

56 Renè A. Spitz: *Vom Säugling zum Kleinkind,* Stuttgart 1962.

57 Wolfgang Prinz in *Die Zeit* vom 10.6.2010, S. 37.

58 Wie du mir, so ich dir
Mann mit zugeknöpften Taschen,
Dir tut niemand was zulieb:
Hand wird nur von Hand gewaschen;
Wenn du nehmen willst, so gib.
Zuerst veröffentlicht in: *Goethes Werke. Vollständige Ausgabe letzter Hand*, Bd. 1–4: Gedichte, Stuttgart und Tübingen 1827.

59 Vgl. Johannes Kemper/Wolfgang Schmidbauer: »*Ein ewiges Rätsel will ich bleiben mir und allen anderen.*« *Wie krank war Ludwig II. wirklich?* München 1986.

60 Paul Watzlawick: *Anleitung zum Unglücklichsein*, München 1983.

61 Johann Wolfgang von Goethe an Charlotte von Stein (1742–1827). Goethe hat das Gedicht am 14. April 1776 an Frau von Stein geschickt; er selber hat es nie veröffentlicht.

62 Die Unterscheidung von »neuen« und »alten« Helfern entlang der Orientierung an emotionalen Beziehungen (»neu«) oder sozialen, theologischen oder naturwissenschaftlichen Normen (»alt«) hat der Autor in: *Helfen als Beruf. Die Ware Nächstenliebe,* Reinbek 1983 ff. ausgeführt.

63 R. Duesburg/W. Schroeder: *Pathophysiologie und Klinik der Kollapszustände*, Leipzig 1944.

64 Die Zentralisation entspricht dem Verlust der Empathiefähigkeit bei Erschöpfungsdepressionen, wie im Fall der von Primo Levi (siehe FN 9) beschriebenen Muselmänner in Auschwitz.

65 »Erinnerst du dich an das bisschen Kaninchen, Herr Frodo?« fragte er. »Und an unseren Platz unter der warmen Böschung in Heermeister Faramirs Land, an dem Tag, als ich einen Olifant sah?« »Nein, ich fürchte nicht Sam«, sagte Frodo. »Ich weiß zwar, dass solche Dinge geschehen sind, aber ich kann sie nicht sehen. Kein Geschmack am Essen, kein Gespür für Wasser, kein Geräusch des Windes, keine Erinnerung an Baum oder Gras oder Blume, keine Vorstellung von Mond oder Stern sind mir geblieben.« J. R. R. Tolkien: *Der Herr der Ringe*, Stuttgart 1984, Bd. III, S. 24. Tolkien kannte diese Zustände gut genug. Seine Schilderung des Weges von Sam und Frodo durch die Ebene von Mordor ist vor dem Hintergrund seiner Erfahrungen an der Front des Ersten Weltkriegs zu sehen.

66 Wolfgang Schmidbauer: »*Ich wusste nie, was mit Vater ist!*« *Das Trauma des Krieges in den Familien*, Reinbek 1998.

67 »Wir [waren] uns alle einig, dass nach wie vor der Regimentsstolz der stärkste moralische Rückhalt sei, um ein Bataillon als kampffähige Einheit in Form zu halten, und stellten ihn insbesondere dem Patriotismus und der Religion gegenüber«, sagt Robert Graves in: *Strich drunter!,* Reinbek 1990, S. 225.

68 Ludwig Renn: *Krieg,* Frankfurt am Main 1929, S. 101.
69 Fritz Kreisler: *Four Weeks in the Trenches: The War Story of a Violinist,* Boston 1915, S. 65, zit. nach Modris Eksteins: *Tanz über Gräben. Die Geburt der Moderne und der Erste Weltkrieg,* Reinbek 1990, S. 236.
70 Sie werden in Wolfgang Schmidbauer: *Ein Land – Drei Generationen. Psychogramm der Bundesrepublik,* Freiburg 2009, genauer untersucht.
71 Die Redensart hängt damit zusammen, dass die Knie eine sakrale Bedeutung hatten; so wurde zum Beispiel auch beim Adoptionsritual das Kind auf die Knie der Adoptiveltern gesetzt.
72 Mehr als jeder dritte Arzt in Deutschland wäre nach einer neueren Allensbach-Umfrage bereit, schwerstkranken Patienten das Sterben zu ermöglichen. Aktive Sterbehilfe ist kein Tabu mehr; jeder zweite Hausarzt kennt entsprechende Wünsche aus seiner Praxis, jeder vierte würde sie gerne erfüllen, wenn er keine strafrechtlichen Folgen fürchten müsste. Zit. nach *Frankfurter Allgemeine Sonntagszeitung* vom 18.7.2010, S. 47.
73 Wolfgang Schmidbauer: *Die hilflosen Helfer. Die seelische Problematik der sozialen Berufe,* Reinbek 1977; ders.: *Das Helfersyndrom. Hilfe für Helfer,* Reinbek 2007.
74 Jeremy Rifkin: *The Empathic Civilization. The race to global consciousness in a world in crisis,* New York 2009, S. 177, hier übers. von W. S.
75 Die Port-Huron-Erklärung wurde am 11. Juni 1962 durch 59 eingeladene Delegierte von amerikanischen Studentengruppen verabschiedet. Ziel der Erklärung war es, den politischen Willen der Studenten niederzuschreiben, um eine Gesprächsgrundlage für diejenigen Gruppen zu liefern, die sich mit dem SDS auseinandersetzen wollten. Die Erklärung basiert auf einem 75-seitigen Dokument von Tom Hayden, welches die Philosophie der SDS aus seiner Sicht beschrieb. In dem als »Port Huron Statement« bezeichneten Dokument stellten sich die Studenten gegen den Rassismus im Süden der USA und die Gefahr eines Atomkriegs. Das politische System der USA wurde kritisiert und eine »partizipatorische Demokratie« gefordert. In den Augen der Studenten wurde die Macht in den Vereinigten Staaten von einer kleinen Herrschaftselite ausgeübt.

76 Richard Sennett: »Die Angst überflüssig zu sein«, in: Jens Jessen (Hg): *Fegefeuer des Marktes*, Bonn 2006, S. 36.

77 Richard Sennett: »Die Angst überflüssig zu sein«, in: Jens Jessen (Hg): *Fegefeuer des Marktes*, Bonn 2006, S. 40.

78 Charles Taylor: »Kapitalismus ist unser faustischer Pakt«, in: Jens Jessen (Hg.): *Fegefeuer des Marktes*, Bonn 2006, S. 1.

79 Vgl. Wolfgang Schmidbauer: *Die einfachen Dinge*, München 2003; siehe auch ders.: *Weniger ist manchmal mehr. Zur Psychologie des Konsumverzichts*, Reinbek 1990.

80 Fritz Breithaupt: *Kulturen der Empathie*, Frankfurt am Main 2009, S. 55; vgl. auch ders.: *Der Ich-Effekt des Geldes. Zur Geschichte einer Legitimationsfigur*, Frankfurt am Main 2008.

81 Aus Vorträgen ist mir der Anspruch des Publikums an den Psychologen beziehungsweise Therapeuten vertraut, die von ihm geschilderten gesellschaftlichen Problemlagen zu heilen. Autoren wie Rifkin erfüllen dieses Bedürfnis insofern, als sie eine menschliche Natur postulieren, die schon alles richten wird, wenn wir ihr nur Zeit lassen.

82 Bei Menschen wird die Technik der Messung von zerebraler Aktivität durch eingeführte Sonden aus ethischen Gründen nicht angewendet; die nichtinvasiven Methoden wie Magneto-Enzephalographie (MEG) oder Transkraniale Magnetstimulation (TMS) sowie die funktionelle Magnetresonanztomographie (MRI) erlauben nur sehr viel weniger trennscharfe Aussagen; vgl. Giacomo Rizzolatti/Corrado Sinigaglia: *Empathie und Spiegelneurone*, Frankfurt am Main 2008, S. 122f.

83 Von der Konrad Lorenz behauptet hat, sie sei instinktiv und er habe sie oft an Graugänsen beobachtet, in: Konrad Lorenz: *Das sogenannte Böse*, Wien 1963; vgl. Wolfgang Schmidbauer: *Biologie und Ideologie, Kritik der Humanethologie*, Hamburg 1973.

84 Besonders problematisch wird dieser Zwangsoptimismus bei Autoren wie Marco Iacoboni, die ohne den Schatten eines Beweises behaupten, funktionierende Spiegelneurone seien das Zeichen für einen »guten« Menschen – und umgekehrt! Ich zitiere aus einer Buchbesprechung von Yvonne Wübben in der *FAZ*, 21.10.2010: »Zwar will uns Iacoboni den Spiegelneuronen-Menschen als einen humaneren und besseren vorstellen. Zugleich aber sollen intakte Spiegelneurone

die biologische Norm des besseren Menschen bilden. Der Reduktionismus dieser Anthropologie ist Programm. Denn Iacoboni zählt zu den Anhängern der sogenannten Simulationstheorie, die Verstehen nicht als mentalen Vorgang begreift, sondern als einen mehr oder weniger unbewussten, durch Spiegelneurone vermittelten Prozess. Fragwürdig sind allerdings vor allem die daraus resultierenden politischen Forderungen. Iacoboni folgert nicht nur, dass neurobiologische Mechanismen Sozialverhalten wesentlich formen. Er fordert auch die Anpassung gesellschaftlicher Normen an die Ergebnisse der Hirnforschung. Beispielsweise schlägt er den Einsatz von Bio-Markern vor, die Spiegelneuronen-Aktivität messen und so zur Prävention von Gewaltverbrechen beitragen könnten. Man kann sich über diese Neuropolitik nur wundern, zumal das Buch viele interessante Fragen entweder nicht stellt oder nicht beantwortet: etwa, was im Gehirn passiert, wenn wir eine Handlung nur antizipieren und nie ausüben.« Marco Iacoboni: *Woher wir wissen, was andere denken und fühlen. Die neue Wissenschaft der Spiegelneuronen*, München 2009.

85 *Homo consumens* war der Titel meines 1972 erschienenen Buches mit dem Untertitel *Der Kult des Überflusses,* das später als Taschenbuch mit dem Titel *Weniger ist manchmal mehr* neu aufgelegt wurde. Darin findet sich die Gegenüberstellung von Homo consumens und Homo sapiens ebenso wie der Gedanke, dass Homo consumens eine gefährdete (und den Planeten gefährdende) Spezies ist.

Literatur

Arendt, Hannah: *Eichmann in Jerusalem. A Report on the Banality of Evil*, New York, London 1963; dt.: *Eichmann in Jerusalem. Ein Bericht von der Banalität des Bösen*, München 1964

Armstrong, David F.: *Original Signs. Gesture and the Sources of Language*, Cambridge 1999

Arzt, Volker / Birmelin, Immanuel: *Haben Tiere ein Bewusstsein? Wenn Affen lügen, wenn Katzen denken und Elefanten traurig sind*, München 1993

Balint, Michael: *Therapeutische Aspekte der Regression*, Stuttgart 1959

Beck, Ulrich: *Risikogesellschaft. Auf dem Weg in eine andere Moderne*, Frankfurt am Main 1982

Bendkower, Jaron: *Psychoanalyse zwischen Religion und Politik*, Frankfurt am Main 1991

Benedict, Ruth: *Urformen der Kultur*, Hamburg 1955

Benjamin, Jessica: *Die Fesseln der Liebe*, Frankfurt am Main 1990

Berlant, Lauren (ed.): *Compassion. The Culture und Politics of an Emotion*, London 2004

Binswanger, Hans Christoph: *Geld und Magie. Eine ökonomische Deutung von Goethes Faust*, Hamburg 2003

Bion, Wilfred R.: *Second Thoughts, Selected Papers on Psychoanalysis*, London 1967

Blass, Thomas: *The Man Who Shocked the World – The Life and Legacy of Stanley Milgram*, New York 2004

Bloch, Ernst: *Erbschaft dieser Zeit*, Gesamtausgabe Bd. 4, Frankfurt am Main 1985

Bräuer, Juliane / Joseph Call / Michael Tomasello: »Chimpanzees really know what others can see in a competitive situation«, in: *Animal Cognition* 10, 2007, S. 439–448

Breithaupt, Fritz: *Kulturen der Empathie*, Frankfurt am Main 2009

Breithaupt, Fritz: *Der Ich-Effekt des Geldes. Zur Geschichte einer Legitimationsfigur,* Frankfurt am Main 2008

Byrne, Richard: *The Thinking Ape. Evolutionary Origins of Intelligence,* Oxford 1995

Chatwin, Bruce: *The Songlines,* London 1987; dt.: *Traumpfade,* München / Wien 1990

Damasio, Antonio: *Alla ricerca di Spinoza. Emozioni, sentimento e cervello,* Mailand 2003; dt.: *Descartes' Irrtum. Fühlen, Denken und das menschliche Gehirn,* Berlin 2004

Davis, Mark H.: *Empathy. A social psychological approach,* Colorado 1994

Duesberg, R. / Schroeder, W.: *Pathophysiologie und Klinik der Kollapszustände,* Leipzig 1944

Dunbar, Robin: *Klatsch und Tratsch. Wie der Mensch zur Sprache fand,* München 2002

–: *The Human Story,* London 2004

Elias, Norbert: *Über den Prozess der Zivilisation,* Frankfurt am Main 1978

Enzmann, Dirk: *Gestreßt, erschöpft und ausgebrannt? Einflüsse von Arbeitssituation, Empathie und Coping auf den Burnoutprozess,* München 1996

Erdheim, Mario: *Die gesellschaftliche Produktion von Unbewußtheit,* Frankfurt am Main 1982

Erikson, Erik H.: *Der vollständige Lebenszyklus,* Frankfurt am Main 1988

Fischer, Gottfried / Riedesser, Peter: *Lehrbuch der Psychotraumatologie,* München 1998

Freud, Anna: *Das Ich und die Abwehrmechanismen,* München o. J. (Orig. 1936)

Freud, Sigmund: *Trauer und Melancholie* (1915). Studienausgabe, Bd. III, Frankfurt am Main 1969, Erscheinungsjahr 1915

–: *Das Unbehagen in der Kultur,* Wien 1930

–: »Studien über Hysterie«, in: *Gesammelte Werke* I, S. 75–312

–: »Beiträge zur Psychologie des Liebeslebens«, in: *Gesammelte Werke* VIII, S. 65–93

–: »Zur Einführung des Narzissmus«, in: *Gesammelte Werke* X, London 1950

–: »Zeitgemäßes über Krieg und Tod«, in: *Gesammelte Werke* X, S. 323–356

–: »Massenpsychologie und Ich-Analyse«, in: *Gesammelte Werke* XIII, S. 70–161

–: »Die Frage der Laienanalyse«, in: *Gesammelte Werke* XIV, S. 207–296

Freud, Sigmund / Jung, Carl Gustav: *Briefwechsel*, Frankfurt am Main 1974

Friedlmeier, Wolfgang / Trommsdorff, Gisela: »Entwicklung von Empathie«, in: Finger, Gertraud / Steinebach, Christoph (Hg.): *Frühförderung. Zwischen passionierter Praxis und hilfloser Theorie*, Freiburg 1992

Fromm, Erich: *Die Kunst des Liebens*, Frankfurt am Main 1959

Gallese, Vittorio: »Empathy, embodied simulation and the brain«, in: *J. American Psychoanalytical Ass.* 56, 2008, S. 769–781

Graves, Robert: *Strich drunter!*, Reinbek 1990

Hatfield, Elaine et. al.: *Emotional Contagion*, Cambridge 1994

Jessen, Jens (Hg.): *Fegefeuer des Marktes. Die Zukunft des Kapitalismus*, Bonn 2006

Kaufmann, A. S. et al.: »Emotional intelligence as an aspect of general intelligence: What would David Wechsler say?«, in: *Emotion*, 2001, 1, S. 258–264

Kretschmer, Ernst: *Körperbau und Charakter. Untersuchungen zum Konstitutionsproblem und zur Lehre von den Temperamenten*, Berlin 1921

Kemper, Johannes / Schmidbauer, Wolfgang: *»Ein ewiges Rätsel will ich bleiben mir und allen anderen.« Wie krank war Ludwig II. wirklich?*, München 1986

Kernberg, Otto F.: *Schwere Persönlichkeitsstörungen*, Stuttgart 1988

–: *Borderline-Störungen und pathologischer Narzissmus,* Frankfurt am Main 1980

Keupp, Heiner: *Riskante Chancen. Das Subjekt zwischen Psychokultur und Selbstorganisation*, Heidelberg 1988

Kreisler, Fritz: *Four Weeks in the Trenches: The War Story of a Violinist*, Boston 1915

Kohut, Heinz: *Narzißmus*, Frankfurt am Main 1973

Lasch, Christopher: *Das Zeitalter des Narzissmus,* München 1986

Lee, Richard / DeVore, Irven (Hg.): *Man the Hunter*, Chicago 1968

Levi, Primo: *Ist das ein Mensch?*, München 1987 (Erstausgabe unter dem Titel *Se questo è un uomo*, Milano 1958)

Lévi-Strauss, Claude: *Traurige Tropen*, Köln 1960

Lewis, Michael / Haviland-Jones, Jeannette M. (Hg.): *Handbook of Emotions*, New York 1993

Lincke, Harald: »Das Über-Ich – eine gefährliche Krankheit«, in: *Psyche* 24, 1970

Loftus, Elisabeth / Ketcham, Katherine: *The Myth of Repressed Memory: False Memories and Allegation of Sexual Abuse,* New York 1996

Mahler, Margret: *Symbiose und Individuation*, Stuttgart 1972

Marcuse, Herbert: *Der eindimensionale Mensch. Studien zur Ideologie der fortgeschrittenen Industriegesellschaft*, Darmstadt u. Neuwied 1967

Menninger, Karl A.: *Leben als Balance*, München 1968

Milgram, Stanley: *Obedience to Authority. An Experimental View,* New York 1974; dt.: *Das Milgram-Experiment. Zur Gehorsamsbereitschaft gegenüber Autorität*, Reinbek 1974

Mitscherlich, Alexander und Margarete: *Die Unfähigkeit zu trauern. Grundklagen kollektiven Verhaltens,* München 1977

Morgenthaler, Fritz: *Technik. Zur Dialektik des psychoanalytischen Prozesses,* Frankfurt am Main 1986

Perner, Joseph u. a.: »Three-year old' difficulty with false belief«, in: *British Journal of Developmental Psychology* 5, 1987

Peter, Wilhelm: *Empathie im Alltag von Paaren*, Bern 2004

Piaget, Jean: *Das moralische Urteil beim Kinde*, München 1986

Pühl, Harald / Schmidbauer, Wolfgang (Hg.): *Eventkultur*, Berlin 2007

Ramachandran, Vilaynur S. / Blakeslee, Sandra: *Die blinde Frau, die sehen kann. Rätselhafte Phänomene unseres Bewusstseins*, Reinbek 2001

Reiche, Reimut: »Haben frühe Störungen zugenommen?«, in: *Psyche* 12/1991, S. 1045–1066

Renn, Ludwig: *Krieg*, Frankfurt am Main 1929

Rifkin, Jeremy: *The Empathic Civilization. The race to global consciousness in a world in crisis*, New York 2009

Rizzolatti, Giacomo / Sinigaglia, Corrado: *Empathie und Spiegelneurone. Die biologische Basis des Mitgefühls*, Frankfurt am Main 2008

Rizzolatti, Giacomo et al.: »Mirrors in the Mind«, in: *Scientific American* 295-5, 2006, S. 54–61

Rogers, Carl R.: *Eine Theorie der Psychotherapie, der Persönlichkeit und der zwischenmenschlichen Beziehungen*, Köln 1991

–: *Therapeut und Klient. Grundlagen der Gesprächspsychotherapie*, München 1975

Rohde-Dachser, Christa / Meyer zur Capellen, R.: »Prothesengott und Muttermacht. Psychoanalytische Bemerkungen zur Technikentwicklung, zur Naturzerstörung und zur Manipulierbarkeit unbewußter Fantasien«, in: Rohde-Dachser, Christa (Hg.): *Zerstörter Spiegel. Psychoanalytische Zeitdiagnosen,* Göttingen 1990, S. 85

Roth, Gerhard: *Fühlen, Denken, Handeln. Wie das Gehirn unser Verhalten steuert*, Frankfurt am Main 2003

Schmidbauer, Wolfgang: *Ein Land – Drei Generationen. Psychogramm der Bundesrepublik*, Freiburg 2009

–: *Vom Es zum Ich – Evolutionstheorie und Psychoanalyse*, München 1975, Berlin 2008

–: *Das Helfersyndrom. Hilfe für Helfer,* Reinbek 2007

–: *Die einfachen Dinge*, München 2003

–: *Weniger ist manchmal mehr. Zur Psychologie des Konsumverzichts*, Reinbek 1990

–: *Die Angst vor Nähe*, Reinbek 1986

–: *Die hilflosen Helfer. Die seelische Problematik der sozialen Berufe*, Reinbek 1977

–: *Biologie und Ideologie. Kritik der Humanethologie*, Hamburg 1973

–: *Jäger und Sammler. Als sich die Evolution zum Menschen entschied*, Planegg 1972

–: *Die sogenannte Aggression. Die kulturelle Evolution und das Böse*, Hamburg 1972

Schön, Donald A.: *The reflective Practitioner*, New York 1983

Sennett, Richard: *Die Kultur des neuen Kapitalismus*, Berlin 2005

Sohn-Rethel, Alfred: *Das Geld, die bare Münze des Apriori*, Berlin 1990

Spitz, René A.: *Vom Säugling zum Kleinkind*, Stuttgart 1962

Srole, Leopold / Sanger, T. / Michael, S. / Opler. M. K. / Rennie, T. A. C.: *Mental Health in the Metropolis*: The Midtown Manhattan Study, New York 1962

Tolkien, J. R. R.: *Der Herr der Ringe,* Stuttgart 1984

Tomasello, Michael: *Die kulturelle Entwicklung des menschlichen Denkens*, Frankfurt am Main 2002

Turnbull, Colin: *The Mountain People*, New York 1972

Waal, Frans de: *Primaten und Philosophen. Wie die Evolution die Moral hervorbrachte*, München 2008

Watzlawick, Paul: *Anleitung zum Unglücklichsein*, München 1983

Watzlawick, Paul et al.: *Menschliche Kommunikation. Formen, Störungen, Paradoxien*, Bern 1969

Winterhoff, Michael: *Warum unsere Kinder Tyrannen werden*, Gütersloh 2008